体旅文商融合促进乡村体育产业振兴研究

丁红娜 代 坤 陈 超◎著

吉林大学出版社

·长春·

图书在版编目（CIP）数据

体旅文商融合促进乡村体育产业振兴研究 / 丁红娜，代坤，陈超著 . -- 长春：吉林大学出版社，2023.10
ISBN 978-7-5768-2625-8

Ⅰ.①体… Ⅱ.①丁…②代…③陈… Ⅲ.①乡村旅游—关系—农村—体育事业—研究—中国 Ⅳ.
①G812.42

中国国家版本馆 CIP 数据核字 (2023) 第 229065 号

书　　名	体旅文商融合促进乡村体育产业振兴研究
	TILÜ WENSHANG RONGHE CUJIN XIANGCUN TIYU CHANYE ZHENXING YANJIU
作　　者	丁红娜　代　坤　陈　超　著
策划编辑	殷丽爽
责任编辑	殷丽爽
责任校对	李适存
装帧设计	守正文化
出版发行	吉林大学出版社
社　　址	长春市人民大街 4059 号
邮政编码	130021
发行电话	0431-89580036/58
网　　址	http://www.jlup.com.cn
电子邮箱	jldxcbs@sina.com
印　　刷	天津和萱印刷有限公司
开　　本	787mm×1092mm　1/16
印　　张	14.75
字　　数	230 千字
版　　次	2024 年 1 月　第 1 版
印　　次	2024 年 1 月　第 1 次
书　　号	ISBN 978-7-5768-2625-8
定　　价	72.00 元

版权所有　　翻印必究

前　言

党的十八大以来，国家极其重视乡村建设工作。2017年10月，党的十九大报告首次提出"乡村振兴"战略。为凸显乡村振兴的价值和意义，2018年1月，中共中央国务院《关于实施乡村振兴战略的意见》强调，"乡村振兴，产业兴旺是重点"。为加快乡村振兴步伐，推动实现共同富裕，2022年10月，党的二十大报告强调，"全面推进乡村振兴，扎实推动乡村产业、人才、文化、生态、组织振兴"。由此可见，产业兴旺是乡村振兴的关键，产业融合是乡村振兴的路径。多业态产业融合促进乡村产业发展已经成为乡村振兴战略重要发力点。体育作为乡村产业的有机组成部分，在乡村振兴中扮演着重要角色，乡村体育产业高质量发展已然成为乡村振兴的主力军。体育、旅游、文化等产业的融合越来越成为学界关注的焦点，多产业融合促进乡村体育产业振兴的研究便是在此背景下诞生的。

乡村体育产业研究主要集中在乡村体育产业概念、动力来源、运行机制、发展案例、结构、特征和行为等几个方面。这些成果提供宝贵的参考价值，但受多种因素制约，学术界对乡村体育产业研究仍处于萌芽阶段，深度和系统性还有待提高。首先，当前乡村体育产业理论缺乏一个较全面的理论框架和运行机制分析。对体旅文商融合促进乡村体育产业振兴的内涵并没有充分解读，还不能清楚地表达体旅文商融合乡村体育产业具有怎样的特征，能做怎样的分类；同时还缺乏对体旅文商融合乡村体育产业形成机制的理论分析，对体旅文商融合乡村体育产业如何分类也没有做深刻剖析。其次，缺乏对体旅文商融合乡村体育产业如何持续发展的研究，没有深刻研究乡村体育消费特性，以及这一特性如何促进乡村体育的发展。仅将其简单归为消费者的体育实践，自然不能推动乡村体育产业振兴。再次，对影响乡村体育产业的要素和影响因子还缺乏系统归纳和总结。有时候谈到的原因只是影响乡村体育产业发展的共因，而非乡村体育产业发展的个因。最后，相关实证模式设定和研究还有待加强，还不能充分说明体旅文商融合促进乡村体育产业振兴的各个机制。

乡村体育产业振兴是在健康中国蓝图下，乡村政府公共体育服务方式的转变，也是全民健身意识觉醒的体现。这是一个全新的研究领域，同时也是乡村体育产业发展中急需解决的问题。本研究通过分析体旅文商融合促进乡村体育产业振兴的原因和动力机制，提出一些建议。在深入推进乡村振兴战略的过程中，结合体旅文商融合发展现状以及乡村体育产业振兴的已有基础，明确乡村体育产业振兴的中长期规划、时间表与路线图。除吸引国内外知名体育品牌，还需要不断健全完善高端体育消费品与体育服务供给，加大吸引国内外体育产品服务的力度。此外，还需要改善体育消费环境，打造著名体育品牌，完善体育基础设施，吸纳借鉴已有体旅文商融合促进乡村体育产业振兴经验。通过扩总量、提质量、优结构、促重点、创品牌、重联动、强基础、增投入、补政策等综合施策，有效弥补乡村体育产业振兴的短板，有序推进体旅文商融合促进乡村体育产业振兴。

本书共分为七章。第一章，绪论。首先，对体旅文商融合促进乡村体育产业振兴研究背景和意义进行阐述。其次，为凸显本研究的学术价值，对体旅文商融合推动乡村体育产业振兴国内外研究动态进行梳理。最后，根据国内外文献研究现状的对比，进一步做了研究现状评述。

第二章，乡村体育产业概述。以乡村体育产业内涵及特点作为本章研究的逻辑起点，并从经济、文化、社会、教育等方面系统阐释乡村体育助力乡村振兴的价值。为理顺乡村体育产业研究脉络，对乡村体育产业发展历程做了梳理。为更好检视乡村体育产业发展进程中存在的痛点和难点，对乡村体育产业发展现状及存在的问题进行详实分析。通过对乡村体育产业发展进程中的困境进行分析，从多产业融合的角度提出乡村体育产业振兴路径。以山东为例，深入分析了山东的乡村体育产业发展模式。

第三章，体旅文商融合概述。本章以体旅文商融合概念及特征为切入点，对其现状进行系统分析，从突破乡村体育产业发展瓶颈、推动体育消费升级和产业优势互补平台等方面对其价值意蕴进行阐释。从产业融合现状、存在的问题和发展策略三个层面对山东省体旅文商融合进行研究。接着，提出体旅文商融合发展路径。最后，结合山东省青岛市体旅文商融合实践，对体旅文商产业融合进行了实证研究。

第四章，体旅融合促进乡村体育产业振兴。首先，分析体旅融合促进乡村体育产业振兴的休闲运动型、健身养生型、体育竞赛性和民俗体验型四种实践模式。接着，对体旅融合促进乡村体育产业振兴的价值意蕴进行探讨。最后，提出体旅融合促进乡村体育产业振兴路径。并从存在问题、发展机遇和振兴策略三个层面对体旅融合促进山东省乡村体育产业振兴进行实证研究。

第五章，体文融合促进乡村体育产业振兴。首先，分析体文融合促进乡村体育产业振兴的"渗透融合""交叉融合"和"重组融合"的三种实践模式。其次，对体文融合促进乡村体育产业振兴的价值意蕴进行探讨，并系统阐释体文融合促进乡村体育产业振兴面临的困境。接着，提出体文融合促进乡村体育产业振兴的路径。最后，结合山东省青岛市体文融合的实践经验，对体文融合促进乡村体育产业振兴进行了实证研究。

第六章，体商融合促进乡村体育产业振兴。首先，分析体商融合促进乡村体育产业振兴之资源整合、业态嵌合、市场复合、要素聚合和政策统合的五种实践模式。接着，详实分析体商融合促进乡村体育产业振兴现状和路径。最后，以山东省青岛市体商融合的实践经验作为本部分的实证研究。

第七章，体旅文商融合促进乡村体育产业振兴。首先，分析如何通过体旅文商融合构建促进性机制，以推动乡村体育产业的全面发展。其次，阐述如何通过体旅文商融合优化乡村体育产业的结构，为产业的长期健康成长奠定坚实的基础。接下来，聚焦体旅文商融合如何增强乡村体育产业的竞争力，使其在市场中占据更有利的地位。再接下来，着重讨论融合策略如何激发产业创新能力的提升，从而带动整体产业的进步与更新。再次，揭示体旅文商融合如何有效提升乡村体育产业的经济效益，为地方经济贡献更大的价值。再者，探讨体旅文商融合如何帮助塑造乡村体育产业的文化价值，强化其社会影响力。最后，以山东省青岛市为例，具体分析体旅文商融合在实践中如何促进乡村产业振兴的路径，为其他地区提供借鉴。

本书由山东科技大学丁红娜、代坤和陈超共同撰写完成。具体撰写分工如下：第四章、第五章、第六章、第七章由丁红娜撰写；第一章和第三章由代坤撰写；第二章由陈超撰写。全书由丁红娜审校、通稿。

本书是在课题组成员的共同努力下完成的。自2021年起，课题组成员先后在山东省青岛市、威海市、烟台市、菏泽市、日照市和济南市等地进行实地考察和调研，在理论和实证方面做了大量的工作。由于初涉体旅文商融合促进乡村体育产业振兴研究这一领域，在实施研究计划时深感研究对象的"棘手"以至于不得不放缓放慢研究进度，并在实践中不断地总结探索，在全部计划执行完毕后，仍感有些不足，需要继续深入研究。由于课题研究规模较大，尽管作者做出很大的努力，仍然有一定的不足和需要完善之处，需要进一步推敲、优化。敬请专家、读者批评指正，以便作者在今后的研究中得以弥补、改进，使之更加成熟。

为使本书内容更加完善，在撰写过程中参考和引用了大量专家和学者的研究成果，以及网站资料，正是这些专家学者的心血结晶坚定课题研究的方向，对这些文献作者、网站版权所有者表示衷心的感谢。其次，感谢山东科技大学体育学院、人文社科处、教务处和人事处的领导和同事们，正是你们的关心和支持才使本书得以问世。最后，感谢山东省社会科学规划管理办公室和青岛市社会科学规划管理办公室的领导，以及在课题评审给予大量指导的专家们。你们的肯定和给予的经费支持，坚定了课题组研究的信心，使本书得以顺利出版。

丁红娜

2023 年 8 月 30 日

目 录

第一章 绪论 ·· 1
  第一节 研究背景和意义 ·· 1
  第二节 国内外相关研究动态 ··· 4
  第三节 研究方法和创新之处 ··· 10

第二章 乡村体育产业概述 ··· 12
  第一节 乡村体育产业内涵及特点 ·· 12
  第二节 乡村体育产业发展的价值意蕴 ·· 15
  第三节 乡村体育产业发展历程 ·· 19
  第四节 乡村体育产业发展现状 ·· 24
  第五节 乡村体育产业存在的问题和挑战 ····································· 28
  第六节 乡村体育产业发展路径 ·· 32
  第七节 乡村体育产业发展的山东模式 ·· 34

第三章 体旅文商融合概述 ··· 39
  第一节 体旅文商融合的概念及特点 ··· 39
  第二节 体旅文商融合的发展现状 ·· 40
  第三节 体旅文商融合发展的价值意蕴 ·· 42
  第四节 体旅文商融合发展路径 ·· 45
  第五节 山东省体旅文商融合现状及发展策略 ····························· 49

第四章 体旅融合促进乡村体育产业振兴

第一节 体旅融合促进乡村体育产业振兴的实践模式·········55
第二节 体旅融合促进乡村体育产业振兴的价值意蕴·········58
第三节 体旅融合促进乡村体育产业振兴的路径·············60
第四节 体旅融合促进山东省乡村体育产业振兴研究·········62

第五章 体文融合促进乡村体育产业振兴

第一节 体文融合促进乡村体育产业振兴实践模式···········71
第二节 体文融合促进乡村体育产业振兴价值意蕴···········75
第三节 体文融合促进乡村体育产业振兴面临的困境·········78
第四节 体文融合促进乡村体育产业振兴路径···············84
第五节 山东省青岛市体文融合促进乡村体育产业振兴经验···92

第六章 体商融合促进乡村体育产业振兴

第一节 体商融合促进乡村体育产业振兴的实践模式·········95
第二节 体商融合促进乡村体育产业振兴现状···············105
第三节 体商融合促进乡村体育产业振兴路径···············109
第四节 山东省青岛市体商融合促进乡村体育产业振兴经验···122

第七章 体旅文商融合促进乡村体育产业振兴

第一节 体旅文商融合促进乡村体育产业振兴的机制·········128
第二节 体旅文商融合优化乡村体育产业结构···············144
第三节 体旅文商融合促进乡村体育产业竞争力·············165
第四节 体旅文商融合促进乡村体育产业创新能力提升·······175
第五节 体旅文商融合促进乡村体育产业经济效益···········184
第六节 体旅文商融合塑造乡村体育产业文化价值···········193
第七节 山东省青岛市体旅文商融合促进乡村产业振兴路径···204

参考文献···216

第一章 绪论

本章为绪论,主要对体旅文商融合促进乡村体育产业振兴研究的研究背景和研究意义、国内外相关研究动态、研究方法和创新之处三个部分进行介绍。

第一节 研究背景和意义

一、研究背景

(一)乡村体育产业振兴是国家关于乡村发展战略的应然所需

党的十八大以来,国家极其重视乡村建设工作。2017年10月,党的十九大报告首次提出"乡村振兴"战略。为凸显乡村振兴的价值和意义,2018年1月,中共中央国务院《关于实施乡村振兴战略的意见》强调,"乡村振兴,产业兴旺是重点"[1]。为加快乡村振兴步伐,推动实现共同富裕,2022年10月,党的二十大报告强调,"全面推进乡村振兴……扎实推动乡村产业、人才、文化、生态、组织振兴"。综上,多业态产业融合和乡村产业振兴已然成为党和国家关于乡村振兴战略的重点。产业兴旺是乡村振兴的关键[2],产业融合是乡村振兴的路径。体育作为乡村产业的有机组成部分,在乡村振兴中扮演着越来越重要的角色,乡村体育产业高质量发展已然成为乡村振兴的主力军[3]。体育、旅游、文化和商业等产业的融合越来越成为学界关注的焦点,多产业融合促进乡村体育产业振兴的研究便

---

[1] 央视网. 中共中央 国务院关于实施乡村振兴战略的意见 [EB/OL]. (2018-02-04) [2023-08-30]. http//news.cctv.com/2018/02/04/ARTIcyPpht8skPObuCMJ6icS180204.shtml.
[2] 曹守新, 孙学涛, 刘泊麟. 乡村振兴战略背景下数字普惠金融对农村产业发展的影响研究 [J]. 金融发展研究, 2023 (04): 83-88.
[3] 王宏婕. 乡村振兴背景下推动乡村女性人才建设韧性乡村的路径 [J]. 农村经济与科技, 2022, 33 (23): 189-192.

是在此背景下诞生的。

体育产业指"与体育运动相关的一切生产经营活动,包括体育物质产品和体育服务产品的生产、经营两大部分"[①]。随着全民健身意识的逐步提高和经济社会的快速发展,体育产业已成为新的经济增长点[②]。体育产业不仅能促进社会经济的发展,还能提高人民群众的身体素质和生活品质,同时带来广泛的社会效益。

乡村体育产业振兴是指通过发展体育产业,促进乡村地区经济增长和社会进步的过程。乡村体育产业振兴旨在将体育产业与乡村经济、文化及社会发展相结合,推动乡村地区经济转型升级,提高农民收入和生活水平。乡村体育产业振兴需要政府和企业的共同努力。政府加大对乡村体育产业的扶持力度,通过财政补贴、税收优惠、土地政策等方式支持体育产业发展。企业积极参与乡村体育产业的投资和建设,开发体育旅游、健身休闲、运动器材等相关产品和服务,创造更多就业机会和经济效益。乡村体育产业振兴不仅促进当地经济的发展,还提高农民的身体素质和文化水平,增强他们的获得感和幸福感,推动乡村社会全面进步。

(二)乡村体育产业振兴是乡村振兴战略的实然所盼

实施乡村振兴战略是党的十九大作出的重大决策部署,是全面建设社会主义现代化国家的重大历史任务,也是新时代"三农"工作的总抓手[③]。乡村振兴战略有助于乡村经济发展、改善农民生产生活条件、提高农业现代化水平、保护生态环境、实现城乡协调发展,从而推动全面建设社会主义现代化国家的战略。

乡村体育振兴作为乡村振兴的重要组成部分,旨在推动乡村地区体育事业发展,提高广大农民参与体育锻炼和竞技活动的积极性,从而促进乡村社会全面进步。乡村体育振兴的核心目标是让更多的农民享受到体育带来的健康、快乐和文化价值,同时促进乡村经济发展和社会进步。为实现乡村体育振兴,需要在政策、资金、人才等多方面给予支持。政府应加大对乡村体育设施建设的投入,提供更多的体育训练和竞技机会,鼓励农民参与体育活动。此外,还应加强对乡村体育带头人和教练员的培训和支持,激发他们的创新精神,提高他们的专业水平和服

---

① 杨伟松,关朝阳.我国体育产业发展与国民经济增长关系的实证研究[J].山东体育科技,2023,45(01):1-7.
② 鲍明晓.体育产业:下一个中国经济超预期增长的行业[J].成都体育学院学报,2012,38(07):1-5.
③ 胡方.农文旅融合发展助力民族地区乡村振兴路径研究——以河源市东源县新港镇双田畲族村为例[J].山西农经,2022(21):108-110.

务质量。最终，乡村体育振兴将为乡村地区带来更多的文化、经济和社会效益。

乡村体育产业振兴在乡村体育振兴中扮演着重要的角色[1]。首先，乡村体育产业有助于农民身心健康。通过开展各种体育活动和运动训练，增强农民的体质和免疫力，提高生活质量，减少疾病发生率，同时也有益于心理健康，缓解压力和焦虑。其次，乡村体育产业带动乡村经济发展。在乡村地区开展体育产业，创造就业机会，带来经济收入，改善农民生活水平，同时也促进相关产业发展，如体育用品、旅游、餐饮等。最后，乡村体育产业促进文化交流和社会和谐。体育活动具有普及性和广泛性，促进不同地区、不同阶层、不同文化背景人群之间的交流和沟通，增进相互理解和友谊，促进社会和谐稳定。

（三）纾解乡村体育产业发展瓶颈需要多产业融合

乡村体育产业发展面临诸多挑战。首先，资金短缺是乡村地区发展体育产业的一个主要难题，由于乡村地区经济相对较弱，资金缺乏成为制约乡村体育产业发展的重要因素。其次，人才流失严重，专业技能和管理水平有限，导致乡村体育项目的开展和推广受限。再次，乡村地区市场不成熟，消费者对体育活动的需求相对较少，市场规模和消费潜力有限，这使得乡村体育产业的盈利能力不高。再其次，体育设施不完善，乡村地区的体育设施、器材等条件有限，很多体育项目无法顺利开展。最后，宣传不到位，乡村地区信息传播渠道受限，很多优秀的乡村体育项目和赛事难以得到有效的宣传和推广，缺乏知名度和影响力。

近年来，多产业融合逐渐成为业界和学界的关注焦点。多产业交叉融合的优势在于提升地区经济发展水平、增加就业机会、推动相关产业发展、增强地区品牌形象、促进社会文化交流。在体育领域，多产业融合通常指体育、旅游、文化和商业等产业交叉融合，以促进彼此之间的交流与融合，创造出更多的经济价值和社会效益。举办乡村体育比赛和文化活动、开发乡村旅游资源、推广品牌等方式，既能满足人们对体育、旅游和文化的需求，又能为相关企业和地区带来更多的商业机会和经济收益。因此，产业融合成为解决乡村体育产业发展瓶颈的有效途径。

---

[1] 王宏捷.乡村振兴背景下推动乡村女性人才建设韧性乡村的路径[J].农村经济与科技，2022，33（23）：189-192.

二、研究意义

（一）理论意义

体旅文商产业融合已然受到学界关注，并有相关成果呈现，本研究在前期相关文献成果基础上，对乡村体育产业进行研究，探讨体旅文商产业融合模式，拓宽产业研究的领域、内涵和融合路径，丰富产业融合理论。另外，本研究将体旅文商产业融合发展与乡村体育产业振兴联系起来。从体旅文商产业融合的角度深入剖析实现乡村振兴的路径，为乡村振兴战略提供新思路、新视角和新境界。

（二）实际意义

产业融合促进乡村体育产业振兴，具有以下实际意义：推动乡村振兴。乡村体育产业发展为当地经济注入新的动力，带动乡村产业升级和转型，推动乡村振兴；增加收入。乡村体育产业发展带来直接和间接的收入，为当地居民增加收入，改善生活质量；促进文化传承。乡村体育产业发展促进传统文化的传承和保护，激发当地居民的文化自信心和民族自豪感；提高健康水平。乡村体育产业发展提高当地居民的身体素质和健康水平，减少疾病发生率；增强社区凝聚力。乡村体育产业发展促进社区居民之间的交流和互动，增强社区凝聚力，营造和谐的社会氛围。

第二节　国内外相关研究动态

一、国内外相关研究学术史梳理

通过文献梳理，相关研究主要从如下几个方面展开。

（一）乡村振兴研究

乡村振兴是指通过经济、社会和生态等方面的综合改革，促进农业、乡村和农民全面发展，实现城乡一体化和可持续发展的过程[①]。乡村振兴战略是中国政府

---

① 范建华.乡村振兴战略的时代意义[J].行政管理改革，2018（2）：16-21.

提出的重要战略之一，旨在促进乡村经济、社会和生态的协调发展，推动城乡融合发展。在乡村振兴研究方面，学者们主要关注以下几个方面：（1）乡村振兴的内涵和意义。研究乡村振兴的内涵和意义[1]，探讨其与城市化[2]、工业化[3]、现代化[4]等发展战略的关系，分析乡村振兴对于我国经济、社会和生态的影响；（2）政策与制度创新。研究政策和制度对于乡村振兴的支持作用[5]，探讨如何加强政策和制度的创新，提高政策和制度的适应性和可操作性，使之更好地服务于乡村振兴；（3）产业结构调整与转型升级。研究乡村产业结构调整和转型升级[6]，探讨如何发挥乡村经济的优势，促进传统产业向现代产业的转型升级，推动乡村经济的可持续发展。（4）生态环境保护。研究乡村生态环境保护和修复[7]，探讨如何实现生态文明建设和乡村振兴的有机衔接，提高乡村生态环境质量，为乡村振兴提供坚实的生态基础。乡村振兴是我国当前面临的重大战略问题，需要全社会的共同努力，通过深入研究和有效实践，推动乡村振兴战略的落地和实施，为实现中华民族伟大复兴的中国梦作出新的贡献。

（二）体育产业振兴研究

国内相关研究的研究重点主要集中在以下三个方面：第一，体育产业振兴的理论研究。研究者探讨体育产业振兴的概念[8]、特点、路径等，从宏观和微观两个层面分析体育产业振兴的机制和影响因素；第二，体育产业振兴的实践案例研究。研究者通过实地调研和案例分析[9]，总结一些成功的实践案例，如中国足球改革、全民健身计划等，这些案例为体育产业振兴提供宝贵的经验；第三，体育产业振兴的政策与管理研究。研究者探讨如何通过政策和法规的制定[10]，促进体育产业振

---

[1] 杨茹茹. 新时代中国特色社会主义乡村振兴战略研究[D]. 大庆：东北石油大学，2019.
[2] 刘学谦，李赞. 乡村振兴认识误区浅析[J]. 智库理论与实践，2022，7（06）：150-156+165.
[3] 李全生. 乡村振兴战略对乡村社会分层的新影响[J]. 乡村振兴，2022，39（03）：88-90.
[4] 龙世强，邓罗平，吴自强. 乡村振兴战略背景下乡村体育治理的时代意蕴与优化策略[J]. 辽宁体育科技，2023，45（03）：28-33.
[5] 李迎生. 因应乡村振兴的社会政策建设：范式创新、结构优化与推进战略[J]. 教学与研究，2023，533（03）：25-37.
[6] 孟大海. 乡村振兴战略下农业产业经济发展探究[J]. 质量与市场，2022，322（23）：148-150.
[7] 赵矿，阿琼，张思源等. 乡村振兴战略中农村生态环境保护现状与治理措施分析[J]. 西藏农业科技，2023，45（01）：106-108.
[8] 李金容，陈元欣，陈磊. 乡村振兴背景下我国体育旅游综合体发展的理论审视与实践探索[J]. 体育学研究，2022，36（01）：33-42+62.
[9] 张文月. 体育旅游发展与乡村产业振兴——基于恩施州的实践与思考[J]. 中南民族大学学报（人文社会科学版），2022，42（08）：146-153+187.
[10] 吕钶. 乡村振兴战略下乡村体育治理的实践逻辑与因应策略[J]. 北京体育大学学报，2022，45（02）：64-73.

兴。同时，也探讨如何通过科学的管理和规划，推动体育产业振兴。

国外相关研究的研究重点主要集中在以下三个方面：第一，体育产业振兴的全球趋势分析。研究者通过调查和比较分析，总结不同国家和地区的体育产业振兴的发展趋势[1]；第二，体育产业振兴的实践案例研究。研究者通过实地调研和案例分析，总结一些成功的实践案例[2]，如美国体育产业、欧洲足球产业等，这些案例为体育产业振兴提供宝贵的经验；第三，体育产业振兴的管理与规划研究[3]。研究者探讨如何通过科学的管理和规划，推动体育产业振兴。同时，也探讨如何通过政策和法规的制定，促进体育产业振兴。

国内外对体育产业振兴的研究表明，该领域具有广泛的发展前景，同时也需要不断地探索和总结经验，以推动该领域的振兴。

（三）乡村体育产业振兴研究

乡村体育产业振兴是指通过发展乡村体育产业，促进乡村经济、文化、社会等方面的全面发展[4]。以下是国内外关于乡村体育产业振兴的研究综述：

国内相关研究：国内学者主要从政策法规[5]、资源条件[6]、市场需求[7]、资金投入和管理服务[8]等方面进行研究。其中，政策支持是乡村体育产业发展的基础，资源整合和资金投入是保障乡村体育产业健康发展的重要途径，市场需求是乡村体育产业发展的根本动力，管理服务是乡村体育产业可持续发展的保证[9]。例如，有学者认为应该加强政府的引导作用，制定相关政策措施，促进乡村体育产业发展；同时，还应该注重资源整合，提高资金利用效率，建立健全的管理机制等。

---

[1] 朱凯迪，鲍明晓.体育产业促进就业：域外经验与本土启示[J].武汉体育学院学报，2019，53（11）：10-15.

[2] 姜同仁，宋旭，刘玉.欧美日体育产业发展方式的经验与启示[J].上海体育学院学报，2013，37（02）：19-24.

[3] 周良君，肖金堂.世界三大湾区体育产业发展经验及启示[J].体育文化导刊，2020，221（11）：105-110.

[4] 董冬，罗毅，王丽宸，等.新安江-千岛湖生态补偿试验区乡村人居环境质量时空分异及影响机制[J].生态与农村环境学报，2023，39（01）：29-40.

[5] 陈洋，张琦燕，孔庆波.我国乡村体育消费市场振兴的逻辑理路与行动方略[J].体育文化导刊，2023，250（04）：94-101+110.

[6] 吕勤智，朱晨凯，高煊.资源型乡村发展运动休闲产业的规划路径与策略[J].江苏农业科学，2021，49（16）：13-17.

[7] 郭俊华，冯雪.体育产业融合发展赋能乡村振兴：逻辑理路与推进路径[J].西安体育学院学报，2023，40（02）：178-187.

[8] 赵红红，丁云霞.体育产业助推乡村振兴的路径选择——基于江浙4个乡村的典型调查[J].浙江体育科学，2022，44（06）：33-37+55.

[9] 李礼，黄健."互联网+"背景下广西乡村旅游产业高质量发展研究[J].西部旅游，2022（24）：36-39.

国外相关研究：国外学者主要从体育产业的经济效益、社会效益和环境效益等方面进行研究[1]。其中，经济效益主要表现在提高当地居民的生活水平和增加就业机会方面，社会效益则主要表现在社区凝聚力和认同感的提高方面，环境效益则主要表现在改善环境质量和促进生态文明建设方面。学者们通过研究发现，乡村体育产业在推动经济发展的同时，也在社会和谐、社区认同和环境保护等方面发挥了积极作用。

综上所述，国内外学者都认为乡村体育产业具有重要的发展潜力和社会效益。在未来的研究中，需要进一步探讨如何加强政策支持、优化资源配置、提高资金利用效率、提升管理水平等问题，以推动乡村体育产业健康可持续发展。

（四）多产业融合研究

产业融合是指将两个或多个不同的产业或产业链进行整合和协同，实现资源共享、优化配置、增值创新的过程[2]。产业融合研究已成为当前国内外研究的热点之一。

国内相关研究：各级政府纷纷出台相关政策和计划，推进产业融合的发展。例如，中国制造2025[3]、互联网+[4]、大众创业万众创新[5]等国家战略，都强调产业融合的重要性和必要性。同时，国内各大高校和研究机构也在积极开展产业融合的研究和实践。例如，清华大学成立"产业融合与智能制造研究院"，浙江大学设立"产业融合研究中心"等。

国外相关研究：欧美等发达国家也在积极推进产业融合的研究和应用。例如，欧盟的"工业4.0"战略[6]，提出智能化、数字化、网络化的制造理念，强调不同产业之间的跨越式融合。而美国则提出"先进制造业伙伴关系"计划，旨在通过合作推动制造业的发展和转型。

---

[1] 盘劲呈,胡洪基.国外乡村体育旅游发展的经验对我国乡村振兴的启示[J].湖北体育科技,2021,40(08):679-683+688.
[2] 郝爱民,谭家银,王桂虎.农村产业融合、数字金融与县域经济韧性[J].乡村经济,2023,No.484(02):85-94.
[3] 姜博.产业融合、网络嵌入与中国制造业创新[J].社会科学,2020,479(07):74-85.
[4] 杨林,陆亮亮,刘娟."互联网+"情境下商业模式创新与企业跨界成长：模型构建及跨案例分析[J].科研管理,2021,42(08):43-58.
[5] 苗华楠,姜华,张磊等.创新型产业用地规划管理与制度创新研究——基于城市案例研究的宁波实践[J].城市发展研究,2021,28(10):1-7.
[6] COLOMBO MG, CROCE A, GRILLI L. ICT services and small businesses' productivity gains: An analysis of the adoption of broadband Internet technology[J]. Information Economics and Policy, 2013, 25(3):171-189.

总的来说，产业融合研究具有重要的理论和实践意义，促进不同产业之间的协同作用和资源优化配置，提高整个经济的效率和竞争力。未来，随着信息技术、智能制造等新兴技术的广泛应用，产业融合将迎来更广阔的发展空间和更多的机遇。

（五）产业融合促进体育产业振兴研究

产业融合是指不同产业之间相互依存、协同发展的发展模式。在体育产业中，产业融合促进体育产业高质量发展，下面是国内外关于产业融合促进体育产业高质量发展的研究综述。

国内相关研究：国内学者主要从跨界融合[1]、产业链整合[2]、品牌营销[3]等方面研究产业融合对于体育产业高质量发展的促进作用。其中，跨界融合引入其他产业的先进技术和管理经验，提升体育产业的创新能力；产业链整合优化资源配置，提高体育产业的效益和竞争力；品牌营销则扩大体育产业的市场份额，提高品牌知名度和美誉度。

国外相关研究：国外学者主要从产业集群、人力资本、社会网络等方面研究产业融合对于体育产业高质量发展的促进作用[4]。其中，产业集群促进产业内部的资源共享和技术创新，提高体育产业的竞争力；人力资本则提高体育产业从业人员的素质和能力，为产业发展提供有力支撑；社会网络则扩大体育产业的影响力和社会认可度。

（六）体旅文商融合研究

国内相关研究的研究重点主要集中在以下几个方面：（1）体育、旅游、文化和商业融合的理论研究。研究者探讨如何将体育、旅游、文化、商业等领域有机融合[5]，以实现经济效益、社会效益和文化效益的多重目标。（2）体育、旅游、文化和商业融合的实践案例研究[6]。研究者通过实地调研和案例分析，总结一些成功

---

[1] 汪逢生, 王凯, 李冉冉. 体育产业与文旅产业融合发展机制、模式及路径[J]. 体育文化导刊, 2022, 235(01): 85-91.
[2] 车雯, 张瑞林, 王先亮. 中国冰雪体育产业"多链"融合的内在逻辑、适宜性框架与路径[J]. 首都体育学院学报, 2021, 33(01): 90-95+110.
[3] 朱佳滨. 旅游产业与大型体育赛事融合路径优化研究[J]. 社会科学家, 2022, 298(02): 7-14+161.
[4] 党挺. 国际体育产业数字化转型特点与启示[J]. 体育文化导刊, 2022, 236(02): 91-97.
[5] 王国全, 陈昌. 全域旅游视角的"体旅文商农"产业融合研究[J]. 体育科技, 2023, 44(01): 78-80.
[6] 关宏. 陕西省体旅文商融合发展模式推广路径研究[J]. 北方经贸, 2021, 437(04): 118-120.

的实践案例，如 2010 年上海世博会、2019 年北京世园会等，这些案例为体育、旅游、文化和商业融合提供宝贵的经验。（3）体育、旅游、文化和商业融合的影响评估研究[1]。研究者通过多种方法对体育、旅游、文化和商业融合的影响进行评估，探讨其对城市发展、经济增长、文化传承等方面的影响。

国外相关研究的研究重点主要集中在以下几个方面：（1）体育、旅游、文化和商业融合的全球趋势分析[2]。研究者通过调查和比较分析，总结不同国家和地区的体育、旅游、文化和商业融合的发展趋势。（2）体育、旅游、文化和商业融合的实践案例研究[3]。研究者通过实地调研和案例分析，总结一些成功的实践案例，如 2016 年里约奥运会、2018 年俄罗斯世界杯等，这些案例为体育、旅游、文化和商业融合提供宝贵的经验。（3）体育、旅游、文化和商业融合的管理与规划研究。研究者探讨如何通过科学的管理和规划，将体育、旅游、文化、商业等领域有机融合[4]，以实现多重目标。同时，也探讨如何通过政策和法规的制定，促进体育、旅游、文化和商业融合的发展。

国内外对体育、旅游、文化和商业融合的研究表明，该领域具有广泛的发展前景，同时也需要不断地探索和总结经验，以推动该领域的发展。

二、国内外相关研究评述

国内外专家学者都围绕乡村振兴、体育产业振兴、乡村体育产业振兴、多产业融合、体旅文商融合等方面进行全面系统研究。前期成果为本研究提供了宝贵的参考价值，但是受诸多因素的影响和制约，学界对体旅文商多产业融合促进乡村体育产业振兴的研究还处于萌芽阶段，研究的深度和广度还有待进一步深入。首先，当前的体旅文商融合促进乡村体育产业振兴研究还缺乏一个较全面的理论框架和系统运行机制，对体旅文商融合理论的内涵还没有充分解读，还不能清楚表达体旅文商融合具有怎样的特征，能做怎样的分类；同时也缺乏对体旅文商融

---

[1] 关宏. 陕西省体旅文商融合发展模式绩效评价体系研究[J]. 商业经济，2021，533（01）：49-50+77.
[2] HSIEH CI, KLENOW Misallocation and Manufacturing TFP in China and India[J]. The Quarterly Journal of Economics.2009,124(4): 1403-1448
[3] PENG SJ, LI HJ, ZHENG H Z. koopMAN R, WANG Z, WEI SJ. The Interactions between Producer Services and Manufacturing: An Empirical Analysis Based on Input-Output Subsystem Model. Applied Mechanics and Materials，2013, 291-294: 3041-3045.
[4] PENG SJ. LI HJ, ZHENG HZ. koopMAN R, WANG Z, WEI SJ. Tracing Value-Added and Double Counting in Gross Exports. The American Economic Review，2014,104(2):459-494.

合促进乡村体育振兴的案例研究，没有深刻研究体旅文商融合特征，以及这一特征如何促进乡村体育产业振兴，仅仅将其归类为体育产业实践，自然就能促进乡村体育产业振兴。其次，对影响乡村体育产业振兴的要素和体旅文商融合机制缺乏系统归纳和总结，有时候谈到的原因只是影响乡村体育产业振兴的共因，而非乡村体育产业振兴的个因，特别是对体旅文商融合背景下乡村体育产业振兴的运行机制没有清醒认知。再次，对旅游、文化、商业等产业融合促进乡村体育产业振兴作用机制表达不清。最后，从创新、营销、社区参与等方面研究产业融合对于乡村体育产业振兴的促进作用不凸显。

第三节 研究方法和创新之处

一、研究方法

（一）文献资料法

认真学习国家发布的相关文件，并以"乡村振兴""乡村体育产业""体旅文商融合"等为关键词和主题词，通过中国知网数据库、万方数据库、维普中文科技期刊、超星图书馆和中国优秀硕博论文数据库等电子期刊论文库以及山东科技大学图书馆等馆藏资料，查阅大量相关文献，整理有重要参考价值的材料，了解体旅文商融合发展的现状及趋势。对近五年的中国统计年鉴特别是山东省统计年检进行搜集和整理，获取研究所需的资料，夯实案例分析和对策路径基础。

（二）归纳总结法

对文献和访谈内容进行归纳总结，基于归纳总结结果，提出体旅文商融合促进乡村体育产业振兴方面的核心观点和结论。确保这些观点和结论具备一定的普遍性和可行性，并回答研究问题。对归纳总结得出的结果做进一步论证和讨论，通过引用文献综述中的理论依据、访谈内容以及其他相关研究成果来支持本研究的观点。同时对可能存在的局限性和不足进行说明，并提出进一步深入研究的方向。

(三)田野调查法

客观把握体旅文商融合以及乡村体育产业现状、存在问题及致因并进行深入剖析,研究过程中需要实地调研走访,对调研对象进行深入访谈,搜集第一手资料,掌握体旅文商融合发展基本情况以及乡村体育产业发展现状,为本课题研究提供真实的材料支撑。

二、创新之处

(一)学术思想创新

将体旅文商融合和乡村振兴这两个新时代发展的重要命题有机融合,研究范围选定在山东省乡村体育产业,突破以往研究从单一维度进行分析的窠臼,在研究视角和学术思想上有所创新。

(二)学术观点特色和创新

对体旅文商融合概念、发展现状、价值意蕴以及发展路径进行研究。并分别对体旅融合、体文融合和体商融合促进乡村体育产业振兴的实践模式、价值意蕴和发展路径进行研究。最后对体旅文商融合促进乡村体育产业振兴机制、产业结构、竞争力、创新能力和文化价值塑造等方面分别展开研究。在学术观点上有一定的创新。

第二章　乡村体育产业概述

本章主要介绍乡村体育产业，包括乡村体育产业内涵及特点、乡村体育产业助力乡村振兴的价值审视、乡村体育产业发展历程、乡村体育产业发展现状、乡村体育产业存在的问题和挑战、乡村体育产业的发展路径、乡村体育产业发展的山东模式。

第一节　乡村体育产业内涵及特点

一、乡村体育内涵及特点

（一）乡村体育内涵

乡村体育是指在乡村地区开展的体育活动，旨在促进乡村居民身心健康和全面发展。其内涵表现在如下几个方面。

乡村体育倡导健康生活理念，注重自然环境和运动的融合。例如，户外跑步、自行车骑行和农田劳动等活动，既让人们欣赏自然美景，又保持身体健康。乡村体育对社交互动和社区凝聚力的形成具有积极推动作用。由于乡村地区人口相对较少，这些活动为当地居民提供了一个相互交流、增进感情和建立社区凝聚力的平台。

乡村体育蕴含丰富的传统文化和民俗活动。许多乡村地区保留着丰富的传统体育项目，如扭秧歌、村民篮球比赛和乡村马拉松等。这些活动不仅传承了乡村文化，还使人们更加了解和珍视自己的传统。乡村体育与环境教育和生态保护紧密相连。乡村地区通常拥有清新的空气、优美的自然风景和丰富的生态资源，通过参与乡村体育活动，人们能够增强环保意识，关注生态保护。

此外，乡村体育对于乡村振兴和经济发展具有重要意义。通过举办乡村体育赛事、建设体育设施和开发相关旅游产品，吸引更多游客和投资，推动乡村地区的经济发展和产业升级。总之，乡村体育在促进人们身心健康、传承文化、保护环境和推动经济发展方面发挥着积极作用，为乡村振兴注入活力。

（二）乡村体育特点

乡村体育迅速发展与政府支持密不可分，国家出台一系列促进乡村体育发展的政策和措施，如"健康中国2030"规划纲要、《全民健身计划纲要（2016—2020年）》等。政策和措施为乡村体育发展保驾护航，这是外因。乡村体育发展迅速，也与其特点密不可分，这是内因。

乡村体育的特点主要有以下几个方面：乡村体育强调简约和自然的特征。乡村地区拥有广阔的自然环境和开阔的空间，提供丰富的户外运动场所；乡村体育具有浓厚的传统文化和乡土特色。乡村地区保留着许多独特的传统体育项目和乡土体育活动，如农民运动会、民俗舞蹈、农田劳动体验等；乡村体育注重健康和休闲的特征。乡村地区的环境清新，空气质量较好，拥有理想的休闲场所。乡村体育活动既能锻炼身体、增强体质，又能让人们远离喧嚣和压力，享受大自然的宁静和美丽。

二、乡村体育产业内涵及特点

（一）乡村体育产业内涵

乡村体育产业是指在乡村地区发展起来的以体育活动为核心、涵盖多个产业链条的综合性产业。乡村体育产业内涵表现在如下几个方面。

乡村体育产业涵盖组织与举办各类规模的体育赛事和活动。这些活动不仅包括传统的乡村体育项目，还有融合自然环境和乡土文化的创新赛事。乡村体育产业涉及体育设施的建设、改造和管理[1]，涵盖乡村体育场馆、运动场地、健身设施等的规划、建设和维护。此外，乡村体育产业还涉及体育教育和培训领域。乡村体育产业与体育旅游和文化创意的结合密切相关[2]。通过将体育与旅游、文化相融

---

[1] 肖林鹏. 我国体育产业技术政策发展历程、问题与对策 [J]. 上海体育学院学报，2011，35（06）：17-22.
[2] 柴萍. 我国体育产业政策应用研究 [J]. 北京体育大学学报，2010，33（12）：27-29+36.

合，开发体育旅游产品和服务，提供与乡村体育相关的文化创意产品，以此吸引游客和消费者。例如，打造乡村体育度假村、体育主题公园等，推动乡村旅游和文化产业发展。

乡村体育产业还涉及体育健康和康养产业发展。通过开展健身活动、康复训练、养生养老等服务，为乡民提供身心健康保障和康养体验。总之，乡村体育产业以其多元化特点，助力乡村经济发展和乡民生活质量的提升。

（二）乡村体育产业特点

乡村体育产业是指在乡村地区开展的以体育为主要内容的经济活动，其特点主要体现在以下几个方面：

乡村体育产业深深烙印着地域特色和乡土文化。乡村地区的独特自然环境和人文景观为体育活动增色添彩，塑造出别具一格的乡村体育品牌形象。同时，乡村体育产业呈现出多元化和创新发展的特点。充分利用乡村丰富的资源和特色，结合自然环境、乡土文化和现代科技，不断推动体育活动的形式和内容创新，发展出各具特色的体育项目和创新赛事。

乡村体育产业高度重视社区参与和共享发展。通过社区共同努力和合作，共建共享的体育场地和设施，提供丰富多彩的体育活动和服务，有力推动社区发展和居民共同进步。此外，乡村体育产业涵盖广泛的产业链条，需要多领域的合作和协同发展。除了体育赛事和活动本身，乡村体育产业还涉及体育设施建设、运营管理、体育教育培训、旅游服务、文化创意等多个领域。这些领域间的协同发展，形成完整的乡村体育产业链条，助力乡村经济实现多元化和可持续发展。

乡村体育产业始终秉持可持续发展和生态保护的理念。乡村地区的自然环境和生态资源是乡村体育产业的重要支柱和基础，因此，在发展乡村体育产业的过程中，始终注重保护生态环境，实现可持续发展。通过乡村体育产业的绿色发展，为乡村振兴注入新活力，提升乡村居民的生活质量。

三、乡村体育产业与乡村振兴

乡村体育产业与乡村振兴之间存在着联系紧密和相互促进的关系。乡村体育产业作为乡村振兴战略的一个重要组成部分，为乡村振兴注入新的活力和希望。

首先，乡村体育产业作为一种新兴产业，为农村地区带来新的经济增长点。

随着城市化进程的推进，传统农业收入逐渐减少，因此需要发展新的产业来促进乡村经济的多元化发展。乡村体育产业涉及体育设施建设、体育用品销售、体育旅游等多个领域，为乡村经济带来新的发展机遇，吸引更多的投资流入乡村地区。

其次，乡村体育产业发展改善农村居民的生活质量。乡村体育项目的推广和普及，为农村居民提供更多参与体育锻炼的机会，促进健康生活方式的养成。健康的生活方式使居民更有精力投身到乡村振兴的各项事业中，推动乡村振兴战略的实施。

再次，乡村体育产业兴盛有助于改善乡村的基础设施建设和提升公共服务水平。政府支持乡村体育发展，建设较多体育场馆、健身房和运动设施，完善的基础设施将直接惠及当地居民，提高乡村的生活品质和幸福感。同时，乡村体育产业发展需要专业的培训和教练队伍，这也将促进乡村教育和人才培养。

最后，乡村体育产业繁荣有助于传承和弘扬乡村文化。乡村地区有其独特的体育传统和文化特色，通过举办体育赛事、文化节庆等活动，乡村体育产业吸引更多游客和参与者前往乡村，扩大乡村影响力，推动乡村文化的创新和传承。

乡村体育产业与乡村振兴相互依存、相互促进[①]。乡村体育产业发展为乡村振兴提供新的发展契机，而乡村振兴战略的推进也为乡村体育产业的繁荣提供广阔的舞台。

第二节　乡村体育产业发展的价值意蕴

体育产业发展对实现乡村振兴计划具有极其重要的意义。在当前城乡发展不平衡不充分的背景下，体育产业发展为缩小城乡差距、促进城乡一体化发展提供重要的机遇和助力。乡村体育产业助力乡村振兴的价值表现在如下几个方面。

一、经济价值

乡村体育产业蓬勃发展，为乡村地区创造了众多就业岗位。举办各类体育赛事、建设和管理体育设施等环节都需要人力资源，从而提供了包括教练员、赛事组织者、场馆管理员、安保人员等在内的多种就业岗位。此外，乡村体育产业也

---

① 董晓绒．习近平关于乡村振兴重要论述的理论内涵[J]．西藏发展论坛，2022（01）：53-58．

带动了乡村旅游业的发展。举办各类体育赛事和活动吸引了大量游客和观众，他们为参与或观赏体育赛事而来到乡村地区，带动了当地餐饮、住宿和交通等服务业的发展。

乡村体育产业的兴起，也为乡村地区带来了新的消费需求。人们在参与体育活动时需要购买运动装备、器材和相关产品，从而提高了当地零售业的销售额。

乡村体育产业发展也促进了农业多元化发展。例如，农家乐与体育旅游相结合，提供体验农耕、采摘、农产品加工等活动，吸引了众多游客参与。同时，农民也利用乡村体育产业发展机遇，将部分土地用于体育设施建设或农业康养项目，实现了农业增收和乡村旅游的深度融合。

乡村体育产业还有助于塑造和推广乡村品牌形象。通过举办富有地方特色的体育赛事和活动，乡村地区打造了独特的品牌形象，吸引了更多游客和投资者。这有助于提升乡村地区的知名度和美誉度，进一步推动当地经济的发展。

综上所述，乡村体育产业在经济方面的价值体现在创造就业机会、推动旅游业发展、扩大消费需求、促进农业多元化发展和塑造乡村品牌形象等方面。通过推动乡村经济的增长和多元化发展，乡村体育产业为乡村振兴注入了新的活力。

二、文化价值

乡村体育产业在传承文化、促进交流、提升魅力、培养人才以及展示形象等方面发挥了重要作用。首先，乡村体育产业有助于保护和传承当地的体育文化，使其得到更广泛的认可和传播，从而增强乡村居民的文化自信和凝聚力。其次，通过举办体育赛事和活动，乡村地区为来自不同地方的运动员、观众和志愿者提供了交流的平台，促进了不同地域之间的文化交流与互动。此外，乡村体育产业的蓬勃发展，使得乡村地区的文化魅力得以提升，为游客和居民提供了亲身参与和体验的机会。

在培养人才方面，乡村体育产业在乡村地区加强体育教育和培训，为乡村青少年提供学习和发展的平台。这个平台不仅注重体育技能的培养，还关注艺术性和创新性发展，鼓励乡村体育人才在体育表演、艺术创作等方面的探索和发展。最后，乡村体育产业通过体育赛事和活动的传播，将乡村地区的独特自然风光、人文景观和生活方式展示给更广大的观众，进一步提升了乡村地区的知名度和美誉度。

乡村体育产业在文化方面的价值体现在传承乡村体育文化、促进文化交流与融合、增强乡村文化魅力、培养体育艺术人才以及传播乡村形象与故事等方面。这些价值的实现丰富了乡村地区的文化内涵，为乡村振兴注入了独特的文化动力。

三、社会价值

乡村体育产业通过组织和举办各类运动活动和比赛，激发居民参与的积极性，增强社区内部的凝聚力和互动。这些活动不仅让人们建立了深厚的友谊，共同追求目标，还强化了社区意识和认同感。同时，乡村体育产业为农民提供了一个展示自己能力和价值的舞台。他们通过参与比赛、担任组织者或志愿者等方式，充分发挥自己的才华和专业素养，感受到被重视和尊重，从而提升他们的自豪感和自信心。

乡村体育产业也吸引了城市居民前往乡村地区参与运动活动，这种融合和交流促进了城乡之间的相互理解和友谊，打破了传统的城乡差距，缩小了城乡之间的鸿沟。乡村体育产业确保所有居民都能平等参与，每个人都找到适合自己的运动项目和参与方式。这种公平性体现了社会公正和平等发展理念。

此外，乡村体育产业通过提供各类运动活动，为居民提供了健康、积极、有益的娱乐方式，这种娱乐方式不仅有助于消除人们的紧张和压力，还能减少不良行为和犯罪活动的发生，促进社会稳定和安全。

乡村体育产业振兴为农民创造了丰富的就业机会和创业空间。农民通过开办体育培训机构、健身中心、体育用品店等方式参与到乡村体育产业振兴中，从而促进当地经济活力的提升。

综上所述，乡村体育产业通过促进社区凝聚力和互动、提升农民形象与自豪感、促进城乡融合与交流、增强社会公平与平等、促进社会稳定与安全以及激发创业精神与经济活力等方面的社会价值，为乡村地区带来了积极变化和发展机遇，推动了乡村社会的进步和共同繁荣。

四、教育价值

乡村体育产业为青少年提供全面发展的机会，通过举办体育课程、训练营和比赛活动，培养青少年的体育兴趣和技能。这种教育方式不仅有助于提高青少年的身体素质，还能培养他们的团队合作意识、竞争精神、领导能力和自信心。同时，乡村体育产业与学校合作，增强学校教育的综合性。学校体育活动与乡村体育产业的结合，使得学生在课堂外也能参与更多的体育项目和赛事，从而丰富学生的学习经验。

乡村体育产业还有助于促进素质教育的实施。素质教育注重学生的全面发展，乡村体育产业提供丰富多样的体育活动和培训项目，为学生提供更广阔的发展空间。此外，乡村体育产业发展带来更多的教育资源和机会。例如，乡村地区建设体育场馆、运动场和健身设施，为学生提供更好的体育活动场所。同时，乡村体育产业还带来教练员、裁判员等专业人才，提供专业的体育指导和培训。

最后，乡村体育产业通过开展体育活动和宣传健康知识，倡导健康的生活方式。体育活动不仅有助于提高学生的身体素质，还培养他们的健康意识和自律能力。学生们通过参与体育运动，学习到合理饮食、良好作息和积极锻炼等健康生活的习惯，形成良好的生活方式，从而提高学习效果和综合素质。

总之，乡村体育产业在教育方面的价值体现在全面培养青少年发展、增强学校教育的综合性、促进素质教育的实施、增加教育资源和机会以及倡导健康生活方式等方面。这些价值的实现有助于提升乡村教育质量，为乡村振兴注入教育的活力。

五、生态价值

乡村体育产业发展依赖于良好的自然环境和丰富的场地资源。为了促进这一产业发展，相关部门需要加大自然环境的保护力度，包括保护水源、植被、土壤等自然资源，减少污染物排放和生态破坏，确保生态系统的健康发展。同时，乡村体育项目通常与自然风景和人文景观相融合，形成独特的生态旅游资源。通过开展户外运动、农耕体验等活动，提高人们对环境保护的认识，让参与者更加珍惜自然资源。

在乡村体育产业振兴过程中，政府支持和企业投资至关重要。这些投入不仅用于场馆建设和设备更新，还用于生态修复、环境治理等方面，间接促进生态文明建设。乡村体育产业吸引了运动爱好者、志愿者、商家等各类群体的关注和参与，形成了一个有活力、互帮互助的社区。这种融合与共享的社区氛围有助于推动乡村社区发展和生态价值提升。

乡村体育产业在助力乡村振兴的过程中，不仅为经济和社会带来积极影响，还具有重要的生态价值。通过保护自然环境、提供生态旅游资源、增强环境意识与教育、促进农业生态优化、增加生态文明建设投入以及促进乡村社区融合与共享，乡村体育产业为乡村地区可持续发展和生态系统的健康繁荣奠定了基础。

第三节　乡村体育产业发展历程

乡村体育产业发展可以追溯到 20 世纪 80 年代初期，当时国家开始推行"全民健身"运动并逐渐在乡村地区普及开来。1998 年，国家发布《全民健身计划纲要（1997—2010 年）》，提出发展乡村体育产业的目标和方向。

随着国家政策的不断实施，乡村体育产业进入快速发展轨道。2002 年，国家开始实施"农家乐"计划，鼓励乡村居民利用自有资源、独特优势发展旅游、休闲、体育等产业。同时，国家还出台一系列扶持政策，包括资金补贴、税收减免等，促进乡村体育产业发展。

近年来，随着城乡经济的差距逐渐缩小，人们对于健康生活的需求越来越高，乡村体育产业也呈现出蓬勃发展的态势。各地纷纷借助当地的自然资源、文化底蕴和人文环境，发展多种乡村体育项目，如乡村马拉松、乡村足球等，这些项目不仅推动乡村地区的经济发展，也促进当地居民的身体健康和精神文化生活的丰富多彩。经过文献政策的梳理，我国乡村体育产业发展历程归纳为如下几个阶段。

一、萌芽阶段（1978 年—1992 年）

（一）国家政策

自 1978 年党的十一届三中全会提出以经济建设为中心的方针以来，我国步入了改革开放的新时期。在这一时期，中国实施了一系列的开放政策和改革措施，逐步摆脱封闭和落后状态，加速现代化进程。其中，以经济建设为中心的方针为国家经济的发展奠定了坚实的基础。

与此同时，体育体制改革也成为重要任务。由于资金不足，体育事业的发展受到了阻碍。为了筹集体育事业发展资金，中国开始探索体育产业发展道路。20

世纪80年代,我国的体育事业经历了一次重大转型,即体育场馆由事业型向经营型转变。这次转型是由当时的国家体委(现体育总局)主导推动,旨在通过体育场馆的改革与发展,提高体育产业的经济效益和社会效益,促进我国体育事业的发展[①]。在转型前,体育场馆基本上都是由政府出资兴建和运营,以事业单位的形式存在。然而,随着社会经济发展和市场经济逐渐形成,这种模式逐渐显现出一些问题,如场馆设施老化、管理效率低下、资金缺乏等。

为了克服这些问题,国家体委开始大力推行体育场馆经营性改革,引入市场机制和经营理念,使得体育场馆像企业一样进行自我运营和发展。这一改革举措不仅解决了原有模式存在的问题,还为国家体育事业的发展注入了新活力。

(二)具体实践

体育场馆经营性转变的具体措施包括将体育场馆改为独立法人或企业形式,实现自主经营和自负盈亏,以及引入市场机制和经营理念,发挥市场调节作用,提高体育场馆的经济效益。此外,还需加强管理和服务,提高场馆设施和服务质量,扩大消费群体,增加收入来源,并积极开展各类商业活动,如体育比赛、文艺演出、展览会等,拓宽收入渠道。通过这些措施和改革,我国体育场馆逐渐实现由单一的体育运动场所向多功能综合体育场馆的转变,同时也形成一批具有竞争力的企业和品牌。

体育场馆的转型不仅促进体育产业发展,也为我国社会经济发展作出重要贡献。在20世纪80年代,中国乡村体育产业处于萌芽阶段,尚未形成完整的体系和规模。当时,中国乡村体育事业主要由县级体育部门负责,发展速度较慢,缺乏有效的管理和投入。然而,随着体育场馆经营性转变的推进,乡村体育产业逐渐焕发生机,为乡村振兴注入新活力。乡村体育产业已经取得了显著的成果,不仅促进了乡村经济发展,还丰富了乡村居民的文化生活。

二、起步阶段(1992年—1996年)

(一)国家政策

随着邓小平同志南方讲话和中国共产党第十四次代表大会的胜利召开。中国

---

① 杨铁黎,唐晋军.对我国体育经济类研究成果的回顾与展望[J].中国体育科技,2007(05):24-34.

中央政府提出加快第三产业发展的战略设想。这一设想的主要目的是通过发展服务业和提高服务业的比重，推动中国经济结构调整和转型升级，实现经济持续、稳定和健康发展。在此前，中国经济以工业为主导，服务业的比重较低。然而，随着人民生活水平的提高和市场经济的发展，服务业逐渐成为经济增长的新引擎。因此，政府提出发展第三产业的战略设想，以促进中国经济可持续发展。具体来说，加快第三产业发展的战略设想包括以下几个方面：加大对服务业的投资力度，特别是对基础设施建设和信息技术的投资，以提高服务业的效率和质量；优化服务业结构，鼓励发展高附加值的服务业，如金融、教育、医疗等，同时加强传统服务业的改革和创新，如旅游、餐饮、物流等；推动城乡一体化发展，发挥城市的辐射和引领作用，促进乡村服务业发展和完善；改革服务业管理制度，推动市场化、法制化、专业化和国际化发展，提高服务业的竞争力和创新能力。加快第三产业发展的战略设想是中国政府制定的一个重要的经济战略，它旨在通过发展服务业，促进中国经济的结构调整和转型升级，为实现经济持续、稳定和健康发展作出贡献。

（二）具体实践

在1993年全国体委主任会议上，《关于培育体育市场，加快体育产业化进程的意见》正式出台，旨在推动我国体育事业的发展和体育产业的繁荣[1]。该文件提出了一系列重要政策和措施，如加强体育基础设施建设，扩大体育产业规模；支持企业和社会力量参与体育产业经营和管理；鼓励体育科技创新和人才培养，提升体育产业的竞争力和创新能力；加强对体育产业的宣传和推广，提高公众对体育产业的认识和支持度；加强对体育产业的监管和管理，保障体育产业的健康发展。这些政策和措施对于推动我国体育产业发展起到了关键作用，为当今体育产业发展奠定了基础。

当时，我国乡村体育产业正处于起步阶段，发展相对落后。乡村地区的体育设施和场馆建设较为薄弱，导致大多数乡村居民缺乏参与体育活动的机会和条件。同时，乡村地区的体育人才培养和科技创新水平也相对较低。然而，1993年国家体委出台的意见中，也包括了加强乡村体育基础设施建设和推动乡村体育产业发

---

[1] 肖林鹏.我国体育产业技术政策发展历程、问题与对策[J].上海体育学院学报，2011，35（06）：17-22.

展的措施。随着时间的推移，这些政策逐步实施，乡村地区的体育产业开始逐渐发展壮大[①]，越来越多的乡村居民参与到各种体育活动中，乡村体育设施和场馆建设得到了加强。与此同时，一些乡村体育俱乐部和训练基地的建立，也为乡村地区的体育人才培养提供了更好的机会和平台。

三、快速发展阶段（1996年—2017年）

（一）国家政策

随着人们生活水平和健康意识的提高，越来越多的人开始关注体育运动，参与各种运动项目。深受大众喜爱的体育运动项目成为社会投资的热点，社会各界纷纷投资建设体育场馆、组织赛事、开展体育培训等活动，以满足广大市民的需求。同时，这些投资也带动相关产业发展，促进经济的繁荣。1998年中国体育产业股份有限公司成立，同年在上海证券交易所挂牌上市，这是中国体育产业发展新的里程碑。通过证券市场直接融资，企业快速获取资金，提高资金利用效率，扩大生产规模，推广产品，加强品牌建设等[②]。同时，资本运作也促进企业的管理和运营水平的提高，使企业更具市场竞争力。这些都有助于扩大我国体育产业发展规模，促进体育产业的良性循环和可持续发展。党和国家加大对体育事业的重视和乡村基础设施的改善力度，政府对乡村体育事业的投入逐年增加。政府出台多项政策，如"全民健身计划"和"体育强国建设"，为乡村体育产业发展提供政策支持。

（二）具体实践

乡村体育产业发展经历了一定的波动与变化。政府逐年加大对乡村体育的投入力度[③]。乡村地区的体育场馆建设得到了加强，政府在农村地区修建了许多体育场馆，如羽毛球馆、篮球馆等，方便乡村居民进行体育锻炼和比赛。此外，乡村体育活动的类型也日益丰富。随着城乡差距的缩小，乡村居民生活方式发生了变化，他们对体育活动的需求也更加多样化。政府和社会组织积极举办各种形式的乡村体育活动，如运动会、马拉松比赛、乡村足球联赛等，丰富乡村居民的体育

---

① 王磊.新中国体育产业历史演进研究[D].长春：吉林大学，2014.
② 赵燕.新时期我国体育产业发展的回顾与思考[J].成都体育学院学报，2004（03）：27-30.
③ 吴香芝.我国体育服务产业政策执行与评价研究[J].成都体育学院学报，2011，37（11）：5-9.

生活。与此同时，乡村旅游产业也逐渐兴起，一些地方开始尝试将体育与旅游相结合。例如，在山区和湖区开展徒步旅游、划船、摄影等活动，为游客提供更加全面和多元化的旅游体验。

虽然中国乡村体育产业发展取得了一定的成果，但仍面临着诸多挑战和问题，如乡村基础设施的不足、社会资金投入不足等。为了进一步推动乡村体育事业的发展，提高乡村居民的体育水平和生活质量，需要政府和各界共同努力。

四、高质量发展阶段（2017年至今）

（一）国家政策

2017年中国共产党第十九次全国代表大会上，高质量发展首次被提出。2021年习近平总书记接连强调"高质量发展"[1]的重要性。2021年3月30日，中国中央政治局召开会议，审议《关于新时代推动中部地区高质量发展的指导意见》。随后，在2021年9月14日，国务院批复国家发展改革委、财政部、自然资源部关于推进资源型地区高质量发展"十四五"实施方案。[2][3][4][5]这些举措显示中国政府在推进高质量发展方面的决心和努力。

（二）具体实践

随着我国经济和社会的持续发展，各个领域都在迈向高质量发展阶段，乡村体育产业也不例外。实现乡村体育产业高质量发展需关注产业经济效益和社会公益事业的贡献，并重视人民身心健康的重要意义[6]。在这一过程中，需要在经济增长和社会效益之间找到平衡点，以实现经济效益和社会效益的双赢，从而全面、协调、可持续地推动乡村体育产业发展。

---

[1] 北方网.【2021"两会新语"之三】习近平心心念念这条"路"[EB/OL].（2021-03-09）[2023-08-30].http://news.enorth.com.cn/system/2021/03/09/051086359.shtml.
[2] 章激扬,段继红,师磊.高速增长与高质量发展阶段二元创新活动属性——多样化还是专业化?[J].当代经济管理,2022,44(05):14-26.
[3] 新华网.新华网评:以高质量发展"开好头"[EB/OL].（2021-03-06）[2023-08-30].http://www.xinhuanet.com/comments/2021/03/06/c_1127176215.htm.
[4] 环球网.（受权发布）中国共产党第十九届中央委员会第五次全体会议公报[EB/OL].（2020-10-29）[2023-08-30].https://china.huanqiu.com/article/40U2VXHIp7P.
[5] 新华网.以推动高质量发展为主题[EB/OL].（2021-11-17）[2023-08-30].http://www.xinhuanet.com/politics/2020-11/17/c_1126749474.htm.
[6] 李帅帅.基于三大变革的体育产业高质量发展评价研究[D].武汉:武汉体育学院,2022.

政府对乡村体育产业的投入是实现高质量发展的关键，具体措施包括加强乡村体育产业的基础设施建设，提高体育赛事的举办水平和影响力。不断提升乡村体育产业的专业化和市场化水平，完善和优化乡村体育产业链。以及注重体育文化的传承和发扬，深入挖掘和传播体育文化。通过实施这些措施，逐步实现了乡村体育产业高质量发展的目标，并为经济和社会发展作出更大贡献。

乡村体育产业高质量发展是在特定经济背景和美好生活追求下，政府、市场和社会等治理主体以满足人民多样化体育需求为中心，构建新发展格局。在这一过程中，需遵循新的发展理念，坚持质量第一、效益优先的原则，对乡村体育产业实施动力变革、效率变革和质量变革，提高体育全要素生产率[1]。通过设定目标和实现绩效的方式，为大众提供高质量的体育产品和服务，最终实现经济与社会效益最优、供需精准匹配的现代产业新体系[2]。

实现乡村体育产业高质量发展，需关注改革创新，保持动态、开放、包容的态度，不断推进产业结构调整，优化资源配置，提升乡村体育产业的核心竞争力[3]。同时，加强行业规范化和标准化管理，提高乡村体育产业的管理水平和服务质量，促进乡村体育产业与其他相关产业的深度融合，形成协同发展的良好局面。

第四节　乡村体育产业发展现状

乡村体育产业涵盖体育用品制造、体育旅游、体育赛事组织、体育培训等多个领域，形成完整的产业链。乡村体育产业在发展过程中还面临一些挑战，例如基础设施建设不足、专业人才短缺、资金问题等。

一、乡村体育健身设施建设现状

乡村体育健身设施建设在我国乡村地区仍面临一些挑战和不足。由于投资和资源有限，农村地区的基础设施建设并不完善，导致很多地方缺乏适宜开展体育运动和健身活动的场所。虽然一些发达地区或示范项目中的农村地区可能已经

---

[1] 李帅帅，杨尚剑，董芹芹，等.新发展阶段体育产业高质量发展的逻辑遵循与深化路径[J].山东体育学院学报，2022，38（06）：36.
[2] 李帅帅，杨尚剑，董芹芹，等.新发展阶段体育产业高质量发展的逻辑遵循与深化路径[J].山东体育学院学报，2022，38（06）：37.
[3] 张煜杰.浅析新时代体育产业高质量发展之路[J].文体用品与科技，2022（05）：65-67.

有较好质量和丰富种类的体育健身设施，但大部分农村地区仍然面临着缺少现代化、多样化设备的问题。此外，由于乡村地区人口流动性较大，缺乏稳定的居民群体，资金投入不足，难以承担大规模的体育设施建设和运营成本。同时，专业管理和维护人员缺乏，导致一些已经建立的体育设施无法得到有效利用和保养，影响农民群众参与体育健身活动的积极性，也增加使用设施时发生意外事故的风险。

然而，在加大政府投入、引入社会资本、制定相关政策标准、加强人才培养管理以及开展多样化活动等措施的推动下，这些状况逐渐得到改善，并带动乡村经济发展和社会和谐稳定。乡村体育健身设施的完善将为农民群众提供更多的运动健身选择，提升他们的生活质量和幸福感。

二、乡村体育旅游产业发展现状

近年来，乡村新兴产业如休闲度假游、体育旅游和体育文化产业等已经成为消费热门，成为推动美丽乡村建设的重要支柱。政府对乡村体育旅游产业的支持力度逐渐加大，通过财政补贴、税收减免、土地使用权优惠等措施，积极制定相关政策，鼓励企业和农民参与乡村体育旅游项目的建设和运营。

乡村地区拥有丰富的自然资源和人文景观，为乡村体育旅游产业提供了独特的优势。山水田园风光、古镇民俗文化等都成为吸引游客参与户外运动和休闲娱乐活动的重要资源。结合当地传统文化、农事体验和农产品销售等元素，乡村体育旅游产业为游客提供了全方位的体验和服务。

尽管乡村体育旅游产业发展取得了一定的成果，但仍面临着基础设施不足、人才短缺和市场竞争激烈等问题。为了进一步推动乡村体育旅游产业发展，并为乡村振兴战略注入新的活力，需要加大政策支持力度、加强基础设施建设、提升人才素质和创新产品与服务。

三、乡村体育竞赛和比赛组织现状

乡村体育竞赛和比赛组织在不同地区、时间和社会环境下存在着各种不同的问题。

首先是资金缺乏。乡村地区经济相对落后，乡村体育竞赛和比赛组织往往缺乏足够的资金支持,导致比赛设施和器材等方面的条件不够完善。这也是乡村体育竞赛和比赛组织面临的一个重要问题;其次是组织管理不规范。一些乡村体育竞赛和比赛组织的组织管理不够规范,缺乏统一的规则和制度,容易引发纠纷和不公平现象。这不仅影响比赛的组织和管理水平,也会降低运动员的参与热情和比赛的观赏性;第三是参与热情不高。乡村地区居民生活节奏相对较慢,参与热情不如城市居民高涨,加之缺乏宣传和推广,导致乡村体育竞赛和比赛组织的参与人数不多;第四是人才缺乏。乡村地区人才资源相对匮乏,裁判员和组织者等相关人才缺乏,影响比赛的组织和管理水平。这也会给比赛的公正性和规范性带来一定的负面影响;最后是体育设施不足。乡村地区缺乏完善的体育设施,如运动场、健身房等,这也是乡村体育竞赛和比赛组织面临的一个问题。缺乏良好的体育设施,不仅会限制比赛的举办,也会影响到居民的日常锻炼和健康生活。

为解决以上问题,需要加大资金投入并提高资金使用效率,优化比赛设施和器材等条件。同时,规范组织管理,建立统一的规则和制度,保证比赛的公正性和规范性。此外,还需加强宣传推广力度,增加比赛的知名度和吸引力,提高参与热情。同时,应该加强人才培养和引进,提高比赛的组织和管理水平。最后,加大体育设施建设力度,完善乡村地区的体育基础设施,为乡村体育竞赛和比赛组织提供更好的条件和保障。

四、乡村体育运动员的培训和选拔现状

乡村地区缺乏专业化的体育教练队伍。相比于城市地区,农村地区的体育教练资源有限,缺少专业化、高水平的教练员来进行系统性的培训指导。这使得农村青少年在基本技能、技术水平等方面存在较大劣势,限制他们发展成为优秀运动员。

乡村体育运动员培训和选拔机制不健全。由于缺乏统一规划和长期稳定的投入,很多农村地区没有建立起科学有效的选拔机制,无法及时发现并培养潜在人才。同时,因为经济条件有限,很多家庭对子女从事体育事业持保守态度,缺乏对培养优秀运动员的支持。

乡村地区缺少先进设施和场地。相比于城市地区拥有更好的训练场地、设备

和条件，农村地区的体育设施相对简陋，无法提供足够的训练环境。这使得乡村青少年运动员在技术训练和竞技准备方面存在一定的不足。

乡村体育运动员培训和选拔中也存在着资源分配不均衡的问题。一些富裕地区或示范项目中的农村地区可能已经具备较好的培训条件和资源支持，吸引优秀教练和运动员。但大部分农村地区仍面临着培训机构稀缺、资金匮乏等问题，限制优秀运动员选拔和培训。

为改善乡村体育运动员培训和选拔现状，需采取加强师资队伍建设、完善培养机制、提供先进设施和场地、加强宣传教育、建立合作机制、加大资金投入、鼓励推广多样化体育项目等措施。通过这些措施的综合推进，逐步改善乡村体育运动员的培训和选拔现状，在农村地区营造良好的体育氛围，挖掘潜力、发展人才，并为优秀乡村青少年提供更多参与竞技体育的机会，促进农村体育事业的健康发展。

五、乡村体育文化的宣传和推广现状

乡村体育文化的宣传和推广在现阶段已取得一定成果。随着移动互联网技术的发展，各种宣传方式变得更加多样化。除了传统的广告和户外宣传手段，现在还有社交媒体、手机应用以及网络直播等新兴媒介来宣传和推广乡村体育文化。国家对乡村体育文化的支持力度不断加大，相关政策也得到不断完善。例如，2019年发布的《关于促进全民健身和体育消费推动体育产业高质量发展的意见》中提出加强乡村体育设施建设、完善乡村体育服务网络、推动乡村旅游与体育产业融合发展等具体措施，为乡村体育文化的宣传和推广提供坚实的政策支持。

为更好地宣传和推广乡村体育文化，各地还开展丰富多彩的体育活动。这些活动形式包括既有传统体育，如舞龙、舞狮、武术、秧歌等，也有现代体育，如篮球、足球、乒乓球、骑行等比赛，吸引更多的群众参与。值得关注的是，随着人们生活水平的提高，越来越多的乡村居民开始关注自己的身体健康和文化素养。同时，也有越来越多的年轻人回到乡村，积极参与到乡村体育文化的宣传和推广中，促进乡村体育文化意识的普及和提升。

尽管乡村体育文化宣传和推广已经取得一定成效，但仍然存在一些挑战和问题，例如基础设施建设不足、活动内容单一、人才缺乏等。未来需要持续加大

政策支持力度，完善相关制度建设，创新宣传手段，丰富活动形式，积极培养乡村体育文化人才，不断提升乡村体育文化的影响力和感染力，以实现全民健康的目标。

第五节　乡村体育产业存在的问题和挑战

随着乡村振兴战略的推进，越来越多的人开始关注乡村体育产业，乡村体育产业发展资金和投资不足、人才匮乏和专业化程度低、市场需求不确定、基础设施不完善、传统观念和文化影响以及缺乏全面规划与政策支持等问题和挑战也愈发凸显。

一、资金投入不足，制约乡村体育产业发展

资金投入不足一直是制约乡村体育产业发展的主要原因之一[①]。缺乏资金支持，乡村体育产业发展受阻，主要表现在如下几个方面：

乡村体育基础设施建设和运动场地的发展面临资金短缺的问题。这导致许多乡村地区无法提供适合进行体育活动的场地和设施，从而限制了居民参与体育运动的机会，影响了乡村体育产业发展。同时，体育活动所需的器材和设备需要定期更新和维护，以保证运动质量和安全性。资金不足使许多乡村体育场馆或学校无法及时购置新的器材和设备，导致运动条件较差，影响了培养优秀运动员和提高运动员竞技水平的能力。

乡村体育产业需要专业化的人才支持，包括教练员、管理人员、运动员等。然而，缺少资金投入使乡村地区无法提供良好的教学环境、培训机构和奖励机制，限制了人才的培养和成长。这进一步影响了乡村体育产业发展潜力。此外，乡村体育产业需要进行宣传推广，提高公众对其重要性和价值的认知。资金不足使乡村地区往往无法投入足够的资金进行宣传推广活动，导致公众对乡村体育产业的认知度较低，社会支持度不足。

最后，乡村体育场馆、运动培训机构等需要经营运作来维持正常运转和发展。缺少资金投入使管理者往往无法提供优质的服务、改善设施条件或开展多样化的

[①] 刘岩.农村体育产业发展困境及出路[J].合作经济与科技，2022，No.674（03）：36-37.

体育项目，从而影响经营收入和可持续发展能力。为解决这些问题，有必要加大资金投入，完善相关政策，促进乡村体育基础设施建设，培养人才，提高宣传推广力度，推动乡村体育产业的健康发展。

二、人才匮乏，乡村体育产业发展受阻

乡村体育产业的专业化程度较低，原因在于专业人才的短缺。这种缺乏专业教练员和管理人员的情况，限制了乡村体育场馆、俱乐部等机构的管理水平和服务质量。同时，由于缺乏专业人才，乡村地区无法提供高质量的体育教育和培训，进而限制了农村青少年的全面素质发展和运动技能提升。

专业人才拥有丰富的经验和知识，并具备创新思维能力。然而，由于专业人才匮乏，乡村体育产业往往缺少创新思维和经验分享，导致产业发展停滞，无法适应市场需求的变化和竞争环境的挑战。此外，人才匮乏会限制乡村体育产业的规模，使得乡村地区无法提供丰富多样的体育项目和服务，影响产业发展的广度和深度，限制了乡村体育产业经济潜力释放和社会效益提升。

乡村体育产业需要有一支具备领导与管理能力的专业团队来推动发展。然而，人才匮乏导致很多乡村体育组织或机构缺少合适的领导者和管理者，无法有效地组织和推进工作。这可能导致决策不够科学、资源分配不合理等问题。

为解决人才匮乏问题，政府加大对人才培养和引进的投入，并鼓励专业人士回归农村地区从事体育工作。同时，加强与高校、培训机构等的合作，建立人才培养和交流平台，提升乡村体育产业从业人员的专业能力和素质。此外，也采取激励措施，吸引更多人才投身到乡村体育产业中来，从而促进乡村体育产业的健康发展。

三、人口流失，乡村体育产业受众群体变小

随着城市化进程的加速，乡村地区的人口逐渐减少，给乡村体育产业带来了诸多挑战。首先，人口减少导致乡村体育产业所能覆盖的潜在消费群体减少，从而影响乡村体育场馆、俱乐部等机构的经营收入。其次，农村地区的年轻人和中青年劳动力的减少，使得乡村体育产业所面临的需求多样性降低，可能会限制活动项目和服务类型的多样化发展。这意味着乡村地区可能难以满足各个年龄段和

兴趣爱好不同的居民对体育活动的需求。

此外，人口流失使得乡村地区缺少专业化、高素质的人才储备。优秀运动员、教练员、管理者等专业人才的缺乏，将直接影响到乡村体育产业发展水平和竞争力。乡村地区难以培养出足够数量和质量的人才，从而限制乡村体育产业可持续发展能力。同时，人口流失导致乡村地区的社会资源和关注度减少。政府、企业和社会组织等各方面对乡村体育产业的支持和投入可能减少，这将进一步制约其发展。缺少社会支持和关注也可能导致农村居民对体育活动的参与意愿下降。

最后，人口流失使得乡村地区在基础设施建设和设备更新方面面临困难。由于缺少投入和需求，乡村体育场馆、运动器材等的改善和更新速度较慢，影响运动条件的提升和服务质量的改善。为解决这些问题，政府加大对农村地区体育产业的支持力度，鼓励专业人才回归并提供相应优惠政策。同时，通过开展体育宣传推广活动，提高农村居民对体育的认知和兴趣。此外，还加强与城市的合作交流，促进人口流动和资源共享，为乡村体育产业提供更多发展机会。

四、乡村体育产业发展历程较短，市场需求不明确

乡村体育产业作为一个新兴产业，其发展历程相对较短。市场需求尚未得到充分释放[①]。这使得乡村体育产业的定位和定义存在一定的模糊性。由于缺乏明确的产业标准和规范，乡村体育产业发展方向和重点变得难以确定。同时，市场需求的不明确使得很多决策者难以准确了解消费者的需求和偏好。

缺乏相关统计数据支持，使得乡村体育产业在市场分析和预测方面存在困难。这导致产品或服务的设计与开发无法有效地针对市场需求，从而影响产品或服务的质量。此外，由于市场需求的不明确，很多乡村体育企业或机构无法针对市场需求进行精准定位和差异化竞争。这种缺乏竞争力的状态可能导致产品或服务同质化严重、价格竞争激烈，从而限制乡村体育产业的可持续发展。

另外，市场需求的不明确使得乡村体育产业难以准确把握消费者的需求变化和趋势。这导致供需之间的匹配变得困难，可能出现供过于求或需求空缺的情况，从而影响乡村体育产业的市场运作效果。在乡村体育产业发展较短时间内，行业标准和规范尚未完善。缺乏统一的服务质量、管理流程等规范，使得乡村体育企

---

① 唐赵平.体育产业助推乡村振兴理论逻辑与实施路径[J].鄂州大学学报，2023，30（02）：49-50+96.

业或机构无法提供一致性和可靠性的产品或服务,进而影响市场认可度和用户满意度。

为解决市场需求不明确的问题,需要加强市场调研和数据分析工作,深入理解消费者需求、行为特点以及市场竞争情况。同时,政府部门引导推动行业协会或组织制定相关标准和规范,以提升整个乡村体育产业的专业水平和市场竞争力。此外,也鼓励创新创业,并通过提供支持政策、资金扶持等措施来激发市场活力和创新动力,从而推动乡村体育产业的可持续发展。

五、土地流转难度大,限制乡村体育产业发展规模

乡村体育产业发展面临着土地支持不足的问题,这限制了其规模和发展速度[1]。由于土地流转难度较大,乡村体育产业往往无法获得足够的土地资源来支持场馆建设、运动训练等活动,进而制约了产业规模的扩大和发展。同时,土地流转难度大使得乡村体育产业在租赁或购置土地时面临较高的成本压力,增加了企业或机构的资金负担,限制了产业规模的扩张。

另外,乡村体育产业面临着不稳定的土地使用权问题,如租赁合同可能面临终止、变更等风险,使得企业或机构无法长期稳定地开展经营活动。这种不确定性进一步限制了乡村体育产业规模发展的能力。同时,由于土地流转难度大,乡村体育产业发展环境不稳定,难以吸引和培养专业人才。缺乏专业人才的支持,也限制了产业规模的提升和竞争力的增强。

此外,土地流转困难导致乡村体育产业面临较高的投资风险。由于土地使用权不稳定、土地供给不足等问题,投资者可能对乡村体育产业持谨慎态度,限制了规模扩大所需的资金投入。再者,交通物流设施落后也进一步限制了乡村体育产业快速发展。

为解决土地流转难度大对乡村体育产业规模发展的限制问题,需要政府、企事业单位等多方合作共同努力。推动土地政策改革,简化流转手续、降低成本,并建立长期稳定的土地使用权保障机制。同时,加强与农村土地所有者之间的合作关系建设,促进双方利益共享与合作共赢。在引进和培养人才方面,加强专业

---

[1] 季城,谢新涛,刘鸽.乡村振兴战略背景下乡村体育产业走向与路径研究[J].山西农经,2021,No.296(08):168-169.

人才培训、提供相关优惠政策和奖励措施，吸引更多人才参与乡村体育产业发展。此外，在资金支持方面加强金融机构的支持，提供贷款、担保等服务，降低乡村体育产业的投资风险。

第六节 乡村体育产业发展路径

一、乡村体育产业发展的多产业融合优势

乡村体育产业多产业融合为农村地区带来巨大的发展机遇和优势[①]。随着人们生活水平的提高和消费观念的变化，消费者对体育产业的需求呈现出多样化特点。单一的体育项目或产品往往无法满足消费者的多元化需求。因此，多产业融合创造出丰富的消费场景和产品组合，以满足不同消费者群体的需求。

通过将体育、农业、旅游、文化等多个产业融合在一起，乡村体育产业不仅有助于推动农村经济的转型升级，还扩大就业容量提高居民生活质量。乡村地区拥有丰富的自然资源和人文资源，通过与其他产业融合，整合不同产业的资源优势，充分发挥资源的综合效益。例如，将体育产业与健康产业相结合，提供健身、康复和养生等综合性的服务，以吸引更多消费者参与。

多产业融合为乡村体育产业增加了附加值，提升了其竞争力。单一的体育项目或服务往往面临激烈的竞争，利润空间有限。而通过与其他产业融合，乡村体育产业能够提供更加综合、个性化产品和服务，增加附加值，提高市场竞争力。此外，多产业融合还有助于促进乡村体育产业可持续发展。单一产业发展往往面临资源局限和市场饱和，难以持续发展。而多产业融合通过资源共享、协同创新和市场拓展，实现可持续发展的良性循环。

多产业融合为乡村体育产业带来了创新驱动和产业升级的机遇。不同产业之间的融合促进技术、管理和商业模式的创新，推动产业转型和升级。例如，引入智能科技和数字化应用，提升体育产业的管理效率和用户体验；与文化产业的融合注入更多创意和艺术元素，提升体育赛事的观赏性和吸引力。

[①] 郭俊华，冯雪. 体育产业融合发展赋能乡村振兴：逻辑理路与推进路径[J]. 西安体育学院学报，2023，40（02）：178-187.

总之，乡村体育产业需要多产业融合发展的原因包括整合资源优势、满足多样化的消费需求、增加附加值和竞争力、促进可持续发展，以及推动创新驱动和产业升级。多产业融合为乡村体育产业带来更多的机遇和发展空间，推动乡村振兴的多元化和综合发展。

二、乡村体育产业发展的多产业融合路径

多产业融合为乡村体育产业提供创新的发展模式。通过将农业、旅游、文化等产业与体育产业相结合，打造特色乡村体育综合体或乡村运动公园，实现资源共享、互惠互利的发展模式[①]；多产业融合带来更丰富的产品和服务。将农产品销售、休闲旅游、文化演艺等元素与体育活动相结合，提供更多样化的产品和服务，满足不同人群的需求；多产业融合为乡村体育产业拓宽市场空间。结合各个领域的资源优势，乡村体育产业吸引更广泛的消费群体，扩大市场规模，并实现经济效益和社会效益的双赢[②]；多产业融合提升乡村体育产业竞争力。通过引入其他产业的专业知识和管理经验，乡村体育产业提升自身的运营能力和服务水平，增强市场竞争力。

多产业融合为乡村体育产业振兴提供促进区域发展的新思路。通过将乡村体育与农村经济、文化旅游等相关产业相结合，带动当地经济增长、就业机会增加，推动整个区域的综合发展[③]；多产业融合为乡村体育产业实现可持续发展提供新途径。通过打造循环利用、资源共享的生态系统，减少对自然资源的消耗，推动乡村体育产业向绿色、低碳方向转型，实现经济效益与环境效益的双赢[④]。

产业融合为乡村体育产业振兴带来创新思路和新机遇。政府制定相应政策措施，鼓励不同领域之间协作与融合；企事业单位寻找合作伙伴，拓展产业链，提供更多元化的产品和服务。同时，也需要加强人才培养和技术支持，提升乡村体育产业发展的专业水平和创新能力。

---

① 郭俊华，冯雪.体育产业融合发展赋能乡村振兴：逻辑理路与推进路径[J].西安体育学院学报，2023，40（02）：178-187.
② 郁姣娇，吕军.新型城镇化背景下城乡资源要素的双向流动与整合[J].农业经济，2023，No.429（01）：90-92.
③ 胡鑫.乡村振兴战略人才支撑体系建设研究[D].长春：吉林大学，2021.
④ 蒋音.AI助力传统农牧业，用科技托起乡村振兴[J].大数据时代，2022，No.67（10）：33-47.

第七节　乡村体育产业发展的山东模式

在信息技术快速发展的时代，山东省充分利用信息平台，实现乡村体育信息共享。数字化手段使山东省政府与公益机构之间的信息交流得到优化，使得乡村地区体育振兴计划更加精准和高效地实施。

一、利用信息平台调控乡村地区的体育设施

信息平台在乡村地区体育设施投入过程中扮演着重要角色。山东省政府利用信息平台精确配置和维护乡村地区的体育设施。通过信息平台，政府能够了解乡村地区体育设施的实际情况，如设施的数量、类型、状态以及使用率等。基于这些数据，政府精准地进行规划，确定设施维护和改善的重点区域，确保资源最优配置。

山东省政府从战略全局角度出发，将体育产业发展纳入乡村振兴的整体部署中。政府应积极引导和支持社会各界参与，鼓励社会企业和组织为乡村地区提供更多体育资源和投入。合理配置社会体育资源是关键环节。乡村地区体育设施建设和维护受资金、技术和人力等方面限制。山东省政府根据实际情况，科学规划资源投入，注重发挥资源最大化效益。通过与社会企业合作，引入专业管理团队，提高设施使用效率和运营水平。

持续加大体育设施的投入是确保乡村体育产业振兴成效的关键因素之一。乡村地区体育设施建设和维护需要持续的资金和资源支持。山东省政府和社会企业共同努力，确保投入的持续性和稳定性，不断提高乡村地区的体育设施水平。

依托信息平台，精准配置并维护乡村地区体育设施，山东省合理规划、科学投入，使体育产业真正成为乡村振兴的强有力支持。这将为乡村地区居民提供更多健身机会，促进他们的身心健康，推动全面小康目标的实现。

二、通过信息平台精准开放乡村地区学校体育设施

为满足乡村地区居民体育健身需求，政府鼓励乡村地区学校体育设施在满足

学校体育教学和必要竞技训练之外，积极向乡村地区居民免费开放，并持续扩大学校体育设施惠民服务的有效半径，精准提高学校体育设施的利用率[①]。

鼓励乡村地区学校体育设施向乡村地区居民免费开放，是一项具有深远意义的举措。将学校体育设施免费开放，让乡村地区居民充分利用这些优质设施进行体育健身活动，提高身体素质，改善生活品质。同时，这也有利于促进学校与社区的互动和融合，形成一个共享的健康生活空间，增进邻里间的联系与互助。

持续扩大学校体育设施惠民服务的有效半径是确保这一政策措施取得实效的重要环节。山东省政府加强对乡村地区学校体育设施的宣传和推广，积极引导学校和社区共同合作，形成一种互助合作的局面，共同维护学校体育设施运营和管理。不断扩大惠民服务的影响范围，让更多乡村地区居民受益，真正实现体育资源的共享和共赢。

提高学校体育设施的利用率是保障政策目标落地的关键要素。山东省政府组织丰富多彩的体育活动，如社区体育赛事、健身培训等，吸引更多居民参与其中。同时，政府还设立相应的激励政策，鼓励体育爱好者积极利用学校体育设施，提高设施的利用效率，实现资源最大化利用。

通过信息平台调度乡村地区学校体育设施精准开放，是山东省政府在体育产业振兴过程中的重要举措。政府鼓励学校体育设施向乡村地区居民免费开放，并持续扩大惠民服务范围，精准提高设施利用率，从而满足乡村地区居民的体育健身需求，推动乡村振兴工作取得更为显著的成果。

三、成立山东省乡村振兴体育研究院，建立乡村体育产业数据管理平台

为进一步推进体育产业的振兴工作，山东省体育局成立山东省乡村振兴体育研究院，这是新时代中国特色体育学基本理论在乡村振兴战略中的鲜明呈现与鲜活表达，开启了山东省全面推进全民健身与乡村振兴两大战略深度融合的新篇章。其中，"千村健身工程"项目成为山东省体育振兴的发力点，旨在为全省3035个乡村建设公共体育设施。

为有效解决乡村地区公共体育设施建成后的验收问题，山东省政府积极搭建

---

① 邵凯，董传升. 乡村振兴背景下体育产业助力精准扶贫的思考[J]. 体育学刊，2022，29（01）：69-75.

并促进形成"山东省全民健身公共信息服务系统"。该系统旨在实现对体育设施建设、管理和维护等方面的全过程监控与管理。主要内容包括所有体育器材提供商信息、器材提供商联系人、器材提供商联系方式、器材所在乡村信息、村书记信息、体育部门监督电话等数据的上传和维护。通过这一系统，政府能够随时了解体育设施的情况，从器材的安装、使用到报废，其全生命周期均可查看和追溯。

"千村健身工程"项目计划的实施以及"山东省全民健身公共信息服务系统"的建立，进一步彰显了山东省政府对体育产业助力乡村振兴的坚定决心。通过这些举措，乡村地区体育设施得到全方位关注和支持，为乡村居民提供更多体育健身机会，促进他们的身心健康，助力乡村振兴目标实现。

山东省乡村振兴体育研究院的成立和乡村体育产业数据管理平台的建立，为山东省体育产业振兴提供了有力的保障。这些举措有力地推动体育产业在乡村地区的全面发展，为乡村居民带来更多福祉和机遇。

四、体育信息服务系统为山东省乡村提供优质体育服务

2022年，山东构建高水平的全民健身服务体系，加速推进群众体育强省建设，助力健康山东[①]。截至2022年12月，"山东省全民健身公共信息服务系统"成为全国第一个、也是全国唯一一个体育设施管理数据库，为山东省在乡村体育产业振兴过程中发挥重要作用的体育信息服务平台。这一系统的建立与完善使得山东省政府更加高效地管理和运营体育设施，提供更优质的体育服务，同时也为全省民众提供丰富多样的体育活动。

作为全国唯一的体育设施管理数据库，这个信息服务系统汇集全省各地的体育设施信息，包括体育场馆、运动场所等。通过数据集中管理和实时更新，政府对体育设施进行全面监控和维护，确保设施良好运行和长期可持续使用。这为全省民众提供了更加便捷的体育场地选择和体育活动参与渠道，推动全民健身的普及和发展。

体育信息服务平台也成为山东省在乡村体育产业振兴过程中的重要支持。通过信息平台的数据分析和市场预测，政府更好地了解乡村居民的体育需求和偏好，

---

① 央广网.山东：构建更高水平全民健身服务体系[EB/OL].（2022-05-08）[2023-08-30].http://edu.cnr.cn/list/20220508/t20220508_525819110.shtml.

根据实际情况优化体育项目的规划和布局，有助于推动乡村体育产业发展，增加农村地区的体育设施供给，提高农民的体育参与率和体育意识，形成良好的全民健身氛围。

在山东省推动乡村全民健身的过程中，一些地市开办具有地方特色的健身运动会，如山东德州每年一届篮球联谊赛，特意邀请农民运动员参与，为农民提供展示自我的平台，促进乡村篮球运动的发展和普及。同时，滨州门球协会也发挥着积极的作用，坚持"全民健身，门球先行"的宗旨，通过赛事活动等形式在全市范围内组织开展丰富多彩的门球比赛。这些运动会和比赛能够激发农民参与体育锻炼的热情，提高体育活动的社会影响力。

五、体育信息平台建设协同促进山东省乡村体育产业发展

体育信息平台作为体育传媒与信息服务产业的重要部分，运用新技术手段提供体育信息处理和传播等服务。在山东省体育产业振兴过程中，体育信息平台发挥着关键的桥梁作用，将乡村地区的体育设施信息、健身需求、资源分配等数据整合在一起，为政府和相关机构提供准确的决策依据。

体育设施建设作为体育产业的重要环节，具体体现在体育场地设施建设产业方面。政府和社会企业通过信息平台获取乡村地区体育设施的实际状况和运营情况，有针对性地进行设施维护和升级，同时对缺失的设施进行合理配备。

体育信息平台和体育设施建设在乡村体育产业发展中形成协同互动的关系，共同构成体育产业的双核驱动体系。信息平台为体育设施建设提供数据支撑和决策依据，而体育设施的建设和维护则使得体育信息平台发挥更大的作用。两者形成产业合力，相辅相成，共同为山东省乡村地区带来更多健身机会，促进乡村居民的身心健康，推动全面小康目标的实现。

六、体育信息平台 + 体育设施模式助力山东体育产业振兴

在乡村振兴工作过程中，山东省通过采用体育信息平台 + 体育设施模式取得了显著成果。体育设施的建设和普及为乡村地区的农民提供了体育锻炼和健身活动的场所，有助于提高他们的身体素质，增强抵抗力，预防和减少疾病发生，从而改善生活质量。同时，体育活动能够帮助农民释放压力，促进身心健康，提高

他们的幸福感和生活质量，为农民体育健身提供了重要的保障和动力。

依托体育场地形成的农民赛事服务系统为乡村地区带来了新的经济发展机遇。乡村体育赛事的组织和举办吸引了更多的游客和参与者，推动了旅游业发展，带动了相关产业繁荣。此外，赛事举办还为当地居民提供了就业和创业机会，增加了他们的收入来源，实现了体育产业与其他产业的良性循环，促进了整个地区的经济发展。

在美丽乡村建设过程中，体育设施的普及和循环利用成为基础性因素。体育设施不仅为居民提供了健身和娱乐的场所，还为美丽乡村的形象和特色增添了亮点。通过将体育设施与美丽乡村相融合，吸引了更多的游客和投资，推动了乡村旅游业的发展，进一步促进了乡村地区的经济繁荣。

体育已经在山东省乡村地区形成了独特的文化氛围。体育赛事和健身活动成了当地居民生活的重要组成部分，形成了融洽、积极向上的社会氛围。信息平台和体育设施的融合在美丽乡村中为乡村地区的精神文明建设和人口健康保障提供了重要支撑和保障，进一步推动了乡村体育产业振兴。

体育场地设施的普及和依托场地形成的农民赛事服务系统在山东省的乡村振兴工作中发挥了重要作用。这种模式不仅提高了农民个体的健康水平，还促进了乡村地区的经济发展和美丽乡村建设，形成了独特的文化氛围，为山东省精神文明建设和社会稳定起到了重大的社会效应。

第三章　体旅文商融合概述

多产业融合是一种创新的发展模式，旨在通过协作和依赖，实现产品、服务、营销等方面的深度融合[①]，各产业充分利用自身优势，整合资源，提高综合竞争力和经济效益[②]。体旅文商产业融合是多产业融合模式的存在方式，涵盖体育、旅游、文化和商业等多个领域的融合。

第一节　体旅文商融合的概念及特点

一、体旅文商融合内涵

体旅文商产业融合作为一个新兴概念，涵盖了多个行业领域。这种融合模式不仅打破了原有的行业边界，还创造了新的产业形态，为经济增长和社会进步带来了积极影响。同时，体旅文商产业融合为各行业提供了更多发展机遇，加速了产业升级和转型[③]。体育与旅游的融合让游客在旅游景点参加户外运动、观看体育比赛等，丰富了旅游体验。旅游和文化融合则推动了文化传播与交流，旅游景点通过展示历史文化、民俗风情等来吸引游客。商业与旅游的融合主要体现在商业服务的提供上，如旅游酒店、旅游购物等。而体育和商业的融合则主要表现在体育赛事的商业化运作上，如体育赞助、体育衍生品销售等，这种商业活动不仅促进了体育运动的普及和发展，还为商业公司带来了更多商机。

文化与商业的融合为文创产品的开发和销售提供了更多选择。以中国足球联赛、CBA联赛、村BA联赛、村超联赛等体育赛事为例，通过与商业公司的合作，实现了乡村体育产业快速发展。

---

① 郭秀慧.以产业融合推进乡村振兴的路径研究[J].农业经济，2023，No.433（05）：47-49.
② 陈奇琦.乡村振兴背景下农村产业融合发展研究[J].农业经济，2023，No.430（02）：46-48.
③ 鲁志琴，陈林祥，沈玲丽.我国"体旅文商农"产业融合发展的内在逻辑、作用机制与优化路径[J].中国体育科技，2022，58（06）：81-87.

二、体旅文商融合的表现特征

体旅文商融合作为一种新兴趋势，正在对各个领域产生深远影响。它打破了传统行业界限，塑造了全新的产业链和价值链[1]。这种融合带来了丰富多样的产品和服务，满足不同消费者的需求，为市场增添了新活力。

体旅文商融合拓展了多元化营销方式，丰富了市场竞争的手段和内容。通过这一融合，消费者群体变得更加多元化和广泛化，从而为相关产业发展和壮大提供了强大动力。同时，体旅文商融合也增强了产业对经济、文化等方面的影响力，为社会进步作出贡献。

体旅文商融合在产业结构、产品形态、营销方式、消费群体和产业影响力等方面都表现出显著的特征。这种融合整合了不同行业的优势资源，形成了新的产业链和价值链，为经济发展和社会进步注入了新活力。

第二节 体旅文商融合的发展现状

一、体旅文商融合形成全新的产业链

体旅文商产业融合是一种将体育、旅游、文化和商业四个传统行业有机结合的模式[2]，它通过技术、业务和市场三方面的融合，实现了资源共享、优势互补和效益最大化。这种融合形成了一个全新的产业链，使各个产业之间相互融合、协同发展。

体育与旅游融合，比如在自然风景优美的地区举办登山赛事或户外拓展活动，吸引体育爱好者参与，同时也能推动当地旅游业的发展。体育与文化融合，将传统文化元素融入体育项目，创造出独特的运动形式。体育与商业融合，则是通过商业模式创新，将体育活动与商业运作相结合。

旅游与文化融合，将旅游体验与文化元素相结合，打造出具有独特魅力的旅游产品[3]；旅游与商业融合，则是在旅游景点周边发展商业设施，为游客提供便利

---

[1] 叶小瑜."体旅文商农"产业融合发展的时代价值与推进策略[J].体育文化导刊,2020,No.214（04）：79-84.
[2] 周义诺.乡村振兴背景下农旅文体融合发展的理论与实践研究[D].南京：南京农业大学,2020.
[3] 欧阳志萍,李湘婴.湘桂走廊瑶族传统体育文化活态传承研究[J].运动精品,2023,42（02）：29-32.

和娱乐消费。文化与商业融合，则是通过商业运作手段推广和传播文化产品。

全新产业链促进了体旅文商各领域之间的资源共享和协同发展，提高了经济效益和社会影响力。同时，也为人们提供了多样化的消费选择，创造了更多的就业机会。

二、体旅文商产业融合实践不断丰富

近年来，我国体旅文商产业融合实践取得了迅速发展，将体育、旅游、文化和商业等多个产业紧密结合起来，实现资源共享和优势互补[①]。融合实践不断丰富，表现如下：

旅游景点开始引入体育元素，通过举办体育赛事、户外运动等活动来吸引游客。例如，海滩旅游区设立冲浪训练营，为喜爱水上运动的游客提供专业指导和体验。同时，传统体育场馆逐渐转型为多功能文化场所，除承办体育比赛和演出外，还会举办艺术展览、音乐会、戏剧表演等文化活动，使场馆成为文化交流和艺术呈现的重要场所。

此外，利用特色的文化节庆活动吸引游客并促进商业发展。例如，在传统节日期间组织庙会、民俗表演等活动，并结合商业推广，打造独特的购物娱乐氛围。知名运动员和球队则成为品牌代言人，通过与体育明星形象的结合，提高品牌知名度和影响力，并促进商业销售。

为了满足游客的多样化需求，推出了结合体育和旅游的创新线路。例如，将文化艺术表演与体育赛事相结合，打造独特的赛事氛围，如在体育比赛中加入舞蹈、音乐等表演环节，提升观众参与感和娱乐性。同时，利用健身房、运动器材等设施提供健康服务，并与商业机构合作推广健康产品，如在健身房内设置餐厅或饮品店，为健身人士提供方便的餐饮选择。

最后，在旅游景区推出具有地方特色的文化衍生产品，如手工艺品、纪念品等，通过销售这些产品，传递当地文化，促进旅游与商业的良性循环。

三、体旅文商产业融合促进经济发展

体旅文商产业融合作为一种创新性的发展模式，正在打破传统行业的界限，

---

① 何倩.乡村振兴视域下陕西省农村三产融合发展研究[D].西安：西安财经大学，2020.

为市场创造全新的机会[①]。通过将体育、旅游、文化和商业等领域融合，吸引更多消费者参与，拓展市场规模。

体旅文商产业融合为不同领域的专业技能需求创造了更多就业机会[②]。例如，开发体育旅游产品需要旅游规划和营销人员，文化创意产业需要艺术设计和创意人才等。这些领域的发展为人才培养提供了机会，促进了人力资源的流动和专业技能的提升。

此外，体旅文商产业融合还吸引了更多投资，推动了财富的创造和积累。企业通过赞助体育赛事、文化活动和旅游项目等，提升品牌价值和知名度，进一步拓展市场份额。与此同时，体育、旅游和商业发展也带动了酒店、餐饮、零售等产业的繁荣，增加了投资机会和经济效益。

体旅文商产业融合还对地方经济发展产生了积极影响。通过举办体育赛事、开发旅游景点、推广文化创意产品等，吸引了更多游客和投资，增加了当地就业机会和税收收入，从而改善了地方居民的生活水平。

体育产业与其他相关产业的融合发展成为了推动城乡一体化发展、促进经济增长和就业的有效方式。通过整合资源、提升服务水平和开拓新业态，体旅文商产业融合为中国的经济和文化发展注入了新的活力和动力，助力实现可持续和全面的发展目标。

第三节　体旅文商融合发展的价值意蕴

一、突破体育产业发展瓶颈

（一）解决体育产业发展难题

在 2014 年，我国发布了《关于加快发展体育产业促进体育消费的若干意见》，为我国体育产业发展提供了明确的方向。然而，近年来，体育产业出现了一些问题，如 2017 年乐视体育的版权危机，使得整个行业陷入了"资本寒冬"，这突显

[①] 王铖皓，黄谦.乡村振兴战略下体旅融合的时代价值与实现路径研究[C].北京：中国体育科学学会，2022：3.
[②] 李欢.乡村振兴背景下重庆彭水体育旅游发展研究[D].重庆：西南大学，2022.

了我国体育产业发展面临的挑战，即体育产业的基础设施离资本发展的要求还有很大差距[①]。

我国体育产业发展中存在多个难点。首先，运动场景消费的联通受到了阻碍，缺乏有效的平台和渠道将消费者与运动场馆、运动品牌和运动服务商连接起来[②]；其次，体育产业的变现渠道过于单一，缺乏多样化、创新性的变现渠道，这使得运动场馆、运动品牌和运动服务商难以实现盈利。第三个难点是，构成商业模式的要素不完整，缺乏完整的商业生态系统，包括人才培养、技术创新、品牌建设、营销推广等方面的支持。

因此，当前我国体育产业需要加强基础设施建设，提高运动场馆、运动品牌和运动服务商的管理和服务水平，以促进消费者与体育产业的有效连接。同时，需要探索多样化、创新性的变现渠道，提高体育产业的盈利能力。最后，需要完善商业生态系统，以打造具有竞争力和可持续发展的体育产业。

（二）体旅文商产业融合破解体育产业发展难题

体旅文商产业融合满足新时代消费者对"健康、快乐、休闲、社交、文化、娱乐"的多样需求。这种模式缩短需求与供应之间的差距，激活运动服务空间，为运动空间注入更多体验元素，从而激发消费者参与和实现消费连接[③]。因此，这种模式帮助体育产业更好地满足人们的多元化需求，为消费者提供更加丰富的体育体验。

体旅文商产业融合有效拓展体育产业的变现渠道。通过将体育场馆运营与旅游观光、文化娱乐、商务休闲等业态有机结合，打造集体育、文化、休闲、商业于一体的产业生态链条，可有效提升场馆盈利能力。在传统体育场馆行业中，经常出现"当地主、收地租""以租养馆""盈利单一"的运营难题。"体旅文商"产业融合模式的引入，帮助解决这些问题，促进体育场馆的可持续发展[④]。

体旅文商产业融合有助于形成多业态内生耦合的商业模式，在运动情境下提高产业变现能力，将有目的性的消费人群转化为持续性的消费人群[⑤]。引入都市商

---

① 叶小瑜. "体旅文商农"产业融合发展的时代价值与推进策略 [J]. 体育文化导刊, 2020（04）：80.
② 郭锦辉. 体育产业如何赋能京津冀协同发展 [N]. 中国经济时报, 2018-12-03（1）.
③ 叶小瑜. "体旅文商农"产业融合发展的时代价值与推进策略 [J]. 体育文化导刊, 2020（04）：83.
④ 叶小瑜. "体旅文商农"产业融合发展的时代价值与推进策略 [J]. 体育文化导刊, 2020（04）：84.
⑤ 叶小瑜. "体旅文商农"产业融合发展的时代价值与推进策略 [J]. 体育文化导刊, 2020（04）：84.

业内容，重构体育产业要素与旅游度假、文化娱乐、休闲农业等要素的价值链，满足客户多种需求，提高体育消费的黏性，打造国际知名的体育旅游度假胜地[①]。这不仅有助于促进体育产业发展，还有利于推动相关产业的协同发展和经济转型升级。

二、推动体育消费提质升级的新引擎

随着国家对体育产业高质量发展的关注，新时代体育产业发展的重要议题是如何适应新时代的要求，转变观念、创新方式，进一步释放体育消费潜力。为此，推动体育产业与其他产业的融合，创新体育消费场景成为关键[②]。体育运动与旅游、文化、商业等产业的结合将推动体育消费的复合增长。

加强体育产业创新能力和竞争力，需将技术创新与体育产业相结合，推动数字化、智能化、网络化、平台化等发展模式的创新，有助于提升体育产业的核心竞争力。同时，建设现代化的体育产业生态系统，完善体育产业链条，推动体育产业协同发展，打造有影响力的体育品牌，提高中国体育产业的国际竞争力。

全方位产业升级和优化将实现体育消费市场的持续健康发展，为中国体育产业高质量发展奠定坚实的基础。在体育产业中，体育本身所创造的场景以及场景中人们沉浸的情感和意志、投射的人格和品味，都将激发人们对体育的消费需求[③]；随着多业态融入体育产业，体育产业将由一个又一个鲜活的运动场景来定义，呈现出越来越多对"体旅文商"产业融合发展的迫切需求。因此，加强体育产业与其他产业的融合，创新体育消费场景，成为体育产业发展的重要方向。这种融合发展不仅将促进体育消费的增长，还将推动相关产业发展壮大，实现多方面共赢。

三、打造产业优势互补新平台

根据产业发展学理论，产业互补型融合是指将若干产品在同一标准束或集合下整合，以形成互补优势和短板互补的融合效应[④]。体旅文商产业各自具有优势和

---

① 叶小瑜. "体旅文商农"产业融合发展的时代价值与推进策略[J]. 体育文化导刊，2020（04）：83.
② 丹尼尔·亚伦·西尔，特里·尼科尔斯·克拉克. 场景：空间品质如何塑造社会生活[M]. 北京：社会科学文献出版社，2019.
③ 叶小瑜. "体旅文商农"产业融合发展的时代价值与推进策略[J]. 体育文化导刊，2020（04）：83.
④ 胡建绩. 产业发展学[M]. 上海：上海财经大学出版社，2008.

劣势，但通过互补型融合，这些产业相互促进、相互补充，从而形成更大的竞争优势。

体育产业虽然具有内容优质、产品黏度高和带人流能力强等优势，但受限于场景消费连接不畅和商业模式构成要素不全等问题。旅游产业在推广和营销渠道方面具有一定优势，但存在产品结构单一、贸易逆差大、回头客少和季节波动性大等劣势。文化产业创造力强，但存在产品迭代较快、消费者不好锁定等问题[①]。商业具备成熟的配套要素和灵活的变现渠道，但受场景变动影响大，加上新零售的冲击，传统商业转型压力大。乡村拥有优质的自然资源和生态环境吸引力，乡村体育产业存在季节波动性较大、商业配套不健全和消费水平不高等问题[②]。

体旅文商产业需要通过互补型融合来形成多产业的优势互鉴与短板互补的融合效应，从而进一步发挥其潜力和竞争优势。在体育产业高质量发展的背景下，这些产业相互促进、相互补充，形成 1+1+1+1>4 的融合效应，真正做大做强体育产业。

第四节　体旅文商融合发展路径

近年来，我国体育产业已经开始融合其他产业，如旅游、文化、商业和农业等。体旅文商产业融合仍处于初级阶段，需要加强产业融合的深度、广度和渠道拓展。为推动体旅文商产业融合发展，有必要构建六大体系：部门协同、政策支持、业务联通、模式创新、客户共享和人才跨界。

一、部门融合：加强跨部门之间的沟通与合作

推进体旅文商融合发展涉及多个部门，由于部门间各自为政，缺乏协同沟通，难以达成共同目标。为解决这个问题，需要采取一系列措施。首先，需要消除不同行业之间的壁垒，建立跨界协作机制，让多个部门之间协同合作，构建起战略合作体系[③]。筑牢彼此之间的信任，推进体旅文商融合发展。其次，需要强化行业

---

① 叶小瑜. "体旅文商农"产业融合发展的时代价值与推进策略[J]. 体育文化导刊，2020（04）：82.
② 叶小瑜. "体旅文商农"产业融合发展的时代价值与推进策略[J]. 体育文化导刊，2020（04）：82.
③ 张秀玥，杨平，许磊，等. 乡村振兴视域下基层农业部门职能融合效应分析[J]. 现代农业研究，2022，28（05）：71-73.

共识，明确各部门分工，统筹产业发展规划，研制体旅文商产业融合发展战略规划，确立合作框架，明确利益分配细则[①]。通过制定明确的规划和框架，不同部门之间更好地协调和合作，从而实现共同发展。最后，需要充分发挥跨部门资源整合与协同合作优势，加大对体旅文商产业融合的扶持力度。

消除行业壁垒、强化行业共识、实现资源整合与协同合作，推进体旅文商融合发展，促进经济发展和社会进步。这是一个长期的过程，需要不同部门之间的共同努力和协作，才能实现共同目标。

二、政策融合：加大行业政策制度供给

随着时代发展，跨界融合已成为产业发展的重要趋势。然而，在实际操作中，政策壁垒成为制约跨界融合的主要问题之一[②]。为了解决这个问题，需要从多个方面进行改进。

首先，政府部门应该加强对体育产业的监管，制定更为明确的政策法规，以确保各个行业之间的合作能够顺利开展。同时，政府还需要加大对体育产业的扶持力度，提供更多资源和资金支持，为跨界融合提供更为有力的保障。

其次，企业和机构需要加强自身专业技能和知识储备，提高跨界合作的实力和水平。这样，他们才能更好地应对跨界融合中的挑战，实现各个领域之间的优势互补。

此外，社会公众和媒体也需要加大对体育产业跨界融合的关注度和推广力度。公众的积极参与为体育产业发展提供更为广阔的舞台和机会。而媒体的宣传和报道，则让更多的人了解体育产业跨界融合的重要性和发展前景，为这一领域的发展提供有力的支持。

政府、企业、社会和媒体需要共同努力，有效地解决体育产业跨界融合中的政策壁垒问题，促进产业的健康发展。通过加强政策法规制定、加大扶持力度、提高企业技能水平、加强公众关注度和媒体报道，共同推动体育产业跨界融合取得更为丰硕的成果。

---

① 叶小瑜. "体旅文商农"产业融合发展的时代价值与推进策略[J]. 体育文化导刊，2020（04）：84.
② 姜峥. 产业融合在乡村振兴中的政策促进效应分析[J]. 河南农业，2019，No.523（35）：15-16.

三、业务融合：实现内容互联互通

目前体育产业与其他产业之间的融合存在诸多问题，表现在融合广度不宽、融合深度浮浅、融合渠道不丰富等。因此，实现体旅文商产业深度融合目标，需要加强各个领域之间的合作和交流[1]。例如，在旅游景区中增设体育场馆，让游客在欣赏美景的同时也能参与到体育运动中来。或者在商场中开设健身房，满足消费者的健身需求。此外，还可以在文化节日中增加体育活动的内容，让人们在庆祝传统节日的同时也能感受到运动带来的快乐和活力。

在实现平台内容的联通共享方面，建立跨行业的信息共享平台，将不同领域的信息汇聚在一起，形成一个全面、多元的信息资源库。这样，人们就更方便地获取到所需的信息，从而更好地促进各个领域之间的融合发展。需要注意的是，体旅文商产业深度融合并非一朝一夕之事，需要各方的共同努力和不断地探索，才能实现体育产业和相关产业真正融合。

四、模式融合：促进产业模式交融创新

随着体育产业不断发展和壮大，其与其他行业的融合日益紧密，商业模式创新问题愈发显著。在这个过程中，有效地整合各方资源，实现多方共赢成为一个关键问题[2]。

首先，体育产业与其他产业的融合依赖于技术创新。在体育营销领域，人工智能、大数据等新技术的应用已经成为必不可少的手段。例如，虚拟现实和增强现实等技术为体育产业提供了全新的营销方式，丰富了消费者体验。

其次，体育产业与其他产业的融合需要创意创新的支持。在品牌合作和赛事策划等方面，创意的运用成为关键。创新的活动策划和内容创作能吸引更多受众，从而提升品牌价值。

最后，体育产业与其他产业的融合也需要资源整合的支持。不同行业之间的合作需要充分发挥各自的优势，实现资源的互补和共享。在品牌合作和赛事策划等方面，多方资源的整合有助于促进产业发展和创新。

---

[1] 周义诺.乡村振兴背景下农旅文体融合发展的理论与实践研究[D].南京：南京农业大学，2020.
[2] 杨锦，杨华国，邓涛.乡村振兴背景下农村产业的融合模式及其发展趋势[J].农村经济与科技，2023，34（07）：58-60+67.

总之，通过技术创新、创意创新和资源整合，实现体育产业与其他产业之间的融合，推动产业发展，实现多方共赢。

五、市场融合：加强市场资源整合共享

体旅文商产业的融合是一种不同产业之间的产品和服务相互交叉的过程，这不仅形成了更加综合和多样化的市场需求，也推动了多产业的融合。随着产业的融合，不同产业之间的边界也逐渐变得模糊，这使得产业内部和外部的资源共享和协同合作变得更加紧密，从而提高了生产效率和资源利用效率，实现了更好的经济效益和社会效益。多产业融合也为消费者带来了更加丰富和便捷的产品和服务选择，满足了不同人群的需求，从而提升了生活品质。为了更好地促进体旅文商产业的市场融合，需要从多个方面进行努力。

首先，政府应该加大对这些产业的支持力度，制定相应的政策，鼓励企业进行投资和发展。其次，加强各产业间的合作与交流，以实现资源共享和信息互通。此外，需要注重人才培养和技术创新，政府出台相关的政策，支持企业加强人才培养和技术创新，推动行业内的智力活动，提升产业竞争力。

同时，需要注重品牌建设和市场营销，通过精准的市场调研和营销策略，打造具有影响力的品牌，加强品牌宣传和推广，提高市场份额和知名度。体旅文商产业的市场融合需要政府、企业和社会各界的共同努力，从政策支持、资源共享、人才培养、技术创新以及品牌建设和市场营销等多个方面入手。

六、人才融合：培养体育产业复合型人才

随着我国经济持续增长，体育产业复合型人才需求日益旺盛。为了适应新时代的发展需求，创新体育产业人才培养模式，规范化培养体育产业跨界复合型人才已成为重要任务。为此，需要构建一个以行业共识和校企合作为基础的完善人才培养体系。

首先，制定行业标准和职业能力模型，通过与行业协会和企业合作，明确体育产业跨界复合型人才所需掌握的专业知识、技能和素质。其次，建立校企合作平台，加强产学研合作，将企业实际需求纳入人才培养中，使学生能够更好地适应社会需求。最后，开设涉及体育、旅游、文化、商贸等多个领域的跨界课程和

实训项目，帮助学生全面掌握相关知识和技能。同时，引进优秀的跨界人才或企业家担任教师，以提高师资队伍的专业素质和实践经验。

通过上述措施，培养出具备多领域知识和技能的体育产业跨界复合型人才队伍，为推动我国体旅文商产业融合发展提供重要力量。

第五节　山东省体旅文商融合现状及发展策略

一、山东省体旅文商产业融合现状

（一）体育产业与旅游产业融合现状

山东拥有得天独厚的旅游资源，体育产业与旅游业融合为游客们提供全新的旅游体验。例如，在山东的海滨城市，举办沙滩排球赛和海上冲浪比赛，吸引着大批国内外体育爱好者前来观赏和参与。同时，山东举办各类体育赛事和运动健身活动，如马拉松、登山赛、水上运动等，不仅增加游客的体验乐趣，也促进当地体育产业繁荣发展。

山东省积极推动旅游业与体育产业的深度融合，鼓励企业创新开发体育旅游产品和项目。在全域旅游发展的背景下，山东省不再局限于传统的旅游景点，而是致力于将体育元素融入更广阔的旅游空间中，打造富有创意和独特魅力的旅游体验；除体育赛事和活动，山东还充分挖掘体育文化内涵，打造体育旅游品牌。民族传统体育项目和鲁菜美食等独具特色的文化元素也被融入旅游行程中，让游客在欣赏美景的同时，感受山东深厚的历史文化底蕴。

（二）体育产业与文化产业融合现状

山东省作为体育和文化强省，正积极推动体育产业与文化产业的融合发展。形成具有山东特色的体育文化，对完善体育文化产业可持续发展具有重要意义，能够促进体育产业的多元化和升级。通过将体育与文化紧密结合，创造更多元化体育文化产品和服务，满足不同人群的需求，提高体育产业的附加值和市场竞争力；体育与文化的融合发展也有利于推动文化产业的繁荣。体育活动作为一种特殊的文化形式，能够传递文化价值观念和精神内涵。通过体育赛事和活动，传播山东的历史文化、民俗风情和地域特色，增强人们对家乡文化的认同感和自豪感。体育与文化的融合发展对于促进健康生活方式和全民健身也具有积极意义。通过将体育融入文化生活中，人们更容易接触到体育运动，进而形成积极的体育文化氛围。

山东省通过加强政策支持和资源整合，推动体育产业与文化产业的协同发展。鼓励企业和机构积极开发具有山东特色的体育文化产品和项目，不断丰富人们的文化消费体验。加强文化交流与合作，与其他地区或国家共享体育文化资源，也是山东省推动体育文化产业发展的重要途径。

（三）体育产业与商业融合现状

山东省在推动体育产业发展上迈出重要一步，成立省级体育产业平台或集团公司，这些平台多采用"国企＋民营"为主导的合作模式。这一举措为山东体育产业发展提供新的动力和机遇。这些平台鼓励不同类型的企业和社会资本参与其中，形成一个多元化体育产业生态圈。

山东省"国企＋民营"创新混合所有制模式，以国企为主导，吸纳更多的民营企业和社会资本参与，使得合作更为灵活和高效，国企、民营企业和社会资本的共同参与，形成一个开放、互动、协同的发展环境。不同类型的企业在共同参与体育产业的过程中，相互借鉴和学习，推动技术、管理等方面的创新和提升。"国企＋民营"模式不仅为山东省的体育产业发展带来新的发展机遇，也为全国范围内的体育产业提供可借鉴的经验和示范。在全国范围内推广这种"国企＋民营＋社会资本"模式，将有助于推动体育产业更好地融合发展，实现产业升级和跨界融合。

二、山东省体旅文商融合发展中存在的问题

（一）体育产业结构单一

山东省体育产业已初具规模，但它的结构相对单一，主要以传统体育设施建设和体育赛事举办为主要发展方向，这也引发了一些问题。

山东省在培养和吸引体育人才方面还存在一定的不足。体育行业发展相对滞后，一些优秀的体育人才可能选择其他行业发展，导致体育产业人才短缺；体育

科技和新型体育业态的培育也亟待加强。随着科技的不断进步，体育产业也需要不断融入新的科技应用，如人工智能、大数据分析、虚拟现实等技术，以提高体育赛事的组织和管理效率，提供更加个性化和精准的服务。而目前，山东省在体育科技领域的投入和研发相对较少，需要加大对科技创新的支持和投入。山东省各地发展水平存在差异，一些地区拥有丰富的体育资源，但却未能充分挖掘和利用。这种不平衡、不充分的发展现状导致体育资源的浪费和闲置，阻碍体育产业全面发展。

（二）复合型人才匮乏

山东省作为我国体育人才强省，确实为我国体育事业输送了大量优秀的体育专业人才。但复合型人才缺乏已经成为体育产业发展进程中亟待解决的问题。问题主要源自学科交叉不足，传统体育人才培养往往将学科局限于体育专业领域，而忽视其他相关领域的学科交叉。这种单一培养模式限制了人才的发展，使得他们在其他领域中难以找到合适的发展机会。复合型人才培养需要较长时间，一些体育专业学生可能缺乏足够的学科交叉课程，无法充分释放创新活力。

（三）部门融合度不高

体旅文商融合发展确实需要政府各部门之间的密切合作，实现体育、旅游、文化、商业等部门的协同运作。然而，山东省各部门间的融合程度不高，这限制了体旅文商融合发展潜力。

部门之间在职责范围和权责划分上存在明显的行政分割。传统的行政管理模式使得各部门往往只关注自身的职能领域，缺乏整体协调和协同作用。此外，各部门之间的数据共享和信息互通并不顺畅，信息孤岛和数据壁垒导致信息流通受限，难以形成全局性、系统性的决策和规划。

在政策制定和执行过程中，各部门缺乏有效的协同推进机制。政策衔接不紧密、相互配合不充分等问题，使得融合发展的政策支持力度不够。同时，各部门在资源整合和项目合作方面程度有限，存在资源利用效率低下、项目开展过程中缺乏跨部门协调等问题，从而阻碍了融合发展进程。

此外，各部门在管理体制和机制创新方面存在不足。由于传统的行政体系和管理方式难以适应融合发展的需要，缺乏具有横向协同、跨界合作能力的管理机制。为了促进体旅文商融合发展，有必要加强政府各部门之间的协同合作，打破行政分割，优化资源整合和项目合作，创新管理体制和机制，以满足融合发展的新需求。

（四）大数据交互运用匮乏

数字经济作为一种新兴的经济形态，基于信息技术和互联网，包括云计算、大数据、人工智能、物联网等先进技术。这一形态为各行业带来了深刻的变革和创新机遇。然而，在山东省体旅文商产业融合发展过程中，大数据交互运用不足成为一个突出问题。

部门和企业之间的数据共享和交换效果不佳，各自拥有独立的数据资源，形成了数据壁垒。这使得跨领域、跨行业的数据交互变得困难，限制了大数据在体旅文商融合中的应用空间。同时，数据质量存在差异，包括数据准确性、完整性、一致性等方面的问题。这导致在进行跨部门或跨企业合作时，难以依赖和信任对方提供的数据。

体旅文商融合发展缺乏统一平台或接口，无法实现各部门之间的数据交互与共享。在进行跨部门或跨企业的数据交互时，隐私保护和信息安全问题成为一个关键考虑因素。不同部门和企业之间需要确保数据的安全性和合规性，这进一步增加了数据交互的复杂性。为了解决这些问题，有必要加强部门和企业之间的合作，打破数据壁垒，提高数据质量，建立统一的数据平台，确保数据安全，以推动体旅文商融合发展的顺利进行。

三、山东省体旅文商融合发展策略

（一）促进体育产业结构转型升级

为促进山东省体育产业结构转型升级，需加大对体育人才的培养和吸引力度，设立专业化的体育教育机构，提供更多的奖助学金和培训机会，吸引更多人才投身于体育产业发展；鼓励体育科技创新，设立科技基地和创新中心，吸引科研人员和企业参与，推动体育科技与产业的深度融合。加强不同地区之间的合作与交流，共同规划体育产业发展方向，实现资源共享和优势互补。

通过上述举措，山东省体育产业将实现结构优化和升级，发展更多新型体育业态，培育出更多具有创新意识和竞争力的体育企业和品牌。同时，各地区的体育资源也得到更加合理的开发和利用，实现全省体育产业的均衡发展，为山东省体育产业创造更加健康、可持续发展环境。

（二）多渠道培养复合型体育人才

体旅文商融合发展需大量复合型人才，需改革体育人才培养体制，推进学科交叉教育。建立跨学科的复合型人才培养体系，加强学校与企业、机构的合作，推动实践教育与理论学习相结合；鼓励跨领域人才交流和合作。通过建立跨领域的合作平台，促进体育、旅游、文化、商业等领域的专业人才相互交流和合作，共同推动各个领域发展。此外，鼓励学生参与创新创业活动，提供创业支持和资金，激励更多的复合型人才脱颖而出。政府和社会各界也应加大对复合型人才的培养支持力度。建立奖励机制，对在跨界创新融合发展中取得突出贡献的复合型人才进行表彰和奖励，激发人才的积极性和创造力。

通过学科交叉教育、实践教育、跨领域合作以及政府和社会各界共同努力，山东省逐步弥补复合型人才发展短板，推动体育产业和其他相关产业的跨界融合发展，为山东省整体发展增添新动力。

（三）加强部门之间沟通与协调

推进体旅文商创新发展需要消除行业壁垒，促进各行业之间的互利共赢，积极协调各行业的工作方向，形成多方面协同、多方面发展的战略合作体系。

建立跨部门合作项目，促进各行业之间的沟通与合作。建立定期协调会议和交流平台，让体育局、文化旅游局、商业局等部门之间定期汇报工作、分享经验，以共同促进体旅文商产业的融合发展。制定相关政策和激励措施，鼓励各部门共同参与体旅文商产业发展，共同分享发展成果；鼓励各部门联合开展跨界合作项目，形成体旅文商融合发展的示范效应。积极引导社会各界参与体旅文商融合发展，形成多方合力。在推动行业间协同发展过程中，强化资源整合和合作创新。

加强沟通与协调、制定整体规划和政策、打破部门壁垒、建立跨部门合作项目以及鼓励社会各界参与等举措，推动各部门形成合力，实现体旅文商融合发展目标。各行业之间应加强信息交流和共享，共同研究解决产业发展中的难题和挑战，推动科技创新的跨行业应用。例如，利用大数据分析技术，共同研究消费者需求和市场趋势，为体旅文商产业提供更精准的发展方向和策略。政府积极推动和各部门合力协作，实现山东省体旅文商融合发展的新突破。

（四）充分利用数字经济

随着数字经济不断发展，体育产业正逐步实现数字化转型，从发令计时到实时录像，数字技术的应用已经成为体育赛事不可或缺的一部分。尤其是5G技术的发展，为体育赛事转播和观众体验带来更多便捷。线上健身课程、线上购买运动器材、线上观看体育赛事等数字化服务不断涌现，让人们在居家期间也享受体育的乐趣。数字经济为体育产业带来新的发展机遇，也满足人们对体育活动的需求，促进体育产业的持续繁荣。

数字经济不仅带给体育产业红利，同时也为其他产业带来巨大的推动作用。山东省积极参与数字经济发展，将为体育产业、旅游业、文化产业和商业等领域创造更好的创新融合发展环境。数字技术的应用使体育、旅游、文化和商业等产业之间相互渗透和互动更加便捷，促进资源共享和优势互补。

数字经济带给体育产业和其他产业的红利不容忽视，它已经成为推动山东省体旅文商产业快速发展的重要力量。积极参与数字经济的发展，将为山东省产业融合发展带来更广阔的前景，为经济社会的繁荣发展贡献力量。

第四章 体旅融合促进乡村体育产业振兴

体育旅游在乡村振兴战略中扮演着重要的角色。然而，现有研究主要集中于探讨体育旅游推动乡村振兴的发生逻辑[1]、价值意义[2]和内在机理等方面[3]。研究没有深入探讨体育旅游现实境遇[4]、实证案例[5]和经验启示[6]，故，现有研究仍然缺乏对体育旅游与乡村振兴的深入剖析。为此，本章将在系统解析体育旅游与乡村振兴实践模式的基础上，深入阐释体育旅游助力乡村体育产业振兴的时代意义，并探寻其优化路径。

第一节 体旅融合促进乡村体育产业振兴的实践模式

根据比较优势理论，不同地区的资源配置效益存在差异。这是该地区资源禀赋、文化传承、风俗民情等方面的比较优势差异所造成的[7]。在乡村振兴过程中，需要充分利用乡村独特的地理环境、民俗体育、文化环境等优势，实现体育和旅游的融合，融合过程中将产生不同模式。

一、休闲运动型

运动休闲型体旅融合模式是将体育休闲运动和乡村旅游结合起来，为人们提

---

[1] 郑芳，黄炜逸.乡村振兴战略下体育旅游目的地发展路径——基于可持续发展五要素视角[J].体育科学，2021，41（5）：44-52.
[2] 方汪凡，王家宏.体育旅游助力乡村振兴战略的价值及实现路径[J].体育文化导刊，2019（4）：12-17.
[3] 辛本禄，刘莉莉.乡村旅游赋能乡村振兴的作用机制研究[J].学习与探索，2022（1）：137-143.
[4] 谷佳奇，彭显明，梁强.体育旅游赋能乡村振兴经验与保障措施——以浙江省为例[J].体育文化导刊，2022（11）：15-21.
[5] 李金容，陈元欣，陈磊.乡村振兴背景下我国体育旅游综合体发展的理论审视与实践探索[J].体育学研，2022，36（1）：33-42，62.
[6] 韩炜，严家高，杭成强.基于AHP-SWOT的山东滨海体育旅游发展战略研究[J].山东体育学院学报，2019，35（2）：48-54.
[7] 周桂花.比较优势理论下民族地区山地旅游发展研究[J].旅游纵览（下半月），2020，No.315（06）：36-37.

供更加丰富多彩的休闲方式[①]。人们不仅享受体育运动的乐趣和挑战，还融入旅游休闲体验，实现身心的全面愉悦和健康。该模式有着多重特点和优势。

运动休闲型体旅融合模式将不同种类的体育项目融入旅游休闲行程，如徒步旅行、登山、水上运动、自行车旅行、沙滩运动等，满足不同游客对体育运动的需求和兴趣。注重游客的体验感受，让他们不仅观赏美景，还通过参与体育运动，亲身感受自然与运动的融合，增加旅游的参与度和趣味性。体育运动的参与不仅能够增强身体素质，还能减轻旅游行程中的疲劳，使游客在放松身心的同时，更好地体验旅途的愉悦。运动休闲型体旅融合模式将当地的体育文化和地域特色融入旅游行程，推广地方体育项目和传统文化，丰富旅游体验。鼓励人们在体育运动和旅游休闲中保护自然环境，倡导可持续旅游，促进生态环境保护和文化传承。

在德清县莫干山，休闲运动模式得到快速发展，为当地经济注入新的活力。莫干山镇充分利用自身的生态和社会资本优势，将体育、健康、文化、旅游等产业有机结合，形成以体育旅游和休闲旅游并重的多元化发展之路[②]。通过发挥产业集群优势和效应，莫干山镇培育并打造主题鲜明的休闲运动项目集聚区，如久祺国际骑行营、Discovery探索极限主题公园、JEC郡域马术、金顶飞行滑翔伞基地等[③]，形成各具特色的运动休闲业态集聚区。

运动休闲型体旅融合模式具有巨大的发展潜力，为人们提供更加丰富多彩的休闲方式，为地方经济发展注入新活力，推动本地区的乡村振兴和旅游经济发展。

二、健身养生型

健身养生型体旅融合模式是以乡村原生态的绿色环境、清新宜人的空气和丰富的自然人文资源为基础，引入健身康体、运动保健、健康管理、养生食疗等旅游项目[④]，该模式有以下特点和优势：

旅游行程中包含各类健身活动，例如瑜伽、登山、徒步、水上运动等，使游客在旅行过程中保持身心健康。该模式注重游客的身心均衡，不仅提供健身锻炼

---

① 李金容，陈元欣. 我国体育旅游综合体的创建模式与发展路径研究——基于江苏、广西、湖北三省的实地调查 [C]. 北京：中国体育科学学会，2022：3.
② 叶小瑜，陈锡尧. 体旅融合助力乡村振兴的实践模式与优化路径 [J]. 体育文化导刊，2023（05）：79.
③ 叶小瑜，陈锡尧. 体旅融合助力乡村振兴的实践模式与优化路径 [J]. 体育文化导刊，2023（05）：80.
④ 叶小瑜，陈锡尧. 体旅融合助力乡村振兴的实践模式与优化路径 [J]. 体育文化导刊，2023，No.251（05）：78-85.

的机会，还注重饮食健康、休息调理等养生要素，确保游客在旅行中得到全方位的关爱。健身养生型模式根据游客的健康状况和偏好，提供个性化健身和养生方案，让游客根据自己的需求和目标进行健身养生。旅游过程中，游客不仅锻炼身体，还了解养生知识和健康生活方式，促进健康教育的普及和推广。健身养生型模式鼓励游客在旅游中尊重自然环境，倡导绿色出行和环保行为，保护自然生态。

健身养生型体旅融合模式的发展不仅有助于旅游产业的繁荣，也有益于提升人们的身体素质和健康水平。这种模式将旅游与健康紧密结合，为游客提供全新的旅游体验，使旅行成为一种更有益于身心健康的生活方式。

三、体育竞赛型

体育旅游融合模式是将体育竞赛、体育旅游、文化体验和商业经营相结合，以具有影响力的体育赛事或一系列赛事为核心，与相关服务相结合，以休闲体验活动为补充，形成观赏性和参与性的体育旅游产品[1]。该模式的特点和优势为：

体育竞赛是核心，它是传统的体育比赛，如足球、篮球、网球等，也是新兴的运动形式，如电子竞技。比赛的举办吸引大量的观众和参与者，产生热烈的氛围和体验；在体育竞赛的基础上，将赛事打造成旅游目的地，吸引来自各地的游客。游客观看比赛并参与周边旅游活动，体验当地的文化和风景。游客享受到观看或参与体育赛事的乐趣，同时还在赛事期间体验当地的文化、美食、自然风光等。这种模式使得旅游更加多彩丰富。

体育竞赛型体育旅游融合模式是一种具有巨大潜力的旅游方式。它不仅让游客享受到更加丰富的旅游体验，同时也促进当地经济发展，推动乡村全域旅游产业繁荣。

四、民俗体验型

民俗体验型旅游模式充分挖掘了乡村特有的地域空间、乡村聚落、民居建筑等资源，以及乡村民俗、民族风情和传统体育文化等资源，为游客提供了原生态

---

[1] 刘露，陈叙. 从单一到多元——贵州民族传统体育与景观体育赛事融合发展的路径研究[C]. 北京：中国体育科学学会，2022：2.

的生产方式、独特的生活场景和丰富多彩的民俗特色体育文化体验[①]。

该模式的特点在于将原生态的地域文化与民族体育资源有机融合，游客通过亲身体验当地的生活方式和参与体育文化活动，更深入地了解乡村特色文化。此外，少数民族的传统体育赛事活动与体育旅游相结合，让游客能够更深刻地感受到传统体育文化的魅力。

在民俗体验型旅游模式中，民俗体验是核心内容，包括传统的民俗活动、节日庆典、手工艺制作、传统美食品尝等。在此基础上，将赛事或民俗活动打造成旅游产品，吸引游客前来参与和观赏。游客不仅参与体育竞赛，还体验当地的民俗文化，从而增加旅游的趣味性和吸引力。游客亲自参与当地的民俗活动，如打柿子、赶山会等，同时观赏和参与当地的传统体育赛事，如板鞋跑、射箭比赛、摔跤比赛等。

民俗体验型旅游模式不仅满足了游客对旅游景点的探索和体验需求，还有助于当地乡村文化的传承和发展。因此，该旅游模式在旅游市场上具有独特的优势和吸引力，值得推广和发展。

第二节 体旅融合促进乡村体育产业振兴的价值意蕴

一、实现共同富裕的有效途径

举办各类体育赛事和户外运动活动，吸引游客前来参与和观赏，进而刺激当地旅游业和相关服务业的发展。体育旅游与乡村旅游的融合发展不仅为农村地区创造了更多的就业机会，还为农民提供了额外的收入来源。例如，在农田或农庄举办户外运动活动、露营等，增加农民的收入。同时，这种融合也促进传统文化的传承和保护。例如，在乡村举办传统体育比赛，使游客了解和体验当地的传统文化，增加他们对乡土文化的认同感。随着体育旅游和乡村旅游的发展，将增加运动场馆、健身设施等公共设施，为乡村地区提供更多便利的健康娱乐选择，提高生活质量。最后，体育旅游和乡村旅游的融合推动城乡融合发展，引入先进

---

① 陈雪翠.乡村振兴战略下体育产业与旅游产业融合发展的路径探究[C].北京：中国体育科学学会，2022：2.

管理理念和技术手段，实现城市资源向乡村的转移和配置优化，实现城乡共同富裕。

二、夯实乡村体育治理的有效举措

乡村有效治理为乡风文明和乡村文化自信夯实基础[①]。体育与旅游融合在夯实乡村体育治理方面发挥着关键作用。

体育与旅游的融合带来了更加多样化的体育活动。乡村不仅举办各类体育比赛，还提供各种体验活动和健身项目，以满足不同人群的健康需求。这些丰富多彩的体育活动使乡村体育治理从单一的运动项目向更广泛的领域拓展。

乡村体育旅游需要体育设施的支持，以提供更好的旅游体验和体育活动。当地政府和企业将增加对乡村体育设施的投资和建设，为当地居民创造更好的体育锻炼条件，从而促进体育意识的普及和健康生活方式的养成。通过举办传统体育项目比赛、农耕体验、民俗体育活动等，乡村展示其独特的体育文化，使游客更加了解乡村文化，丰富乡村文化的内涵。

体育与旅游的融合为乡村体育治理带来了许多积极影响，包括多元化体育活动、体育设施的建设、乡村体育产业发展、乡村体育文化的传承以及乡村形象的提升等。

三、建设美丽乡村的实然需求

体育旅游被视为一种环保、可持续的经济发展方式，有效推动乡村绿色经济的发展，让游客体验到"看得见山、望得见水、记得住乡愁"的美好乡村生活。

体育与旅游的融合将乡村的体育场馆和设施进行优化利用，塑造出具有独特魅力和吸引力的乡村旅游景点。同时，为了吸引更多游客，乡村需要更加关注环境的美化、卫生的整治以及公共设施建设。

体育与旅游的融合需要社区居民的积极参与和支持，共同推动美丽乡村的建设。通过组织各类体育赛事和文化活动，增加居民对乡村建设的参与度和认同感，形成全社会共同参与美丽乡村建设的良好氛围。

---

① 求是网.中共中央办公厅 国务院办公厅印发《关于加强和改进乡村治理的指导意见》[EB/OL].（2019-06-24）[2023-08-30].http://www.qstheory.cn/yaowen/2019-06/24/c_1124661207.htm.

青岛市西海岸新区泊里镇以发展体育旅游为切入点，通过推广马拉松、骑游节、乡村徒步、自行车、乡村康养等旅游产品，促进了道路、标识、租赁、导航、休憩、住宿、餐饮等设施的建设，优化了乡村公共服务，使得村容村貌焕然一新。这种方式不仅满足了游客对美好乡村生活的期待，也为当地经济发展作出了积极贡献。

四、传承乡村传统文化重要平台

体育与旅游的融合让传统体育项目重新获得了重视，并得到了广泛的传承与发展。在乡村旅游景点举办各类传统体育项目的比赛和展示，让游客亲身体验，更深入地了解和感受乡村独特的传统体育文化。这种融合不仅关注体育比赛本身，更注重提供体验和互动的机会。在乡村旅游目的地设立文化体验活动，让游客亲身体验传统文化，从而促进传统文化的传承和传播。

在传统民俗庆典和节日，举办各类庙会、庆典等活动。在体育与旅游融合的场景中，乡村引导专业的讲解员或文化解说员，向游客详细介绍乡村的历史、传统和文化故事。

体育与旅游的融合为乡村传统文化的推广提供了新的平台。通过举办体育赛事、体验活动、文化展览等各种形式，将地方传统文化展现给游客，使其成为文化消费和文化传承的重要载体。这样的推广有助于扩大传统文化的影响范围，推动其在当代社会的传承和发展。

第三节 体旅融合促进乡村体育产业振兴的路径

一、筑牢体旅融合发展理念

传统体育旅游发展观念一定程度上阻碍了乡村体旅融合产业发展[1]。提高体旅融合产业的综合效益，需转变发展理念。

加强对乡村体旅融合产业的宣传和推广，让游客更好地体验其中的文化、环

---

[1] 李洋.体旅融合驱动乡村振兴：价值意蕴、现实困境与优化路径[J].文体用品与科技，2023，No.512(07)：56-58.

境和乡土风情。注重体验式旅游的开发，让游客更深入地了解当地的生活方式和历史遗迹等，增强游客对当地旅游产品和服务的认知度。加强乡村旅游基础设施建设。除必要的住宿、餐饮和交通设施之外，还应加强游客服务中心、旅游信息中心等配套设施的建设，以提升游客的满意度和体验质量。加强乡村旅游人才培养，提高从业人员的服务水平和素质，为乡村旅游的可持续发展提供有力的保障。只有拥有优秀的人才队伍，才能让乡村旅游行业更加专业化和规范化。

推广全域旅游理念是乡村旅游发展的关键，构建乡村体育旅游共建共享机制，建立体旅融合的全域旅游示范点，并充分发挥示范点的引领辐射效应，形成由点到线、由线到面、由面到全域的乡村体育旅游发展大格局。

二、留住乡愁情怀

乡村文化记忆是吸引游客的重要资源，包括历史文化、民俗文化、风景文化等。通过将这些文化资源与体育旅游相结合，实现资源共享和互补，形成更加完整的旅游产品体系，满足游客对多元化旅游体验的需求。同时，推动体育文化与乡土文化相互融合，既为乡村地区带来新的旅游业态，促进地区经济发展和就业增长，也更好地保障了乡土文化的传承和发展。

在乡村体育旅游的发展过程中，重视文化内涵的提升，实现从"环境美"到"内涵美"的转变。使游客更好地体验当地乡村文化，举办乡村体育比赛、特色文化节庆等活动，并将体育旅游与地方特色文化相结合。例如，广西桂林市阳朔县每年都会举办"漓江国际竹筏大赛"，成为当地乡村体育文化的代表性活动之一，吸引众多国内外游客前来观赛。

营造乡村文化记忆，需要全社会共同参与，通过多种途径和手段，挖掘和保护乡村历史文化遗产，推动乡村旅游与文化传承的良性互动。如此，乡村文化记忆能得到更好的传承和发展。

三、根植于生态环境

绿水青山是珍贵宝藏，发展乡村体育旅游，保护生态环境非常重要。体育旅游活动通常发生在自然环境中，因此对自然景观的保护至关重要。为维护生态平衡和景观完整性，体育旅游需要遵守相关的环境保护规定，并采取措施减少对自然资源的损害。许多体育旅游活动发生在具有丰富生物多样性的地区,例如森林、湖泊和海洋等。保护这些地区的生物多样性是体育旅游可持续发展的重要组成部分,通过合理规划和管理活动,确保对当地生态系统不会造成不可逆转的伤害。乡村体育旅游产业依靠环境资源,乡村体育旅游最宝贵的资源就是原始生态环境、纯净土地、清新空气和清澈水源等自然环境。这些自然环境对于乡村体育旅游来说非常重要,因为它们构成乡村旅游的底色,乡村旅游业的发展水平直接受到这些自然环境的保护程度和开发利用状况的影响。

四、强化技术、人才和资金支撑

乡村体育旅游发展离不开专业化、高素质的人才队伍。这包括旅游规划师、体育赛事组织者、营销专家等各类专业人才,他们负责市场调研、策划活动并提供相关服务。培养和引进这些人才是确保乡村体育旅游可持续发展的关键。

充足的资金投入对乡村体育旅游可持续发展至关重要。这些资金用于基础设施建设、宣传推广、场地改造等方面。政府、企业和社会各界通过投资或合作,为乡村体育旅游提供资金支持,为其创造良好的经济环境。

科技和信息技术在乡村体育旅游中扮演着举足轻重的角色。例如,通过智能化管理系统实现票务预订和活动安排,利用互联网和社交媒体进行宣传推广,以及采用无人机和虚拟现实技术提供丰富的游览体验等。这些科技和信息技术的应用提升了乡村体育旅游的效率和质量,为可持续发展提供有力支撑。

第四节 体旅融合促进山东省乡村体育产业振兴研究

一、体旅融合促进山东省乡村体育产业振兴存在的问题

(一)产品类型不丰富

山东体育旅游消费场景过于单一且产业链条不够完善,业态产品质量效益有待提升。鲁西南地区未能充分释放民族传统体育的优势,沿海城市也未将帆船、

冲浪度假区的业态优势转化成产业优势。尽管体育旅游产品与服务的数量迅速增长，但是很多体旅企业和个体户仍然缺乏明确的市场定位。他们可能跟风模仿同行的新兴产品和服务，而忽视自身的特色和优势。同时，过度依赖政府帮扶也限制了企业的创新能力和效率。这导致体育旅游产品同质化严重，缺乏个性化和多样性，很难满足新时代消费者对高层次体育的消费需求。

（二）服务质量有待提高

山东省，作为我国重要的文化旅游目的地之一，拥有丰富的体育资源和深厚的历史文化底蕴。然而，在赛事旅游产品方面，多年来，产品类型主要集中在传统的体育竞赛活动，如武术、篮球、乒乓球等，导致产品相对单一，缺乏创新性。这使得赛事旅游产品的体验感略有不足，难以激发消费者的持续关注和兴趣[①]。

相较而言，一些旅游赛事发达的省份，如北京、上海、广州等地，成功吸引了大量游客和参与者。这些地区的成功之处在于其富有创意的选秀制度、竞赛设计和高质量的比赛和服务。选秀制度作为一种新颖的选拔方式，吸引了更多人参与赛事，提升了参与者的参与感和认同感。在竞赛设计方面，这些地区注重赛事的创意和差异化，引入新颖的比赛规则和赛制，使得赛事更具挑战性和趣味性，吸引了众多参与者和观众。此外，这些地区的高标准赛事服务也是其成功的关键。赛事组织者重视参与者和观众的体验，提供便捷的报名流程、周到的接待安排、专业化的赛事服务，让每位参与者都能得到宾至如归的体验。

（三）业态规范有待加强

近几年，索道失灵事件、户外运动伤亡意外事件频发，这些事件凸显体育旅游安全管理的重要性。目前，我国相关部门和地方政府已制定和颁布关于体育旅游规范化管理的法律法规，共计60多项。山东省作为一个重要的体育旅游目的地，根据国家出台的《旅游管理条例》《登山管理办法》等文件相继出台地方性法规，这些法规都是从本区域体育旅游产业发展情况出发，强调规范化发展、安全保障和管理办法。这些法律法规在推动体育旅游产业向规范、朝阳、健康、安全发展方面起到一定的作用[②]。

[①] 李柏林，张小林. 我国体旅融合高质量发展研究[J]. 体育文化导刊，2023（07）：55-64.
[②] 李柏林，张小林. 我国体旅融合高质量发展研究[J]. 体育文化导刊，2023（07）：57.

然而，尽管有大量的法律法规，山东省体育旅游仍然存在一些问题。首先，体育旅游法治体系的覆盖面、针对性和系统性还不够，有些方面还没有完善的法律法规来规范[①]。其次，规范化运作在实践中难以紧跟法治的牵引，有些企业和机构可能对法规的执行不够严格，导致一些安全隐患没有得到有效解决。此外，安全保障的权责不明晰，导致在安全事故发生后，责任认定和处理难以进行，给受害者和旅游从业者带来困扰。

（四）技术赋能不高

数字技术的快速发展为体育旅游产业带来了深刻的变革和创新机遇，主要涉及交互技术、区块链技术和大数据技术这三个方面。这些技术的应用使得体育旅游业更加便捷、个性化和智能化，为行业的进一步发展拓展了广阔的前景。

山东省数字技术在体育旅游产业中还处于初级探索阶段，尚未形成成熟的应用体系。尽管数字技术的应用在体育旅游产业中日渐普及，但目前尚无相应的法律法规和行业标准对数字技术在体育旅游产业中的应用行为进行规范和管理，这导致数字技术在体育旅游产业中存在一定的潜在风险[②]。一些企业在应用数字技术时可能过度依赖，而忽视了人性化服务和管理的重要性，从而使得体育旅游产品和服务缺乏人文关怀，影响游客的体验和满意度。此外，在大数据技术的应用过程中，如果没有严格的监管和隐私保护措施，游客的个人信息可能被滥用和泄露，对游客的权益和隐私构成威胁。

为了解决这些问题，山东省亟需建立完善的数字技术监管体系，对数字技术在体育旅游产业中的应用进行规范和管理。这有助于促进数字技术与体育旅游产业的深度融合，实现行业可持续发展。

二、体旅融合促进山东省乡村体育产业振兴的机遇

（一）经济基础强大

随着经济的增长和城市化进程的加速，人们对于体育旅游的需求也在不断提升。这使得体育旅游产业不断迈向更高端、更全面的发展阶段。在经济快速发展

---

① 李柏林，张小林. 我国体旅融合高质量发展研究[J]. 体育文化导刊，2023（07）：58.
② 李柏林，张小林. 我国体旅融合高质量发展研究[J]. 体育文化导刊，2023（07）：59.

的推动下，体育旅游产业逐渐拓展更多元化的业态和服务内容，推动体旅融合向更深层次发展。

2019年山东省旅游总收入为1.1万亿元，山东省强大的经济支撑为体育旅游产业发展提供有力保障。经济的快速发展为山东省提供丰富的资源和资金，为研发新兴产业和高附加值产业提供良好的条件。在这样的经济环境下，体育旅游产业有更多的机会和空间进行发展，促使体育消费模式变革，打破传统消费观念，进而达到体旅融合与经济共发展的场景。

山东省强大的经济支撑为体育旅游产业发展提供有力保障，有利于研发新兴产业和高附加值产业，推动体育消费供给模式的创新，改变传统场景现状。在经济和体旅融合发展的共同推动下，体育旅游产业将持续蓬勃发展，为山东省经济和社会发展作出进一步的贡献。

（二）政策指导有力

国家出台了一系列关于体旅融合的政策文件。这些政策文件涵盖多个方面，从加快推进体育旅游产业合作，促进体育旅游业态发展，延伸相关产业链条，到参与"一带一路"倡议，共创共赢，形成开放的体育旅游发展模式，再到深化体育旅游与其他产业的融合，推动体育产业高质量发展。这些政策文件的出台为体育旅游产业融合高质量发展提供了理念支撑和行动指南[1]。

山东省积极响应国家号召，积极签署《联合打造体旅融合示范基地》合作协议，倡导以各地民俗体育资源为依托，大力发展体育旅游，为体旅业态创新提供新思路。在现实层面上，体育旅游作为新兴服务业态，在政策的扶持与指导下，山东省各地精准识别与迅速打造体育旅游特色小镇、体育旅游主题公园、体育旅游示范基地等新载体，合理转换升级传统体育设施与旅游设施，增强体育旅游产业新旧载体的资产通用性，间接推动体育旅游融合共生发展。

山东省在国家政策的支持下，积极推进体旅融合高质量发展。通过合作协议的签署，发挥民俗体育资源优势，打造新载体，合理转换升级设施，山东省促进体育旅游产业的创新与发展。这些举措不仅提升了体育旅游的吸引力和竞争力，还为产业的融合共生发展奠定坚实基础，使体育旅游产业成为推动山东省经济和社会发展的重要引擎。

---

[1] 李柏林，张小林. 我国体旅融合高质量发展研究[J]. 体育文化导刊，2023（07）：61.

（三）现实所盼

体育旅游产业发展与体育消费密切相关。为满足山东省人民群众对体育旅游消费的需求，提高体育旅游供给服务质量和水平，优化产业升级是必不可少的前提。这也是实现社会经济更有效、更持续、高质量发展，并解决山东省当前主要矛盾的基础。随着山东省人口不断增加和城镇化加速演进，人们对体育旅游的需求越来越迫切。体育产业与旅游产业的不断融合，形成了产业优势互补。

随着山东省人口增加和城镇化进程的加速推进以及城镇化质量的不断提高，人们对体育旅游的需求日益增加。体育旅游产业正逐渐成为满足人民消费需求的新热点。体育产业的高参与度特征为旅游产业提供新的发展契机。通过体育旅游的双方融合，实现"1+1>2"的最大收益，形成体旅融合优势业态。

（四）强大科技支撑

随着信息数字技术的快速发展，体育旅游产业在产业融合和交叉学科实践过程中，不仅充分利用相似的产业和学科特性，还通过信息技术的创新赋能打破融合和交叉之间的壁垒，为体旅深度融合及高质量发展提供强大的科技支撑[1]。尤其是云游齐鲁 App、手机运动 App 和智能穿戴运动产品的涌现，如 Keep、咕咚体育等，为山东体育旅游产业带来全新的发展机遇。

山东文旅数字场景化平台（山东文旅元宇宙平台）于 2022 年 8 月启动共建，相继写入《山东省文化数字化行动计划》《山东省 2023 年文旅提质赋能计划》等文件，是利用虚拟现实、人工智能、5G、区块链等技术打造的全国首个以省域文旅资源为主体的元宇宙平台[2]。平台建设突破时空局限，拓展感官体验，重构文化和旅游数字消费新场景。平台上线应用不仅为数字化背景下文化和旅游融合发展提供更多机遇，也为山东文化和旅游行业发展带来全新可能，将成为优化文旅体验方式、重塑文旅产业格局、助力产业突破瓶颈的关键力量，全面引领山东文旅行业创新性发展。在科技革命和产业革命的浪潮下，人工智能、仿真技术、虚拟现实（VR）技术以及孪生技术等新兴技术正逐渐应用于体旅融合产业的各个场景，为推动人类社会的高质量发展提供强大的动力[3]。

---

[1] 李柏林，张小林. 我国体旅融合高质量发展研究 [J]. 体育文化导刊，2023（07）：63.
[2] 闪电新闻网. 虚拟现实、人工智能、5G、区块链……山东文旅元宇宙平台上线 [EB/OL]. （2023-04-07）[2023-08-30].https：//baijiahao.baidu.com/s?id=1762516472058935702&wfr=spider&for=pc.
[3] 李柏林，张小林. 我国体旅融合高质量发展研究 [J]. 体育文化导刊，2023（07）：64.

淄博文化旅游资源丰富，文化底蕴深厚，近年来，淄博市坚持"文化引领、全域旅游、以文促旅、以旅彰文"的发展思路，依托丰富的历史文化资源和良好的文旅资源，着力打造一批重大文旅项目，促进文化与旅游融合发展。其中山东可为文化科技有限公司数字孪生技术打造淄博文旅元宇宙，更是给淄博带来全新体验[①]。

三、体旅融合促进山东省乡村体育产业振兴的策略

（一）优制度促发展，深化协同发展机制

2023年3月，山东省委、省政府印发《关于促进文旅深度融合推动旅游业高质量发展的意见》，共7部分29条，《意见》秉承"万物皆可游、处处是场景"理念，突出市场化、国际化、数字化、特色化、精品化导向，把旅游产业培育成为彰显文化底蕴、增强文化自信的战略性支柱产业、富民产业和幸福产业，打造具有世界风范、展现中国精神、彰显齐鲁风韵的国际著名文化旅游目的地、国家文旅融合发展新高地、"好客山东"全域旅游示范区域[②]。由此可见，制度在促进体旅融合高质量发展和乡村体育产业振兴中扮演着关键角色。山东省乡村体育产业振兴，深化协同发展机制，构建适合当地实际的政策体系和运行机制，从而推动体旅融合产业在乡村振兴中发挥更大作用。

（二）重体验优供需，满足人民全方位生命健康消费需求

优化体育旅游产品设计，满足人民健康消费需求，形成体育旅游复合型产品，增加顾客黏性，拉动体育旅游产品需求，山东省需做如下三方面的工作：

第一，立足顾客日常消费需求，提高体旅产品的功能价值。山东省体旅产品打造以沿黄河、沿大运河、沿长城、沿黄渤海四大文化体验长廊和沿胶济铁路文化体验线为建设重点的体旅产品，在满足消费者精神和文化需求的同时，体育旅游产品应更加注重实用性和功能性，以促使消费者释放消费欲望[③]；加强科技创新，将数字技术与体旅融合产品相结合。山东省加快发展智慧旅游、拓展旅游新场景、

---

① 山东可为文化科技有限公司数字孪生技术打造淄博文旅元宇宙 https://baijiahao.baidu.com/s?id=17681928287522688858&wfr=spider&for=pc.
② 林江丽，范俐鑫.着力打造济青都市圈文化旅游发展极[N].济南日报，2023-04-01（003）.
③ 林江丽，范俐鑫.着力打造济青都市圈文化旅游发展极[N].济南日报，2023-04-01（003）.

创新发展未来业态等。实施"山东智造"旅游产业工程、推出"好客山东一码通"、实施全要素场景革命、组织开展重大关键技术研发等举措。通过人工智能、大数据、虚拟现实等技术，为体旅融合产品增加更多智能化和便捷化的功能，提升产品体验和用户满意度。

第二，着眼于资源特色优势，增加体育旅游产品的文化内涵。山东省作为一个历史文化底蕴深厚的地区，拥有丰富的文化资源，包括传统体育项目、民俗活动、历史遗迹、艺术表演等。充分挖掘和利用这些本地文化资源，为体育旅游产品增添独特魅力，形成体育文化旅游的重要卖点。例如，山东省青岛市张家楼街道依托五万亩山林、七万亩农田、七条生态河、十里海岸线和60多处园区景点，大力发展全域旅游，并专门打造了一条全长12公里的彩虹骑行路，促进骑行运动、文化交流和乡村旅游联动发展。骑行爱好者既能尽享骑行的速度与激情，又能领略乡村的美景与风情，同时传递新时代文明与时尚，彰显了张家楼街道山水田园、健康旅游的区域特色，有力推动了区域全民健身与体育、旅游、文化等产业有机融合[①]。

第三，致力于产品故事，提升体育旅游产品的情感价值体验。在体育旅游中，体旅融合型产品的设计应该找准主题元素，将体育和旅游融为一体，形成独特的产品特色。以青岛市为例，将篮球、足球和帆船等最高赛事聚集在此地，吸引众多运动爱好者。将这些体育赛事与旅游景点结合起来，让体育旅游者在体验过程中不仅观赏精彩的比赛，还欣赏美丽的风景，得到愉悦的旅行体验。

（三）强服务拓市场，提升服务品质

体旅融合产业的高质量发展离不开服务品质的提升。为实现服务品质的提升，通过搭建和创新网络信息化服务平台，促进供给方和需求方进行价值互动。山东省的经验做法是：

首先，搭建和创新网络信息化服务平台是提升服务品质的重要手段。通过互联网技术，构建线上线下一体化的体旅融合服务平台，让供给方和需求方直接对接，实现信息的共享和传递。

其次，注重创新促进改革是推动体旅融合产业高质量发展的重要途径。体旅

[①] 中国山东网. 青岛西海岸新区张家楼街道举办健康骑行活动 [EB/OL]. （2022-06-13）[2023-08-30]. https://baijiahao.baidu.com/s?id=1735488944288208802&wfr=spider&for=pc.

融合产业发展离不开改革创新。鼓励创新创业，推动体旅融合企业不断提升产品和服务的品质。加强产业链条的整合和协同，形成体旅融合产业的完整生态系统，实现资源优化配置和效益最大化。

最后，利用好互联网技术，拓展体旅融合发展的服务与空间。互联网技术的发展为体旅融合产业提供无限可能。通过电商平台推广体旅融合产品，将体育旅游与电子商务相结合，打破时空限制，拓展市场空间。

（四）深理念育动力，夯实内生动力

新时代，健康引领山东省体旅融合高质量发展的逻辑理路是提高观念认知，转变健康思维。加强健康教育宣传，引导人民群众树立全面健康理念。通过媒体和社会平台宣传，普及体旅融合的健康益处和重要性，鼓励公众积极参与体旅融合活动，增强体育锻炼和旅游休闲的意识，增强健康消费的主动性；明确战略定位，达成目标共识。政府部门、体育旅游企业和民众应形成统一的战略定位和共同目标。制定明确的政策和规划，提出体旅融合产业发展的战略目标和发展路径，明确推动体旅融合发展的责任和角色，形成全社会共识和合力；提升理念共识，强化主体认同。通过加强产学研用的深度合作，推动体旅融合产业从各个领域形成共识和认同，促进相关主体的积极参与和投入。建立健全体旅融合产业联盟，搭建合作平台，增加企业和机构之间的合作机会，形成共同发展的共识；激发内生动力，实现高质量发展。鼓励体旅融合产业创新和技术进步，提高企业服务质量和产品创新能力，增强市场竞争力。同时，优化产业结构，推动体旅融合产业向高端、绿色、智能化方向发展，实现产业高质量发展。

（五）研技术促转型，推动产业提质增效

在现代科技的驱动下，研发和利用新兴技术对体育旅游产业的转型升级至关重要。山东省实施全要素场景革命，将剧本体验、影视研学、体育赛事等融入旅游场景，建设多元化、智慧化特色街区[1]。拓展公共文化场馆功能，建设城市文化艺术综合体。培育开发一批动漫、电竞、云旅游、云展览、云直播等数字化体验产品，支持5A级旅游景区、国家级旅游度假区至少打造1台常态化、特色化演

---

[1] 苏锐．山东烟台"文旅云"打破壁垒 提升智慧旅游活力[N]．中国文化报，2023-05-27（003）．

艺项目[①]。山东省积极探索前沿引领型、技术突破型、迭代升级型旅游产品和供给模式，组织开展文旅产业数字化、数字产业化重大关键技术研发。结合实际发展"零接触"旅游消费，建设智能化、个性化景区和饭店。大力发展共享旅游，推广与自驾游、休闲游、度假游相适应的租赁式公寓、共享汽车、异地还车等服务。通过有效利用数据和信息，企业更好地了解市场需求，优化产品设计和服务内容，提高用户体验和满意度。这不仅有助于提升体育旅游产业的竞争力，还促进产业转型升级，实现高质量发展。同时，这些技术的应用也将为体育旅游产业带来更多的创新和发展机遇，推动整个产业向更加智能、便捷、个性化的方向迈进。

---

① 马晓婷.着力打造青岛都市圈文化旅游发展极[N].青岛日报，2023-04-01（001）.

第五章　体文融合促进乡村体育产业振兴

通过将本地区特色文化元素与体育项目相结合，创造具有吸引力和独特魅力的乡村运动项目，激发农民对乡村体育的兴趣和参与度。体文融合有效推动乡村体育产业发展，促进乡村经济的繁荣。

第一节　体文融合促进乡村体育产业振兴实践模式

体育和文化产业的融合不仅创造出新的商业机会，还提高乡村软实力。这与丰富的体文融合实践模式密不可分，融合模式包括渗透融合、交叉融合和重组融合三种模式。

一、乡村体文产业"渗透融合"模式

乡村文化和体育产业的"渗透融合"是指将传统的乡村文化元素与现代的体育产业相结合，创造出具有地方特色和文化内涵的乡村体育业态[1]。渗透融合模式既能促进乡村文化的传承和发展，又能推动乡村体育事业的繁荣和发展。

（一）"渗透融合"模式为乡村振兴注入新动力

体育与文化产业的"渗透融合"模式为乡村振兴注入新动力，推动乡村经济发展和社会进步。这种模式的成功实践不仅丰富乡村生活，也为乡村发展带来新的机遇和挑战。

体育与文化产业的渗透融合促进乡村产业多元化发展。开展体育旅游、健身休闲等相关产业，拓宽农村市场需求和增加农民收入。例如，在风景秀丽的乡村地区建设体育度假村、康养中心等项目，吸引游客前来参观览胜、休闲度假，从

---
[1] 张红娟,党养性.乡村振兴战略下陕西乡村文旅融合发展探究与实践——以陕西省长安区上王村为例[J].西部旅游,2023,No.180（04）：68-70.

而带动当地旅游、餐饮、服务等行业发展；体育与文化产业的渗透融合提升乡村形象和品牌价值。本地特色文化元素融入体育赛事、艺术表演活动，并借助媒体宣传和互联网平台推广，提高乡村知名度和影响力；体育与文化产业渗透融合激发乡村居民的创新创业激情。通过培养乡村体育教练员、文化艺术从业人员等专业人才，鼓励他们回到家乡开展相关产业，推动乡村内涌现出一批具有创新能力和竞争力的企业和个体经营者。同时，政府也提供创业支持和政策优惠，引导体育与文化产业良性发展。

（二）"渗透融合"模式更好地传播乡村文化

体育与文化产业的"渗透融合"模式在乡村振兴中发挥着重要作用，最大益处便是传播乡村文化。体育项目成为展示乡村文化的重要窗口。将当地的传统文化元素巧妙地融入各类体育比赛和活动，比如，在农历春节期间举办篝火晚会，并结合传统舞蹈、民俗表演等形式，展现出浓厚的乡土风情。这样的活动不仅吸引游客前来观赏，也能让当地居民重新认识、重视自己的传统文化。

体育与文化产业融合也通过文创产品等方式传播乡村文化。以乡村特色为基础，结合体育元素设计开发相关的纪念品、手工艺品等产品，既满足人们对于纪念品的需求，也将乡村文化带给更广泛的人群。这些产品成为乡村形象的重要代表，并通过销售渠道将乡村文化传播到全国甚至全球。

体育赛事和文化节庆相结合提升乡村旅游的吸引力。许多乡村都拥有独特的自然景观和人文历史，在举办体育赛事时加入相关的文化元素，不仅吸引更多的游客前来观赏，还能让游客更好地了解和体验乡村文化。比如，在山区举办登山赛事时，结合当地的传统祭祀活动，让参赛选手和观众一同感受传统信仰和文化底蕴。

（三）"渗透融合"模式为体育用品制造业添加创新活力

体育与文化产业的"渗透融合"模式为乡村体育用品制造业注入创新活力，促进该行业的发展和转型升级。体育与文化产业的渗透融合为乡村体育用品制造业带来更多设计创新和技术突破。传统的农村体育用品主要依赖手工制作，产品单一、功能有限。而通过与文化产业相结合，将当地的传统工艺、纹样、色彩等元素融入产品设计中，赋予其独特的地域特色和文化内涵；体育与文化产业渗透融合提供更广阔的市场空间和销售渠道。借助于乡村旅游、康养休闲等发展趋势，人们对于健康生活方式和个性化消费的需求不断增加，为乡村体育用品制造业提供了更多的商机；体育与文化产业渗透融合还促进乡村体育用品制造业的产业链延伸和升级。在传统农村体育用品制造过程中，往往只注重于单一产品的生产。而通过与文化产业融合，推动乡村体育用品制造业向上游原材料供应、设计研发、市场营销等领域延伸，形成完整的产业链条。这不仅有助于提高整个产业的附加值和利润空间，也为乡村经济带来更多就业机会和经济效益。

二、乡村体文产业"交叉融合"模式

乡村体育和文化产业之间的"交叉融合"是指将乡村体育产业和文化产业的资源进行融合，实现资源共享，进而推动业态创新[①]。

（一）"交叉融合"模式丰富乡村体育产业文化内涵

乡村体育产业不是单一产业，它涉及健康、休闲、旅游等多个领域。乡村文化产业包含艺术、文化、娱乐等多个方面的综合性产业。两者之间的融合使得乡村体育产业更具有文化内涵，也让乡村文化产业更加注重体育元素。在这种融合过程中，乡村体育产业利用文化产业的品牌力和营销渠道，提高自身的知名度和影响力。同时，乡村文化产业也通过体育元素的引入，拓宽自己的市场和受众。例如，龙舟、风筝等文化产业与体育赛事、运动健身等体育项目进行合作，推出相关主题的作品或活动，来吸引更多的观众和消费者。

（二）"交叉融合"模式满足多样文化需求

乡村体育和文化产业的交叉融合还促进新型文化创意产业发展。例如，通过将体育元素与艺术、设计等领域相结合，创造出更具有时尚感和艺术性的产品和服务。这些产品和服务不仅满足人们对健康和休闲的需求，也成为一种新型的文化消费方式。随着经济发展和生活水平的提高，人们对文化多样性的需求也越来越高。在这种情况下，体育产业也需要不断地适应消费者需求的高级化趋势，与文化产业进行交叉融合，从而更好地满足人们对于多元化文化的需求。为满足消费者的需求，乡村体育产业需要注重产品的多样性和创新性，加强乡村体育与文

---

① 李国英. 乡村振兴战略视角下现代乡村产业体系构建路径[J]. 当代经济管理，2019，41（10）：34-40.

化、艺术等领域之间的交流与合作，实现更加全面的文化融合。

（三）"交叉融合"模式打造高品质体育赛事

随着现代社会的发展，体育和文化产业的交叉融合成为一种新的趋势。这种融合不仅仅是简单的相互补充和结合，而是在人力资源、应用、功能和机构等方面进行深度的交流和整合。其中，体育传媒影视、体育用品文化创意设计、文体休闲、体育演艺会展等乡村文体产业新业态也应运而生。这些新业态通过将乡村体育和文化产业有效结合，创造出更加多样化和高附加值的产品和服务，大大丰富人们的乡村文化娱乐生活。例如，体育传媒影视行业通过拍摄和制作各类乡村体育节目和赛事直播（村 BA 和村超联赛），为广大观众提供丰富的视听体验；体育用品文化创意设计行业则将体育元素融入产品设计中，满足人们对于个性化和美观性的需求；文体休闲行业则通过组织各种文艺活动和体育运动，为人们提供丰富多彩的休闲方式；体育演艺会展行业则结合体育和演艺元素，创造出各种大型演出和展览活动，为人们带来更加震撼和精彩的体验。

三、乡村体文产业"重组融合"模式

体育产业不仅仅是一项娱乐活动，它还涉及许多相关的产业，例如体育用品制造、运动场馆建设、体育赛事组织等。文化产业也包含许多与体育相关的元素，例如电影、音乐、艺术等。因此，体育和文化产业之间存在着广泛的重组融合。

（一）"重组融合"模式增强精彩赛事文化体验

为更好地推进乡村体育和文化产业发展，人们开始探索如何把这两个产业进行"重组融合"，形成新的融合型本体服务业[①]。重组融合模式为乡村赛事注入独特的地方特色。以往观看体育比赛往往只关注运动员的竞技表现，而通过重组融合模式，将当地乡村文化、民俗风情等元素融入比赛场景中。例如，在一场田径比赛中穿插着民族舞蹈表演或传统音乐演奏，不仅吸引观众眼球，还能让人们感受到浓厚的乡土气息和地域文化；重组融合模式为观众提供更丰富多样的文化体验。除观看比赛外，观众还参与各类互动活动和展示。比如，在乡村足球比赛中，设置文化展示区域，展示当地特色手工艺品、传统美食等，让观众在观赛的同时

---

① 周义诺. 乡村振兴背景下农旅文体融合发展的理论与实践研究 [D]. 南京：南京农业大学，2020.

也能了解并体验当地独特的乡村文化。重组融合模式还为精彩赛事提供更多的商业机会。通过与文化产业的合作，吸引更多的赞助商和合作伙伴参与到赛事中来。

（二）"重组融合"模式打造体育文化品牌影响力

重组融合模式使得乡村体育赛事具备独特的文化特色。体育比赛场景本身就是一种艺术形式，加入当地乡村文化元素，如民俗风情、传统手工艺等，使得赛事更加生动有趣；在重组融合模式下，乡村体育赛事不仅仅是比赛本身，而是一个综合性活动。除观看比赛外，观众还参与到各类互动活动和展示中来。例如，在农耕竞赛中设置农田体验区、农产品展示区等，让观众在观赛的同时也了解并体验到当地的农耕文化。这样的互动体验不仅增加观众的参与感和娱乐性，也为乡村体育文化品牌增添更多的活力；重组融合模式为乡村体育文化品牌提供更多商业机会。比如，在比赛场馆周边设立特色文创产品展销区域，推广当地特色产品；或者将比赛与音乐会、艺术展等文化活动相结合举办，扩大影响力和知名度。这样的商业合作不仅为乡村体育文化品牌带来经济收益，还有利于促进当地经济发展。

第二节 体文融合促进乡村体育产业振兴价值意蕴

体育与文化的深度融合，打造"精神生活富裕"的魅力乡村、"物质生活富裕"的实力乡村以及"和谐纯净"的生态乡村。这对于满足人民群众对于美好生活的需求、提升乡村地区的发展水平和促进社会主要矛盾的解决都有着非常积极的作用。

一、增加文化供给，营造乡风文明氛围

体文融合丰富乡村体育产业的文化内涵，为游客提供更多元化的体验。通过结合传统文化、民俗活动、艺术表演等元素，体育活动变得更加丰富多彩，使游客在享受运动乐趣的同时，也能感受到乡村独特的文化魅力；乡村体育产业的振兴不仅仅是经济层面的发展，还包括乡风文明的培养和传承。体文融合通过举办体育赛事、培训活动等形式，促进居民参与体育运动，弘扬健康向上的生活方式，

营造积极向上的乡风文明氛围；体文融合不仅仅是体育与文化的结合，也是社区内各个群体的融合与共享。通过组织各类体育文化活动，增加居民之间的互动和交流，加强社区凝聚力，形成共建共享的良好氛围；体文融合促进传统文化的传承与创新。通过将传统文化元素融入体育活动中，激发人们对传统文化的兴趣和热爱，同时也推动传统文化的创新和发展，使其与现代体育产业相结合，焕发新的生机与活力。

体育文化所蕴含的传统文化精髓，丰富乡村文化，纯净乡风，增强乡村的凝聚力。它为乡村建设提供强有力的思想保证、精神动力和智力支持，对于维护和保持乡村社会的和谐稳定发展具有现实意义。

二、发展特色体育文化产业，助力产业兴旺

乡村体育产业是国家推进"健康中国"建设以及城乡一体化发展的重要组成部分。发展特色体育文化产业，为乡村体育产业振兴提供有力支撑。一方面，特色体育文化产业具有吸引力和影响力，打造具有地方特色的体育品牌，促进当地乡村旅游及相关产业发展。例如，一些地区有着独特的传统体育项目，如滑草、木球等，发展这些项目吸引游客前来观赛，促进当地旅游产业发展。另一方面，特色体育文化产业还有助于推广乡村文化和精神风貌，增强当地村民的文化认同和爱国精神。比如，一些地区有着丰富的武术文化，发展武术相关产业不仅促进当地经济发展，同时也有助于推广中国传统文化，加强村民的文化自信。

发展特色体育文化产业，不仅助力乡村体育产业振兴，还有助于推广乡村文化和精神风貌，促进当地经济发展，推动城乡一体化进程。青岛市做法和经验值得推广，青岛市做强乡村文化产业，倾力打造"山东手造 青岛有礼"文化品牌，在挖掘产品资源、培育特色产业、搭建交流平台、开展宣传推介等方面全面发力。制定出台《青岛市扶持手造产业发展若干措施（试行）》，推动手造产业规模化、品牌化，草编、刺绣、发制品等多个手造产业门类已初具规模，大欧鸟笼等9个项目入选"山东手造·优选100"，手造产业赋能乡村振兴、推动文化产业的作用更加明显[1]。以文化体验廊道建设为牵引，明确重点村"2+4+2"（"2"即体现文化体验廊道和重点村；"4"即体现产业发展壮大、基础设施完善、文化体验丰富、

---

[1] 张晋．青岛县级及以上文明村镇覆盖率达99%[N]．青岛日报，2023-06-22（003）．

和美善治四大内容；"2"即体现特色鲜明、宜居宜游两大特色内容）建设内容要求，完成8个村庄方案编制和部门联合评审工作。开展红色文化主题月活动，组织举办红色文化"四进"等活动215项，推出8条革命文物路径游主题线路[①]。

三、塑造文化品牌，夯实乡村振兴品牌基础

体育与文化产业的融合使得乡村振兴品牌更加具有独特的文化特色。以往，乡村往往侧重于经济发展和农业改革，而忽视本地区独特的文化资源。体育与文化元素相结合为乡村振兴注入了更多的文化内涵。体育与文化产业融合为乡村振兴品牌提供更广阔的发展空间。通过举办精彩纷呈的体育赛事，并将当地独特的文化元素融入其中，吸引更多游客和观众前来参与，提升品牌的知名度和影响力。

体育与文化产业融合还激发乡村居民的参与热情，推动优秀文化传承。这方面青岛市的经验做法值得借鉴。青岛市深入实施文化惠民工程，持续开展文化科技卫生"三下乡"活动，推进优势资源下沉。培育农村文艺人才和体育骨干1.2万人次，培养和扶持农村体育文化队伍8000余支，为群众体育文化活动提供人才队伍支撑[②]。实现"一村一年一场戏"行政村覆盖率100%，每年放映农村公益电影6万余场。连续组织农民丰收节系列活动，把丰收节打造成农民自己的节日、农耕文明的符号、推进乡村振兴的窗口。青岛市注重发掘乡村的体育文化底蕴，挖掘地方特色，将其融入体育产业中，打造具有鲜明地方特色的体育品牌，促进当地经济的发展，传承和弘扬当地的传统文化。

四、培养体育文化观念，加强乡村体育文化创新

培养体育文化观念和加强乡村体育文化创新，在体育活动、教育、艺术表演、创意产品、节庆活动等方面丰富乡村体育文化内涵。

举办丰富的乡村体育活动和赛事，如传统民俗体育比赛、乡村马拉松、农民运动会等，通过这些活动激发人们对体育的兴趣和参与度，培养体育文化观念；加强乡村体育文化教育，将体育与文化相结合，通过学校教育、社区培训等方式，向居民普及体育文化知识，提高体育文化素养；组织乡村体育文化艺术表演，如

---

① 乡村文化振兴，青岛有这些亮点 https://baijiahao.baidu.com/s?id=1769303131456349861&wfr=spider&for=pc.
② 张晋.青岛县级及以上文明村镇覆盖率达99%[N].青岛日报，2023-06-22（003）.

舞蹈、音乐、戏剧等形式，将体育与艺术相融合，展示乡村独特魅力和文化内涵；鼓励乡村居民创造乡村体育文化创意产品，如文化衍生品、手工艺品等，将体育元素与乡村文化相结合，丰富乡村文化供给；举办乡村体育文化节庆活动，如乡村体育嘉年华、文化游园会等，通过这些活动营造浓厚的乡村体育文化氛围，增强居民对乡村体育文化的认同感和归属感；建立乡村体育文化创新中心，为乡村居民提供创意和资源支持，鼓励居民参与乡村体育文化创新，推动乡村体育文化的发展和创新。

五、打造生态系统产业链，助力乡村体育文化产业振兴

打造生态系统产业链，将乡村体育文化产业与其他相关产业进行有机整合，采取优化资源配置、应用创新技术、加强跨界合作、培育人才等措施，助力乡村体育文化产业的振兴和可持续发展。

建立完整的乡村体育文化产业链，将体育、文化、旅游、餐饮、住宿等相关产业进行有机整合。通过协同发展，形成完整的产业链，提供全方位的服务和体验，增加乡村体育文化产业的附加值；打造乡村体育文化产业的品牌，塑造独特的乡村体育文化形象和特色。通过品牌建设，提升乡村体育文化产业的知名度和美誉度，吸引更多游客和投资者的关注和参与；合理配置乡村体育文化产业的资源，包括场地设施、人才培养、资金支持等；运用创新技术，如人工智能、大数据、虚拟现实等，提升乡村体育文化产业的体验和服务水平。通过技术创新，提供个性化、智能化的体育文化产品和服务，提高乡村体育文化产业的吸引力和竞争力；加强与其他行业的跨界合作，如与文化创意、科技企业、教育机构等合作，共同推动乡村体育文化产业发展；加强乡村体育文化产业人才的培养和引进，提高从业人员的专业素养和创新能力。

第三节 体文融合促进乡村体育产业振兴面临的困境

体文融合促进乡村体育产业振兴，价值意蕴颇丰，但不可否认的是，也存在一些困境。这些困境将在一定程度上制约乡村体育产业振兴。

一、文化创意不足,缺乏知名品牌

(一)文化创意不足,限制体文融合的实施

乡村体育产业是一个充满发展潜力的领域,但是它也面临着许多困难和挑战。其中最主要的问题之一就是缺乏文化创意。在乡村地区,文化创意产业发展相对滞后,无法为体育活动提供足够的文化元素,限制体文融合有效实施。

文化创意不足导致乡村体育文化活动的单一和缺乏吸引力,体育活动变得单调乏味,难以吸引更多人参与;文化创意不足导致乡村体育文化缺乏独特的品牌形象和特色。乡村体育文化产业缺乏独特的文化创意元素,难以打造具有吸引力和竞争力的品牌,限制产业发展潜力;文化创意不足导致体育与文化的融合程度较低。体育活动仅仅停留在运动本身的层面,缺乏对文化元素的深入挖掘和应用,无法真正实现体育与文化的有机结合;文化创意不足导致乡村体育文化产业缺乏创意产品和服务。乡村体育文化产业缺乏创新的产品和服务,难以满足人们对独特、个性化体验的需求,限制乡村体育产业发展空间。

(二)传统体育文化传承和创新不够,阻碍体文融合发展

传统体育项目在传承过程中创新不够,重复性较高。致使年轻人群体参与体育活动较少,限制传统体育文化与现代文化的有机融合;在体育活动中,传统文化元素往往被忽视或简单化处理,无法充分体现其独特魅力和深厚内涵。传统文化元素缺失限制了体育与文化的融合效果,无法真正实现体文融合目标,由于传统体育文化知识的流失和传承机制不完善,许多传统体育项目的技艺和知识无法有效传承。这导致传统体育文化的发展受限,无法为体育与文化融合提供丰富的资源和基础;传统体育文化传承和发展往往局限于自身领域,缺乏与其他领域的跨界合作与创新。这限制体育与文化的融合发展,无法通过多元化合作和创新推动体文融合的进程;随着现代化进程加速推进,传统体育文化的认同度逐渐下降。年轻一代对传统体育文化的兴趣不高,缺乏对传统体育项目的认同感和价值认知。这使得传统体育文化与现代文化融合变得更加困难。

(三)乡村体育文化品牌建设需不断创新,提升对品牌的认知

乡村体育文化品牌的知名度较低。消费者对品牌的了解和认知程度有限,很

少有人准确地描述品牌的特点和价值，乡村体育文化品牌的形象常常模糊不清，缺乏独特的品牌特色和视觉识别系统。这使得消费者很难将品牌与其他竞争品牌区分开来，无法形成深刻的印象；乡村体育文化品牌往往缺乏引人入胜的品牌故事，无法与消费者建立情感连接。消费者对品牌的认知停留在表面，很难产生共鸣和情感认同；乡村体育文化品牌的产品和服务缺乏创新，同质化现象严重。消费者很难找到与其他品牌有明显区别的产品和服务，对品牌的认知和选择欠缺差异性；乡村体育文化品牌的宣传和推广工作不够充分，缺乏有效的传播渠道和策略。品牌的宣传信息无法广泛传达给目标受众，影响受众对品牌的认知和了解程度。注重品牌的可持续发展，通过创造更具吸引力的产品和服务，提高品牌的生命周期和价值。乡村体育文化品牌的建设需要不断地探索和创新，以适应市场的变化和不断提升人们对品牌的认知和信任。只有这样，才能在激烈的市场竞争中打造出独具特色的乡村体育文化品牌，并发挥其品牌效应，为乡村体育文化产业发展注入新的活力和动力。

二、场地设施简陋，体育文化氛围不浓

（一）乡村体育文化氛围不浓，致体文融合道路不畅

乡村地区缺乏丰富多样的体育文化活动，如体育赛事、文化展览、艺术表演等。这些活动的缺乏，使得乡村体育文化氛围无法得到有效的营造和传播；乡村地区文化资源相对匮乏，包括博物馆、图书馆、艺术馆等文化设施的缺乏，以及文化传承人才的缺乏。这使得乡村地区无法提供丰富的文化资源支撑，限制体育和文化融合发展；乡村地区体育设施建设相对滞后，缺乏高质量的体育场馆、健身器材和运动场地。导致乡村居民缺乏方便的体育锻炼条件，也限制体育与文化的结合和发展；乡村地区体育教育薄弱，学校体育设施和师资力量不足。缺乏系统的体育教育和培训，使得乡村青少年体育和文化修养得不到有效提升；乡村社区和组织对体育文化活动支持不足，缺乏相关政策和经费的倾斜。这使得乡村体育文化发展缺乏社会支持和动力，难以形成浓厚的氛围。

（二）乡村地区体育设施建设滞后，限制体文融合有效实施

乡村地区体育场馆和设施缺乏和建设滞后，限制了体育和文化活动的开展，

也阻滞了体文融合的进一步实施。

乡村地区体育设施建设滞后，缺乏现代化、多功能体育场馆和设施，限制了体育项目的开展和发展；乡村地区常常缺乏适宜的运动场地，如足球场、篮球场、排球场等，乡村居民无法方便地进行体育活动，限制了体育与文化活动的开展；乡村地区健身器材的供应相对有限，常常缺乏多样化、先进的健身器材。乡村居民难以享受到全面的健身锻炼条件，限制体育与文化融合发展；乡村地区文化设施建设滞后，而体育设施建设相对较少，文化活动和体育活动无法有效结合，限制乡村地区体育与文化融合发展空间；乡村地区体育设施建设常常面临资金投入不足的问题。由于经济条件有限，乡村地区很难获得足够的资金用于体育设施的建设和更新，限制体育与文化融合的有效实施。

三、人才动力不足，产业结构不合理

（一）乡村地区人才流失严重，影响体文融合的深入发展

乡村地区人才流失严重，缺乏专业的体育和文化人才，无法提供足够的人才支持，限制体文融合的深入发展。

乡村地区的体育和文化领域缺乏专业人才，如体育教练、文化艺术从业人员等。乡村地区无法提供高质量的专业服务，限制体文融合的深入发展；乡村地区缺乏吸引和留住创新人才的机制和条件。许多有创新能力和创意思维的人才选择离开乡村，去城市或其他地方寻求更好的发展机会。乡村地区创新能力和创意水平的不足，影响体文融合的创新发展；乡村地区的教育人才流失严重，包括优秀的教师和教育管理人员。与城市相比较，乡村地区教育质量不高，无法为乡村青少年提供良好的教育环境和培养机会，限制体文融合的培养和传承；乡村地区文化传承人才流失严重，包括传统手艺人、文化艺术家等。乡村地区的传统文化和民俗活动无法得到有效传承和发展，限制体文融合的深入发展；乡村地区缺乏健全的人才培养机制和体系，无法为乡村居民提供良好的职业培训和发展机会。乡村居民缺乏相应的专业技能和知识，限制体文融合的进一步发展。

（二）乡村体育文化产业结构不合理，导致体文融合度不够

乡村体育文化产业是一门涵盖文化和经济双重属性的新兴市场经济产业。但

是，当前我国的体育文化产业存在着不平衡的发展现状。首先，虽然我国乡村体育文化产业已初具规模，但其内在结构不均衡。主要以体育用品制造业为主，而多元化体育服务业仅占很少的比例。例如，像乡村体育文化旅游业、体育用品制造业以及体育竞赛表演业等行业发展速度较快，而像体育培训行业和体育文化传媒等行业发展速度却相对较慢[①]。这种不平衡发展现状使得整个乡村体育文化产业的可持续性发展受到极大的影响。其次，乡村文化产业和乡村体育产业的互通融合性仍然较低。大多数企业还未能正确理解"体育文化产业"的真正内涵，认为简单开展一些乡村体育活动或创作体育工艺品就算是乡村体育文化产业，导致二者未能深入融合[②]。事实上，乡村体育和文化是相互依存、相互促进的，只有真正实现乡村文化与体育的融合，才能使乡村体育文化产业更好的发展。

四、资金、医疗、政策保障不到位，难以满足体育文化需求

（一）政策保障不到位，难以满足体育文化需求

乡村地区缺乏针对体育和文化的有效政策支持。相关政策的制定和实施困难，获得资金、资源和机制保障不畅，限制了体育和文化需求的满足；乡村地区缺乏健全的专业人才培养机制和体系。缺乏相关政策的支持，无法吸引和培养体育教练、文化艺术从业人员等专业人才，限制体育和文化需求的专业化满足；由于政策保障不到位，乡村地区的传统文化和民俗活动往往得不到有效保护和传承。缺乏相关政策的支持，无法提供保护和传承传统文化的机制和措施，限制体育和文化需求的传统性满足；乡村地区缺乏针对文化设施建设的规划和指导。缺乏相关政策的支持，无法进行文化设施的规划、建设和管理，限制体育和文化需求的设施化满足[③]。

（二）医疗保障不到位，难以满足体育文化需求

医疗保障不到位，乡村地区的体育和文化活动可能存在健康风险。缺乏现

---

① 郭燕.体育文化产业及其发展研究[J].文化产业，2021（24）：75.
② 郭燕.体育文化产业及其发展研究[J].文化产业，2021（24）：77.
③ 郭修金，代向伟，杨向军，等.乡村体育文化振兴的价值追求、现实困境与路径选择[J].沈阳体育学院学报，2021，40（06）：1-7+33.

代化的医疗设备和专业医疗人才，无法及时处理运动中的意外伤害或其他健康问题，影响居民参与体育和文化活动的积极性；乡村地区缺乏专业的健康指导和咨询服务。由于医疗保障不到位，无法提供专业的健康咨询和指导，使得居民在进行体育锻炼和参与文化活动时缺乏科学、合理的健康指导；乡村地区医疗保障不到位、医疗资源相对较少、缺乏现代化的医疗设备和医疗机构，导致乡村居民难以及时获得医疗服务，限制体育和文化活动中健康问题的解决；乡村地区由于医疗保障不到位，居民往往难以进行定期的体检，缺乏专业的健康检测机构和体检设备，使得居民无法及时了解自身健康状况，影响体育和文化需求的健康管理。

（三）资金保障不到位，难以满足体育文化需求

乡村地区经济相对滞后，缺乏足够的资金投入，限制体育场馆和设施建设，也限制文化创意产业发展，制约体文融合的实施。

高质量的体育场馆、运动场地和健身器材数量不足，限制居民进行体育锻炼和参与体育活动的机会；乡村体育文化设施维修不到位。如博物馆、图书馆、艺术馆等，这使得乡村居民无法享受到丰富的文化资源，限制文化需求的满足；乡村地区往往难以组织举办大型的体育赛事和文化活动，无法承担赛事和活动的组织、宣传、场地租赁等费用，限制居民参与和观赏体育文化活动的机会；资金保障不到位，乡村地区缺乏专业的体育和文化培训机构和师资队伍，限制居民在体育和文化领域的专业化发展和需求的满足。

五、文化冲突致使市场体系不健全

（一）文化冲突影响体文融合深入发展

不同文化背景下的价值观存在差异，导致体育和文化活动中的冲突。例如，某些文化对特定的体育项目或艺术形式存在偏见或禁忌，阻碍不同文化之间的交流和融合；不同文化对于体育和文化活动的规则和规范也存在冲突。例如，某些文化中的礼仪规范与其他文化的体育竞技规则相悖，导致参与者之间的误解和摩擦，影响融合的进程；不同文化中的社会观念和习俗给体文融合带来挑战。例如，某些文化可能对性别角色、身体形象等有不同的看法，导致在体育和文化领域中

的歧视和不平等待遇，阻碍融合的进程；一些文化对自身的保护和维护有较高的需求，不愿意接受外来文化的影响，导致对其他文化的排斥或抵制，限制体文融合的发展。

（二）组织管理不完善，阻碍体文融合进程

乡村地区体育和文化组织管理不完善，缺乏有效的协调机制。导致资源分散、信息不畅，无法形成整体推动力，阻碍体文融合的进程；乡村地区体育和文化组织管理不完善，导致资源分配不公平。一些组织可能得到更多的资金、设施和人才支持，而其他组织则处于相对弱势的位置，这使得体文融合的进程受到限制；乡村地区体育和文化组织管理不完善，缺乏统一的规范与标准。导致组织活动的混乱和不稳定，影响体文融合的顺利进行；乡村地区体育和文化组织管理不完善，缺乏对人才的培养和引进。缺乏专业的组织管理人员和技术人才，使得组织无法有效地运营和推动体文融合；乡村地区体育和文化组织管理不完善，缺乏有效的社会参与和支持机制。社区居民和其他利益相关者往往缺乏参与决策和管理的机会，导致组织的发展脱离实际需求，阻碍体文融合进程。

（三）扶持政策缺失，体文融合缺乏保障

体文融合缺乏专项资金支持，导致相关项目和活动难以获得充分的经费保障，限制体文融合的发展空间和水平，使得相关项目无法得到有效推进和落地；政策引导和指导不明确，使得体文融合发展方向和目标模糊。相关政策指导缺失，无法形成协同合力，阻碍体文融合的深入发展；体文融合的人才培养和引进政策不健全，相关领域的人才供给不足。专业人才的支持不力，限制体文融合项目的设计和实施能力，影响融合效果提升；体文融合工作的评估和监督机制匮乏，难以及时发现问题并进行改进，项目效果无法得到及时的反馈和调整，限制体文融合工作的质量和效果。

第四节　体文融合促进乡村体育产业振兴路径

乡村体育产业振兴的路径包括增强体育文化内生力量、共筑城乡体育文化共同体、提高乡村体育文化融合度、提升乡村体育文化治理现代化、健全乡村体育

文化产业链等措施，促进乡村体育产业振兴和可持续发展，推动乡村地区的体育和文化融合进程[①]。

一、增强体育文化内生力量

增强体育文化的内生力量，推动体育文化的深入发展，激发体育产业的创新与活力，提升社会对体育文化的认同和支持度。同时，体育文化的内生力量也促进社会凝聚力的形成，推动社区发展和乡村振兴。

（一）健全制度，推动乡村体育文化传承

制定和完善相关的法律法规，明确乡村体育文化传承的政策支持和保护措施，确保乡村体育文化传承的合法性和可持续性[②]；加强乡村体育文化传承的教育体系建设，培养青少年对乡村体育文化的认知和理解，激发他们参与和传承的意识；加强乡村体育文化遗产的保护工作，包括传统体育项目、文物、口述传统等。通过开展调查研究、修缮保护、数字化记录等手段，确保乡村体育文化遗产的传承和保存；建立乡村体育文化传承人的培训和认定机制，培养一批专业的传承人。通过传承人的培训和指导，将乡村体育文化的技艺和知识传承给后代，确保乡村体育文化的延续性；鼓励社区居民积极参与乡村体育文化传承活动，组织社区体育文化团队和志愿者队伍，促进乡村体育文化传承的基层化和社区化；加强乡村体育文化的交流与展示，组织体育文化节、展览等活动，展示乡村体育文化的独特魅力。

（二）加大宣传，调动社区居民参与体育运动

开展体育运动的宣传活动，如体育主题展览、座谈会、讲座等，向社区居民介绍体育运动的知识和技巧。通过宣传活动，提高社区居民对体育运动的认知和了解，增强他们参与的信心和意愿；通过建立社区体育俱乐部，提供专业的指导和训练，帮助社区居民学习和提升体育运动技能。社区体育俱乐部成为社区居民参与体育运动的平台，促进交流和合作；为社区居民提供免费或低价的体育设施和场地，如公园、健身房、篮球场等，方便他们进行体育运动。提供便利的场地

---

① 郭修金，代向伟，杨向军，等.乡村体育文化振兴的价值追求、现实困境与路径选择[J].沈阳体育学院学报，2021，40（06）：1-7+33.
② 郭燕.体育文化产业及其发展研究[J].文化产业，2021（24）：75.

设施，降低参与门槛，鼓励更多社区居民参与体育运动。青岛市在这方面的经验做法值得借鉴。

青岛市把健身活动办到社区居民身边，广泛动员各区市及社会力量，组织开展登山节、健步行、健康跑、云上运动会、线上马拉松等健身活动千余项，周周有活动，月月有比赛，季季有热潮。为方便市民参与，按照"小型分散、贴近生活"的原则，全市举办600场社区运动会，参与群众超20万人次。评选百个全民健身示范社区，发出"每天158，身体顶呱呱"全民健身行动倡议，"让运动成为习惯、让体育走进生活"的健康生活理念日益深入人心。

（三）措施到位，为乡村体育文化发展保驾护航

乡村体育产业和文化产业的融合为乡村地区带来新的发展机遇和经济收益。要想实现这一目标，需要采取一系列措施。

加强对乡村体育的保护和开发力度，积极开发和利用乡村体育资源，挖掘出更多优秀的项目和活动，推动乡村体育的发展；加强乡村体育与文化产业的融合[①]。举办各种文化底蕴深厚的体育活动，让文化和体育更好地结合起来，增强乡村文化的影响力；注重培养乡村体育人才，乡村体育产业发展需要有一支专业的团队来支持，加大对乡村体育人才的培养和引进力度，提高他们的专业水平和管理能力，为乡村体育产业发展提供有力的支持；加强对乡村体育品牌的建设和宣传力度，打造具有影响力的乡村体育文化品牌，吸引更多的人关注和参与到乡村体育产业中来，提高乡村体育的知名度和影响力。

二、共筑城乡体育文化共同体

城乡文化之间存在着密切的联系和相互促进的关系。城市和乡村是一个命运共同体，两者相互依存、不可分割。城市的发展需要乡村的支持，而乡村的振兴也需要城市的帮助[②]。因此，城镇化和乡村振兴并不是相互对立的，而是互为补充的。

[①] 郭修金，代向伟，杨向军，等.乡村体育文化振兴的价值追求、现实困境与路径选择[J].沈阳体育学院学报，2021，40（06）：1-7+33.
[②] 胡蝶.乡村振兴战略下城乡体育融合发展的路径研究[J].文体用品与科技，2023，514（09）：43-45.

(一)文化认同助力城乡体育文化一体化发展

加强文化教育和宣传,促进城乡居民对体育文化的认同和理解。弘扬体育文化的核心价值观,如团结合作、公平竞争、健康生活等,使城乡居民形成共同的文化认同,为城乡体育文化一体化发展打下基础;城市和乡村的体育赛事和文化活动相互交流、共享资源;促进城乡体育设施的共建与共享,确保城乡居民都享受到高质量的体育设施。在城市和乡村之间进行资源共享,例如,城市向乡村提供先进的体育设施建设经验和技术支持,乡村则为城市提供更广阔的场地和环境;加强城乡体育人才的培养和交流,促进城乡间的专业知识和技能的共享。建立城乡体育人才培训基地、举办培训班和交流活动等,提升城乡体育人才的素质和水平,推动城乡体育文化一体化发展;共同打造具有地方特色和影响力的城乡体育文化品牌。通过整合城乡的体育资源和文化元素,创新推出具有代表性的体育文化项目和活动,提升城乡体育文化品牌的知名度和影响力;鼓励社区居民积极参与城乡体育文化一体化发展的各类活动。建立城乡体育文化志愿者队伍,组织社区居民参与城乡体育文化活动的策划、组织和推广工作,增强城乡居民之间的互动和交流。

文化认同促进城乡居民在体育文化领域的共同发展与交流。推动城乡体育文化一体化发展,促进城乡间的资源共享、人才交流,增强社区凝聚力和社会和谐发展。城乡体育文化的一体化发展也丰富人们的文化生活,提升城乡居民的身体素质和幸福感。

(二)文化传承与创新筑牢城乡体育文化共同体

在城乡融合发展中,需要注重不同地区文化的传承和保护,同时也要倡导新的文化理念和发展模式,让城乡文化在相互交流中得到更好的发展和传承。只有这样,才能实现真正意义上的城乡融合发展,让城市和乡村之间的联系更加紧密,人民生活更加美好。为促进城乡体育互相促进,需要遵循取长补短原则。这意味着应该将城市的体育设施建设、赛事资源和社会体育指导员下沉到乡村,以弥补乡村体育设施和资源的不足[①]。城市把自己先进的体育设施和资源分享给乡村,以提高乡村的体育水平。

---

① 郭修金,代向伟,杨向军,等.乡村体育文化振兴的价值追求、现实困境与路径选择[J].沈阳体育学院学报,2021,40(06):6.

（三）优势互补，推动城乡体育文化一体化进程

利用乡村优秀的传统体育文化来浸润城市的体育赛事，共享乡村绿水青山自然环境的优势，促进乡村现代体育与传统体育的融合发展[①]。城市和乡村拥有不同的体育文化资源，通过整合双方的资源，实现优势互补。城市提供先进的体育设施、专业的教练团队和丰富的赛事资源，乡村则提供独特的传统体育项目、自然环境和人文景观。双方互相借鉴和学习，共同推动城乡体育文化的发展；城市和乡村都有各自的体育人才，通过加强人才培养和交流，实现优势互补。城市为乡村提供专业的培训和指导，帮助乡村人才提升技能和水平，乡村的传统体育项目和经验也为城市提供新的思路和灵感。人才互通有助于城乡体育文化融合和创新，城市和乡村都有自己独特的体育文化传统，通过互相借鉴和融合，实现文化传承与创新。城市帮助乡村保护和传承传统体育项目和文化遗产，乡村则为城市提供新的体育文化元素和创新思路。通过文化的传承与创新，推动城乡体育文化的一体化发展。

三、提高乡村体育文化融合度

为推动乡村振兴，需要注重塑造和铸造乡村的文化灵魂。《乡村振兴战略规划（2018—2022年）》提出一个重要任务，即重塑乡村的文化生态。深入挖掘乡村特色体育文化符号，发掘地方和民族特色体育文化资源，以便走上特色化、差异化发展之路。

（一）传统与特色相融，助力乡村体育文化发展

乡村体育文化是乡村文化的重要组成部分。在传统乡村社会中，人们通过体育活动来增强身体素质、提高自我修养和增强交流合作能力。随着城市化进程的加速和生活方式的改变，乡村的体育文化不再仅仅是一种传统的生活方式，而是成为乡村振兴的重要资源之一[②]。

乡村特色体育文化符号是乡村文化的重要标志。比如，秧歌、太极拳、龙舟

[①] 郭修金，代向伟，杨向军，等.乡村体育文化振兴的价值追求、现实困境与路径选择[J].沈阳体育学院学报，2021，40（06）：7.

[②] 刘克川，张廷晓.乡村振兴战略下的城乡体育援助路径选择[J].中国西部，2023，385（02）：112-119.

等都是中国传统的体育项目，而它们又与不同地区、不同民族的历史传承、文化习惯密切相关。因此，只有深入挖掘这些特色体育文化符号，才能更好地发掘乡村文化的内涵和价值。

地方和民族特色体育文化资源也是乡村振兴的重要资源之一。不同地区、不同民族的特色体育文化资源丰富多样，如藏族射碧秀、骑马点火枪、达久（赛马）、马术、赛牦牛、加哲（角力）、"大象"拔河、朵加（抱石头）、俄尔多、锅庄、吉韧、密芒等传统体育项目，蒙古族的射箭、摔跤、布木格、赛马、马术、套马、赛骆驼、打布鲁等传统体育项目，这些文化资源不仅体现当地的历史文化底蕴，还具有很高的经济价值和发展潜力。因此，需要积极挖掘、保护和传承这些地方和民族特色体育文化资源，以促进当地经济和社会的发展。

（二）多元文化共生，推动乡村体育文化发展

乡村社会的稳定结构是指在乡村地区，由于相对封闭的社会环境和传统习俗的存在，形成的一种相对稳定的社会结构。这种结构为传统风俗的延续提供良好的保障机制[1]。在乡村社会中，人们遵循传统的行为规范和礼仪，例如尊重长辈、孝顺父母、注重互助等等。这些传统习俗在乡村社会的生活中扮演着重要的角色，它们不仅影响着个人的价值观和行为方式，也塑造着整个社会的文化氛围。虽然文化被复制，但是仅限于形式上的重复[2]。文化的内涵和诞生环境则无法被完全复制。每个文化都有其独特的历史背景、地理环境、社会制度等等，这些因素都影响着文化的形成和发展。因此，即使在不同的地方，人们也会创造出不同的文化现象。就连在同一个国家内，不同地区的文化也可能有差异。这些差异在潜移默化中影响着人们的观念和行为。乡村社会的稳定结构和传统习俗为文化的延续提供保障，但是文化的内涵和诞生环境是不可复制的。应该珍视和传承好自己的文化，也要尊重和包容其他地方的文化，这样才能推动文化的多元发展。

四、提升乡村体育文化治理现代化

强化乡村体育文化，对于促进乡村治理能力和现代化水平具有重要意义。乡

---

[1] 郭修金，代向伟，杨向军，等.乡村体育文化振兴的价值追求、现实困境与路径选择[J].沈阳体育学院学报，2021，40（06）：3.
[2] 郭修金，代向伟，杨向军，等.乡村体育文化振兴的价值追求、现实困境与路径选择[J].沈阳体育学院学报，2021，40（06）：5.

村文化自信是指村民对本土文化的认同和依赖,是乡村文化建设的核心[①]。实现乡村文化自信,需从文化认同和文化自觉两个方面入手。全体村民都有文化认同和自觉,乡村体育文化的传承和发展才能有较大的保障[②]。

(一)乡村体育文化建设助推乡村治理能力现代化

乡村治理是指在乡村地区村集体制度和村民自治制度的基础上,通过有效的治理工作来提升乡村社会的发展水平和村民的生活质量。乡村治理需要充分发挥村民自治的作用,同时也需要遵守乡规民约,确保村民自治的合法性和有效性。因此,乡村治理需要注重村民自治和乡规民约的相互配合,共同推进社区治理和发展。只有这样,才能实现乡村社会的可持续发展和村民的幸福生活。

乡村体育文化建设有助于乡村治理能力现代化。乡村体育文化增强乡村文化自信、丰富乡村文化内涵、提高村民身体素质和健康水平、增强村民群众的凝聚力和向心力,促进社会和谐稳定;乡村体育文化还吸引外来游客,推动乡村旅游业的发展,为乡村经济注入新的活力。因此,积极推动乡村体育文化建设,需加大对乡村体育场馆、体育设施和体育赛事的投入,提高乡村体育文化的品质和水平[③]。同时,还需要加强对村民的体育教育和训练,培养他们的运动意识和体育技能,提高村民的身体素质和健康水平。如此才能促进乡村体育文化发展,提高乡村治理能力现代化水平。

(二)乡村体育文化建设增加社区凝聚力和归属感

随着城市化进程的加速推进,许多年轻人流向城市,导致乡村人口老龄化和人才流失。因此,乡村体育文化的振兴变得尤为重要。乡村体育文化活动包括各种运动比赛、健身活动、文艺表演等,这些活动不仅提高乡民的身体素质和文化水平,还创造社交机会,增加社区凝聚力和归属感。

乡村体育文化振兴不仅需要政府的支持和投入,更需要广大乡民的积极参与和自我管理。当乡民们参与到体育文化活动中时,他们不仅锻炼身体,还增强自我管理能力和组织协调能力,同时也了解到乡村其他问题和需求,从而为乡村治

---

① 郭子瑜,陈刚.体育助力乡村振兴战略:逻辑前提、价值意蕴与推进路径[J].体育文化导刊,2022,245(11):1-7+21.
② 郭修金,代向伟,杨向军,等.乡村体育文化振兴的价值追求、现实困境与路径选择[J].沈阳体育学院学报,2021,40(06):5.
③ 陈超.现时期农民体育需求与供给的典型调查[D].南京:南京师范大学,2012.

理提供更多思路和建议。

乡村体育文化振兴促进乡村社会的蓬勃发展与和睦有序。通过开展体育文化活动，增加乡民之间的交流和互动，促进社区凝聚力和归属感的提升，同时也培养乡民的健康生活方式和积极向上的精神风貌。这些都是乡村社会蓬勃发展的重要因素。乡村体育文化的振兴不仅能促进乡村治理的有效性和创新能力，还能提高乡民的身体素质和文化水平，增强社区凝聚力和归属感，推动乡村社会的蓬勃发展与和睦有序。

五、健全乡村体育文化产业链

（一）健全乡村体育文化产业链是实现乡村体育产业发展的重要任务

制订乡村体育文化产业链的规划和布局，明确各个环节的功能和定位。根据当地资源和特色，确定乡村体育文化产业链的发展方向和重点，包括体育设施建设、赛事组织、体育培训、文化创意产品等。

加大对乡村体育设施建设和改造的力度，提供高质量的体育场馆和场地。同时，建立科学的体育设施管理机制，确保设施的正常运营和维护，为乡村体育文化产业链提供良好的基础条件；组织各类乡村体育赛事，并结合当地的文化和特色，打造有影响力的品牌赛事。通过赛事的组织和推广，提升乡村体育的知名度和影响力，吸引更多的观众和参与者，助力乡村体育文化产业链发展；建立完善的乡村体育培训和教育机制，提供专业的培训和教练服务。培养乡村体育人才，提升他们的专业水平和管理能力，推动乡村体育文化产业链发展；根据乡村的文化特色和体育资源，开发具有地方特色的文化创意产品。例如，以乡村传统体育项目为主题的纪念品、手工艺品等，通过销售和推广，为乡村体育文化产业链带来经济效益；乡村体育资源与旅游业相结合，开展体育旅游和休闲服务。通过举办体育旅游活动、提供体育休闲设施和服务，吸引游客前来体验和参与，推动乡村体育文化产业链的发展。

（二）多措施健全乡村体育文化产业链

加强市场开发和品牌建设。通过市场调研和分析，了解消费者的需求和偏好，推出符合市场需求的体育文化产品和服务。同时，在产品设计和营销策略上注重创新，打造具有差异化竞争优势的乡村体育文化品牌，加强乡村体育文化产业供应链管理[①]。与供应商建立长期稳定的合作关系，确保物资采购、设备维护等环节的顺畅进行。同时，引入先进的物流技术和管理模式，实现物流信息共享和协同配送，提高资源利用效率并降低成本；保护和传承乡村体育文化遗产。通过收集、整理和保护当地特色的体育传统项目、民俗活动等文化资源，加强相关研究和宣传工作，推动乡村体育文化的传承与创新。同时，在培养青少年对于乡村体育文化的认同感和兴趣方面，加强教育和社会组织的配合，培养更多热爱乡村体育文化的人才；相关部门出台鼓励乡村体育文化产业发展的政策措施。例如减免税收、提供贷款支持、给予土地使用优惠等政策，吸引更多投资者参与乡村体育文化产业，并为其提供良好的发展环境。

健全乡村体育文化产业链是实现乡村体育产业持续发展的关键。通过加强市场开发、供应链管理、政策支持、国际交流与合作以及保护传承等方面的努力，实现乡村体育文化产业链条完善和优化，推动乡村体育产业的蓬勃发展，为乡村振兴战略提供强有力的支持。

第五节　山东省青岛市体文融合促进乡村体育产业振兴经验

随着社会发展和人们生活水平的提高，乡村体育产业逐渐成为推动乡村经济发展的重要力量。近年来，山东省青岛市积极探索体文融合的发展模式，通过深入实施文化惠民工程、加大体育文化遗产保护力度、打造体育文化品牌等措施，推动乡村体育产业振兴。

一、深入实施文化惠民工程，促进体育资源向农村倾斜

山东省青岛市积极实施文化惠民工程，通过加大财政投入、引导社会力量参与等方式，推动体育资源向农村倾斜。一方面，政府加大对乡村体育基础设施的投入，建设了一批便民、利民的体育场馆和设施，为农村居民提供了良好的健身环境；另一方面，通过开展丰富多彩的文化活动，激发农村居民的文化消费需求，

[①] 赵杰.着力提升公共文化服务水平[J].奋斗，2023，（04）：27–28.

带动了乡村体育产业发展。

青岛市持续开展文化科技卫生"三下乡"活动，推进优势资源下沉。培育农村体育文艺人才和文化骨干1.2万人次，培养和扶持农村体育文化队伍8000余支，为群众体育文化活动提供人才队伍支撑。实现"一村一年一场戏"行政村覆盖率100%，每年放映农村公益电影6万余场[1]。连续组织农民丰收节运动会，把丰收节打造成农民自己的节日、农耕文明的符号、推进乡村振兴的窗口。

青岛市西海岸新区体育事业在社会各界的大力支持和帮助下，取得丰硕成果，场地设施不断完善，赛事活动精彩纷呈。特别是乡镇体育设施在全市率先实现全覆盖，为新区各乡镇组织开展体育活动奠定了良好基础，2023年各镇街提报的全民健身活动计划，全区乡镇全民健身活动场数超过360余场，通过举办"村BA"、社区健身节、篮球赛、足球等一系列赛事活动，极大地丰富新区农村居民的文化体育业余生活，展现积极健康、文明向上的良好风尚，以体育赋能乡村振兴[2]。

二、加大体育文化遗产保护力度，传承乡村体育文化

山东省青岛市高度重视体育文化遗产的保护工作，通过开展普查、建立档案、加大宣传等措施，传承乡村体育文化。一是对乡村体育非物质文化遗产进行普查，挖掘和整理了一批具有地域特色的乡村体育非物质文化遗产，如螳螂拳、龙舟、舞狮等；二是建立乡村体育文化遗产档案，对乡村体育文化遗产进行分类、归档，方便传承和利用；三是通过举办各类展示、交流活动，加大乡村体育文化的宣传力度，提高乡村体育文化的知名度和影响力。

青岛市加大乡村文化遗产保护力度，深入开展"非遗在社区"试点，取得明显成效，全市认定市级非遗工坊54家，区（市）级非遗工坊92家。建立麦草画等市级以上非遗名录207个、即墨花边等老字号企业名录22个，评选胶州黑陶等青岛名品录10个、泊里红席等手造乡土名村10个。完成不可移动文物保护利用设计类项目5个，施工类3个，乡土文化遗产得到较好保护[3]。

---

[1] 张晋.青岛县级及以上文明村镇覆盖率达99%[N].青岛日报，2023-06-22（003）.
[2] 王培珂.超燃！西海岸"村BA"开赛了！[N].青岛西海岸报，2023-08-02.
[3] 杨琪琪."15条"赋能"青岛手造"，把老手艺变成大产业[N].青岛日报，2022-12-16（005）.

三、打造体育文化品牌，提升乡村体育产业的竞争力

山东省青岛市注重发挥区域特色优势，打造了一批具有较高知名度和影响力的体育文化品牌。一是以特色体育赛事为载体，如青岛国际马拉松、青岛国际沙滩足球锦标赛等，通过举办赛事，提升乡村体育产业的知名度；二是以体育产业园区为依托，如青岛体育产业示范园、青岛体育用品城等，通过产业集聚和产业链延伸，提升乡村体育产业的竞争力；三是以体育旅游为突破口，如开发乡村旅游、农家乐等特色旅游产品，将体育与旅游深度融合，提升了乡村体育产业发展水平。

青岛市倾力打造"山东手造 青岛有礼"文化品牌，在挖掘产品资源、培育特色产业、搭建交流平台、开展宣传推介等方面全面发力[①]。制定出台《青岛市扶持手造产业发展若干措施（试行）》，推动手造产业规模化、品牌化，草编、刺绣、发制品等多个手造产业门类已初具规模，大欧鸟笼等9个项目入选"山东手造·优选100"，手造产业赋能乡村振兴、推动文化产业的作用更加明显。以体育文化体验廊道建设为牵引，明确重点村"2+4+2"（"2"即体现文化体验廊道和重点村；"4"即体现产业发展壮大、体育基础设施完善、文化体验丰富、和美善治四大内容；"2"即体现特色鲜明、宜居宜游两大特色内容）建设内容要求，完成8个村庄方案编制和部门联合评审工作。开展红色体育文化主题月活动，组织举办红色体育文化"四进"等活动215项，推出8条革命文物路径游主题线路。

山东省青岛市通过深入实施文化惠民工程、加大体育文化遗产保护力度、打造体育文化品牌等措施，推动了乡村体育产业的振兴。这些经验对其他地区乡村体育产业发展具有重要的借鉴意义。

---

① 张晋.青岛县级及以上文明村镇覆盖率达99%[N].青岛日报，2023-06-22（003）．

第六章　体商融合促进乡村体育产业振兴

乡村体育产业已经不再是单纯的娱乐和健身方式，它已经成为一种具有商业价值和经济效益的产业[①]。体育与商业融合是促进乡村体育产业高质量发展的有效途径[②]。通过商业模式的运作，为乡村体育提供资金、资源和管理支持，推动其快速发展，并在乡村振兴战略中发挥重要作用。

第一节　体商融合促进乡村体育产业振兴的实践模式

乡村体育振兴离不开商业资源的融入[③]。体商融合促进乡村体育产业振兴的实践模式有：资源整合模式、业态嵌合模式、市场复合模式、要素聚合模式和政策统合模式。

一、体商融合的资源整合模式

（一）资源整合是促进体商融合发展的关键

资源整合是将体育产业和商业领域的资源相互整合，实现资源共享、优势互补，促进双方的共同发展。整合乡村的体育教练、专业人才和志愿者资源，建立健全的人才培养和管理机制。通过人力资源的整合，提升乡村体育的教学质量和服务水平，推动乡村体育与商业的融合发展；整合政府、企业和社会各方的资金资源，为乡村体育与商业融合发展提供资金支持。通过引入投资和合作伙伴，筹集资金，支持乡村体育项目和商业运营，实现资源共享和互利共赢；整合乡村的

---

① 张献辉，李琼，李伟光. 农村体育活动的产业价值及其挖掘[J]. 农业经济，2020，400（08）：127-129.
② 汪星妤. 中国式现代化推动乡村体育产业高质量发展研究[J]. 浙江体育科学，2023，45（04）：81-84.
③ 刘如，彭响，谭志刚，等. 新时代乡村体育振兴的内在需求、现实困境与实现路径[J]. 河北体育学院学报，2019，33（05）：30-34.

体育品牌和商业品牌资源，打造有影响力的乡村体育文化品牌[1]。通过品牌资源的整合，提升乡村体育的知名度和形象，吸引更多的商业合作伙伴和赞助商，推动乡村体育与商业的融合发展；整合乡村的体育项目和商业项目，开展多元化体育与商业活动。例如，将乡村的体育赛事与文化节庆相结合，举办体育旅游和休闲活动，创造更多的商业机会和经济效益；整合互联网和新媒体资源，推动乡村体育与商业的线上线下融合发展。通过建立电子商务平台、推广网络营销等方式，拓展乡村体育的市场覆盖范围，促进乡村体育与商业的交流和合作。

乡村体育充分利用各方资源优势，实现与商业融合发展。资源整合有助于提升乡村体育的经济效益和社会影响力，促进乡村经济的转型升级，实现可持续发展[2]。

（二）资源整合实现乡村体育产业可持续发展

资源整合是乡村体育产业与商业融合发展的基础，也是实现二者协同发展的必要手段[3]。整合资源不仅提高生产效率和市场竞争力，还促进创新和升级，实现乡村体育产业可持续发展。

整合土地资源，建设体育设施，提供场地租赁和场馆管理服务；整合人才资源，开展体育培训和教练服务，提供专业的体育教育和培训；整合品牌资源，打造有影响力的乡村体育文化品牌，吸引商业赞助和投资；注重乡村体育产业的环境保护和可持续利用。在体育设施建设和运营过程中，注重生态环境保护，合理利用土地资源，提高能源利用效率，减少对环境的影响；整合乡村的传统体育项目、民俗文化等资源，开展体育赛事、文化节庆等活动，推动乡村体育文化的传承和创新。

通过资源整合，乡村体育产业实现经济效益、社会影响力、环境保护和文化传承可持续发展，有助于乡村经济的转型升级，提升乡村居民的生活品质，推动乡村全面发展。

---

[1] 汪星妤.中国式现代化推动乡村体育产业高质量发展研究[J].浙江体育科学，2023，45（04）：81-84.
[2] 周修岚，陈珈颖，严雪晴.乡村振兴背景下农产品冷链物流发展与政府角色定位[J].中国储运，2022（10）：40-41.
[3] 张昌爱，杨乙元.六盘水体育旅游融合发展研究[J].兰州文理学院学报（自然科学版），2021，35（02）：83-88.

二、体商融合的业态嵌合模式

体商融合的业态嵌合模式是指将体育和商业领域的不同业态进行有机结合,打破传统行业壁垒,实现资源共享、市场拓展和价值创造。

(一)体商融合的业态嵌合模式表现

体商融合的业态嵌合模式主要表现为如下几个方面。

体育赛事与商业合作。乡村体育赛事与商业活动相结合,商业合作伙伴赞助和支持,举办有影响力的体育赛事。商业合作伙伴提供赛事经费、奖品、场地等支持,同时也在赛事期间进行品牌宣传和推广,实现体育与商业的双赢。

体育设施与商业运营。乡村体育设施的建设与商业运营相结合,以商业运营方式获得经济效益。例如,开发体育场馆的周边商业区,引入商业综合体、餐饮娱乐等业态,提供更多的服务和消费选择,增加运营收入。

体育培训与商业合作。乡村体育培训与商业合作相结合,通过与企业合作开展专业培训、提供教练员和设备等服务,实现乡村体育培训的市场化运作。商业合作伙伴提供资金支持、品牌宣传等资源,共同推动乡村体育培训的发展[1]。

体育旅游与休闲服务。乡村体育与旅游、休闲服务相结合,举办体育旅游活动,提供住宿、餐饮、交通等服务,实现体育与旅游业融合发展。体育旅游活动吸引游客前来参与体验,同时也带动当地商业发展。

体育文化产品与商业销售。乡村体育文化产品与商业销售相结合,开发具有地方特色的文化创意产品,如纪念品、手工艺品等,并进行销售和推广。商业合作伙伴提供渠道和销售网络,扩大体育文化产品的市场覆盖范围。

体育与健康产业合作。乡村体育与健康产业相结合,通过与健康产业合作开展健身活动,提供康复训练等服务,满足人们对健康需求的同时,也促进健康产业发展。

(二)业态嵌合助力乡村体育产业振兴

为乡村体育产业注入新的活力和创新元素。整合商业运营、文化创意、旅游服务等业态,乡村体育产业创造更多的附加值和体验价值,提升产业的吸引力和竞争力。

---

[1] 丁峰.新时代背景下的乡村设计相关研究[J].居舍,2023(04):100-103.

帮助乡村体育产业拓展市场空间。商业合作伙伴提供市场推广、品牌宣传、销售渠道等支持，帮助乡村体育产业扩大影响力和市场份额，开拓新的消费群体。

丰实乡村体育服务业。引入商业运营模式，提供更便捷的场馆预订和管理服务；与餐饮、住宿、交通等服务业合作，提供更全面的旅游和休闲服务。这些服务将带动乡村体育产业发展，提升消费者的满意度和忠诚度。

拓宽乡村体育相关产业发展，如餐饮、住宿、零售等，增加就业机会，提升乡村居民的生活品质。同时，乡村体育产业的振兴也吸引更多的游客和投资，促进乡村旅游的发展，推动乡村经济的繁荣。

（三）业态嵌合实现体育与商业业态创新

创新体育赛事模式。业态嵌合创新体育赛事的模式和形式。引入电子竞技、极限运动等新兴项目，增加赛事的多样性和趣味性；结合音乐、文化等元素，打造主题性的体育赛事，吸引更多观众和参与者。

创新场馆设计与运营模式。业态嵌合带来创新的场馆设计和运营模式。将体育场馆与商业综合体相结合，打造集运动、购物、餐饮、娱乐等多功能于一体的综合场所；运用科技手段，提供智能化的场馆管理和用户体验，提升场馆的服务效率和便利性。

创新体育培训模式。业态嵌合创新体育培训的模式和方法。引入专业的培训机构和教练团队，提供更高水平的培训服务；结合互联网技术，开展在线培训和远程指导，扩大培训的覆盖范围。

创新体育旅游产品。商业合作伙伴的参与带来创新的体育旅游产品。结合乡村体育赛事和景区资源，开发体育主题旅游线路；设计特色体育体验项目，吸引游客参与体育活动；提供定制化的体育旅游服务，满足个性化需求。

创新体育文化产品。通过与商业合作伙伴合作，创新体育文化产品的设计和销售模式。例如，开发具有地方特色的体育纪念品、衍生品等文化创意产品，丰富消费者的选择；利用电商平台和社交媒体进行推广和销售，拓展产品的市场渠道。

创新体育健康服务。商业合作伙伴的参与带来创新的体育健康服务。例如，结合健身房、健康管理机构等健康产业，提供个性化健身训练和健康管理服务；推广健康饮食、养生保健等健康生活方式，提高乡村居民的健康水平。

通过以上创新，乡村体育产业与商业业态实现互相促进、互相融合，推动产业的升级和创新发展。同时，创新的体育赛事模式、场馆设计与运营模式、体育培训模式、体育旅游产品、体育文化产品以及体育健康服务等方面也满足人们多样化、个性化的体育需求。

三、体商融合的市场复合模式

（一）体商融合的市场复合模式表现

体商融合的市场复合模式是一个多元化、创新性的发展路径，通过不同方式将乡村体育产业与其他商业领域相结合，实现资源共享和互惠共赢。体商融合的市场复合模式表现形式如下。

乡村体育旅游＋住宿服务。在乡村地区建设体育旅游基地，提供各类户外运动项目和体验活动，如徒步、骑行、农田采摘等。同时，配套开发精品民宿、度假村或露营地，为游客提供舒适的住宿环境。这种模式吸引更多游客前来参与体育活动，并延长他们在乡村地区的停留时间，增加当地经济收入。

乡村体育产业＋电商平台。建立线上销售渠道，电商平台销售乡村特色体育产品、健身器械等商品，并提供相关服务。例如，在电商平台上推广当地特色农产品制作的健康食品、能量补给品等，并提供个性化定制服务。

乡村体育产业＋文化创意产业。举办主题体育活动、展览、演出等，结合当地历史文化和民俗特色，打造独具魅力的乡村体育文化品牌。同时，开发相关衍生产品，如纪念品、文化创意商品等，提升品牌价值和市场竞争力。

体商融合的市场复合模式具有多样性和灵活性。在实践中需要根据当地资源、需求和市场情况进行创新和调整，并注重持续改进和优化，以实现可持续发展和共同繁荣。

（二）市场复合使乡村体育产业与商业互利共赢

乡村体育产业与商业领域之间的市场复合能推动体育产业发展和壮大，促进双方的互惠互利[1]。二者之间的互利共赢表现在如下几个方面。

市场扩大与消费升级。乡村体育产业与商业伙伴合作，获得更多的市场机会

---

[1] 盘劲呈. 乡村社区参与体育旅游减贫研究[D]. 上海：上海体育学院，2021.

和消费者资源。商业合作伙伴带来更广泛的市场渠道和销售网络，将乡村体育产品和服务推向更多的消费者。商业合作伙伴通过乡村体育产业提供的特色产品和服务，满足消费者健康、休闲、文化等多元化需求，实现消费升级。

资源整合与效益提升。乡村体育产业与商业伙伴合作，获得更多的资金、技术、人才和管理经验等资源支持。商业合作伙伴提供投资和资金支持，帮助乡村体育产业扩大规模、改善设施、提升服务质量。商业合作伙伴的专业化管理和运营经验，提高乡村体育产业的运营效率和管理水平，实现资源的优化配置和效益提升。

创新合作模式与商业模式。乡村体育产业与商业伙伴的合作促进合作模式和商业模式的创新。整合乡村体育资源和商业业态，开展联合营销、品牌合作、共享经济等多种合作模式，实现资源共享、互惠互利。商业合作伙伴的市场洞察力和创新能力，带来商业模式创新。

产业链条延伸与协同发展。乡村体育产业与商业合作伙伴的合作促进产业链条的延伸和协同发展。乡村体育产业与商业伙伴合作，拓展相关产业链的上下游，实现资源的共享和优势互补。例如，与餐饮业合作提供更好的餐饮服务；与零售业合作提供更丰富的商品选择；与旅游业合作提供更全面的旅游体验等。

社会责任与可持续发展。乡村体育产业与商业伙伴的合作实现社会责任的共同承担和可持续发展。商业合作伙伴的参与带来更好的社会资源和公共服务，例如提供就业机会、改善基础设施、推动环境保护等。乡村体育产业的振兴为商业合作伙伴带来良好的品牌形象和社会声誉，实现双方在社会责任层面的共赢。

（三）市场复合推动乡村体育产业振兴

乡村体育产业发展创造大量的就业机会，包括体育教练、裁判员、场馆管理人员、赛事组织人员等职位。与商业伙伴的合作带动相关产业发展，如餐饮、住宿、零售等，进一步扩大就业机会。

乡村体育产业的振兴带动相关产业发展，从而促进乡村经济增长。引入商业业态，吸引更多的投资和消费，增加乡村的经济收入。乡村体育产业发展也吸引更多的游客和外地人士前来参与，带动旅游消费增长。

市场复合引入商业伙伴的专业化管理和运营经验，提升乡村体育产业的品牌价值和市场竞争力。商业合作伙伴提供先进的管理理念和商业模式，推动乡村体育产业向高附加值、高品质的方向发展。

拓展乡村体育产业市场空间。商业伙伴带来更广泛的市场渠道和销售网络，将乡村体育产品和服务推向更多的消费者。商业合作伙伴的市场洞察力和营销能力帮助乡村体育产业开拓新的市场领域和消费群体。

市场复合引入商业伙伴的专业化服务和优质资源，提升乡村体育产业的服务水平。商业合作伙伴提供先进的设施和设备，改善乡村体育场馆和运动场所的硬件条件。商业伙伴的专业化管理和服务理念，也提升乡村体育产业的服务品质和用户体验[1]。

市场复合推动乡村体育产业振兴，实现产业的转型升级和可持续发展[2]。同时，乡村体育产业振兴也带动乡村经济发展，提升乡村居民的生活品质和幸福感。

四、体商融合的要素聚合模式

（一）体商融合的要素聚合模式表现形式

乡村体育产业与商业融合的要素聚合模式是一种将不同的要素和资源有机结合起来，形成协同发展的商业模式。体商融合的要素聚合模式有如下几种表现：

乡村地区独特的自然环境、人文景观等地域资源与体育产业有机结合。例如，在风景优美的乡村地区建设高尔夫球场或马术俱乐部，吸引高端消费群体；乡村体育产业与相关产业进行衔接，形成完整的产业链。例如，在农田旁边建设农家乐，并提供农耕体验活动，让游客亲身参与农耕工作。将多种服务融合在一起，满足不同需求。例如，在乡村体育场馆中设置 SPA 中心、儿童游乐区等，为不同年龄层次的人群提供全方位的娱乐和休闲服务。先进科技为乡村体育产业注入创新动力。例如，利用大数据分析和智能设备监测运动数据，提供个性化训练计划和指导。与其他行业进行跨界合作，共同开发新产品或服务。例如，在乡村体育场馆内与知名运动装备品牌合作推出限量版产品。

这些要素聚合形式需要根据不同地区、市场需求和资源条件进行灵活组合和调整。关键在于找到适合当地特色和需求的商业模式，并通过协同发展实现乡村体育产业与商业融合的双赢局面。

---

[1] 汪星妤. 中国式现代化推动乡村体育产业高质量发展研究 [J]. 浙江体育科学，2023，45（04）：81-84.
[2] 丁振宾. 全民健身视角下智能体育与传统体育融合发展研究 [J]. 文体用品与科技，2023（13）：1-3.

（二）体商融合的要素聚合使乡村体育产业与商业互利共赢

要素聚合帮助乡村体育产业利用商业资源，实现多元化发展，商业领域利用乡村体育产业的品牌影响力和市场吸引力，实现市场占有率的提高。要素聚合不仅带来经济效益，还对社会健康产生积极影响。乡村体育产业发展改善人们的身体健康和精神文化生活，同时也提高乡村形象和文化软实力。商业领域的参与也为乡村体育产业注入新的活力和资源，从而推动其发展[①]。随着科技的不断发展，虚拟现实、增强现实、区块链、大数据、人工智能、物联网、云计算等技术已经逐渐进入乡村体育产业与商业诸要素中。这些技术应用为乡村体育产业和商业要素聚合提供重要支撑；虚拟现实和增强现实技术为乡村体育比赛提供更加真实和沉浸式的观赛体验[②]。区块链技术提供更加安全和透明的交易方式，同时也对知识产权进行保护。人工智能和大数据技术则为品牌提供更加精准的营销策略，从而提高品牌价值。这些技术应用已经开始改变乡村体育和商业行业，为它们的融合发展提供更加可靠和高效的技术支撑能力。实现体育产业与商业的要素升级，进一步促进乡村体育产业和商业行业之间的互利共赢。

（三）要素聚合促进乡村体育产业振兴

将不同的要素和资源有机结合起来，为乡村体育产业注入新的活力和发展动力。要素聚合促进乡村体育产业振兴表现在如下几个方面：

整合利用当地的自然资源、人文资源和人力资源，目的是打造独具特色和竞争力的乡村体育品牌。自然环境如山水风景和湖泊等，可被充分利用来建设户外运动场所。同时，融入当地传统文化和民俗元素，创新出独特的文化体验项目。乡村体育产业链各环节需要协同发展，共同推动产业进步。

在农田旁边建设农家乐，为游客提供农耕体验活动，并销售当地的农产品。此外，与健身器械生产厂家合作，推广并销售本地生产的健身器材。乡村体育产业需要紧跟时代发展，向数字化和智能化方向迈进。运用大数据分析运动数据，可提供个性化训练计划和指导。借助虚拟现实（VR）技术，可打造出沉浸式体育体验，从而吸引更多用户参与[③]。

---

① 李禹. 云南省茶旅融合发展存在的问题及对策[J]. 广东蚕业，2023，57（02）：117-119.
② 丁振宾. 全民健身视角下智能体育与传统体育融合发展研究[J]. 文体用品与科技，2023（13）：1-3.
③ 丁振宾. 全民健身视角下智能体育与传统体育融合发展研究[J]. 文体用品与科技，2023（13）：1-3.

跨界合作是推动乡村体育产业发展的重要手段。例如，乡村体育场馆与知名运动装备品牌合作推出限量版产品。另外，与餐饮企业合作，开发结合健康饮食概念的特色菜品，为消费者提供更加丰富的体验。通过这些措施，乡村体育产业将不断发展壮大。

五、体商融合的政策统合模式

（一）体商融合的政策统合模式表现形式

体商融合的政策统合模式是指通过制定一系列政策，将体育产业和商业相互融合，推动两者的协同发展。体商融合政策统合模式表现形式如下：

建立健全法律法规和政策体系，为体育产业提供有利条件和环境。通过鼓励投资、减税优惠以及土地使用等方面的支持措施，吸引更多企业参与到体育产业中。同时，鼓励企业对体育领域进行投资，并提供相应的扶持政策。

设立专项基金、提供低息贷款或风险补偿等方式，吸引民间资本进入体育项目开发、场馆建设等领域。鼓励举办具有商业价值的大型赛事，并引导赛事主办方与商家进行合作，通过赛事票务销售、广告宣传、特许经营等方式，实现赛事和商家的双赢效果。

体育资源与旅游资源相结合，推动体育旅游的发展[1]。建设体育旅游目的地和相关配套设施，吸引更多游客参与体育活动，并在此基础上发展相关商业服务，如餐饮、住宿、购物等。

加强对体育产业人才的培养和引进工作。通过开设相关专业课程、设立奖学金和实习计划等方式，培养出一批具有创新意识和商业头脑的体育产业专业人才。

制定支持体育产业发展的政策、促进商业资本进入体育领域、推动赛事与商业活动结合、加强体育旅游发展、建立创新人才培养机制以及加强政府主导与市场调节相结合，形成一个较为完整的政策统合模式，推动乡村体育产业振兴和发展。

---

[1] 张昌爱，杨乙元. 六盘水体育旅游融合发展研究[J]. 兰州文理学院学报（自然科学版），2021，35（02）：83-88.

（二）政策统合为体商融合发展保驾护航

政府制订相关的产业规划，明确体育产业与商业融合发展的方向和目标[1]。通过规划引导，促进体育产业与商业的深度融合，形成具有竞争力和特色的产业集群。为了进一步推动体育产业与商业的融合发展，政府出台了一系列政策支持和激励措施，包括财税优惠政策、金融支持措施、土地使用政策以及人才引进和培养政策等。这些政策的出台为体育产业与商业的合作提供了必要的支持，进一步推动了产业发展。

政府加大对体育产业与商业融合发展的资金投入，同时引导社会资本参与其中。通过设立专项基金、引导社会资本投资等方式，为体育产业与商业合作提供资金保障，有力地推动了产业发展。在市场监管方面，政府建立健全市场准入制度和监管机制，对市场秩序进行严格监管，打击不正当竞争行为，以规范市场准入条件，维护公平竞争的市场环境[2]。

综上所述，体育产业与商业融合发展的政策体系已逐渐完善，政策环境的营造为产业发展提供了有力的保障。在政策支持与激励措施、资金投入与引导、市场准入与监管等政策统合下，体育产业与商业的深度融合得以实现，产业协同发展和创新驱动的步伐也将加快。

（三）政策统合有利于乡村体育产业发展

政策整合对乡村体育产业发展起到了重要的推动作用。在资金支持方面，政府设立了专项资金和补贴政策，为乡村体育产业提供必要的资金支持，促进了乡村体育设施建设、体育赛事组织以及体育培训等方面的发展。市场拓展方面，政府通过实施市场准入政策和开展市场推广活动，为乡村体育产业提供了市场拓展的机会和渠道。这有助于引导乡村旅游、休闲农业等产业与体育产业融合发展，进而推动乡村体育产业与其他相关产业相互促进，形成良好的产业生态链。政策整合对乡村体育产业的人才培养和交流也具有重要意义。政府加大对乡村体育产业人才培养的支持力度，建立培训机制，组织培训班和交流活动，以提升乡村体育产业从业人员的专业素养和创新能力。这些措施将有助于

---

[1] 丁振宾. 全民健身视角下智能体育与传统体育融合发展研究[J]. 文体用品与科技，2023（13）：1-3.
[2] 马维. 苏州市结对合作帮扶阜阳市的实施路径[J]. 山西农经，2023（09）：41-43.

进一步推动乡村体育产业发展。

品牌建设与推广是乡村体育产业发展的关键。通过政策引导和品牌推广活动，帮助乡村体育产业建立和推广自身品牌形象。支持乡村体育产业参加国内外展览会、赛事等活动，提升乡村体育产业的知名度和影响力。政策统合还促进乡村体育产业的社会支持与参与。通过社会组织和社区合作等方式，鼓励社会各界参与乡村体育产业发展。组织志愿者服务、义务指导等活动，提升乡村体育产业社会认同度和支持力度，营造良好的社会氛围。

第二节 体商融合促进乡村体育产业振兴现状

随着人们对体育消费需求的不断提高，体育产业和商业科技创新、管理创新、模式创新也在不断推进。体育产业与商业之间的跨界融合和多元合作步伐加快，为乡村地区带来更多的就业机会和经济收益，同时也提高当地居民的生活质量和身体健康水平。

一、体商融合发展的产业基础雄厚

（一）丰富的体商资源助力乡村体育产业振兴

丰富的体育资源为乡村体育产业提供更多发展机会。乡村地区通常具有广阔的土地空间，应充分利用这些资源，建设多功能的运动场馆、体育训练基地等，为乡村体育产业提供良好的场地和设施条件。丰富的商业资源为乡村体育产业发展提供强有力的支持。商业投资带来资金、技术和管理经验等方面的支持，推动乡村体育产业创新和发展。体育和商业资源结合推动乡村体育旅游业发展。乡村地区具有独特的自然风光和人文景观，结合体育产业，为乡村旅游业注入新的活力。政府鼓励乡村体育产业与旅游企业合作，开展体育旅游项目，吸引更多游客前来体验和参与，推动乡村旅游业的发展。丰富的体育和商业资源促进乡村体育产业与教育机构、科研机构的合作。通过与高校、科研机构合作，乡村体育产业获得专业技术支持和创新能力，提高产业的科技含量和竞争力。同时，合作还促进人才培养和交流，为乡村体育产业输送更多的专业人才和创新思维。

（二）不断健全的体育产业链为乡村经济转型升级提供新契机

近年来，我国体育产业迅猛发展，国家统计局数据显示，2017-2020年，全国体育产业总产出从21987亿元增长至27372亿元，年均复合增长率为7.6%[①]。2021年全国体育产业总规模（总产出）为31175亿元，增加值为12245亿元[②]。与2020年相比，体育产业总产出增长13.9%，增加值增长14.1%，可见其对国家经济发展的贡献是不容忽视的。体育产业链的各个环节也在不断发展壮大。从体育用品制造、销售，到赛事组织、广告宣传，再到媒体报道和赛后服务等，每一个环节都是一个独立的商业领域，都有着巨大的市场潜力。健全的产业链为乡村经济的转型升级提供广阔的发展空间。健全的体育产业链推动乡村体育设施的建设，完善的体育产业链促进乡村体育赛事的组织和举办，健全的体育产业链也为乡村体育培训提供新的机遇，健全的体育产业链还促进体育器材生产和销售的发展，推动乡村经济发展[③]。

（三）雄厚的体商产业基础为乡村体育产业发展提供保障

体育产业是一个多元化、综合性的产业，它的发展需要丰富的资源支持[④]。其中，体育产业的基础资源为乡村体育产业提供了丰富的经验和资源。特别是在城市地区，体育产业已经形成了较为成熟的发展模式和经验，为乡村体育产业发展提供了参考和指导。商业基础也是乡村体育产业发展的重要支撑。商业投资是推动体育产业发展的重要力量，它为乡村体育产业提供了资金支持和市场拓展的机会。同时，商业基础也为乡村体育产业提供了专业人才和技术支持，这将进一步增强乡村体育产业的竞争力。更为重要的是，体育产业和商业基础的雄厚实力，推动乡村体育产业与其他相关产业融合发展。体育产业与旅游、文化、健康等产业之间存在着紧密的联系和互动，通过与其他产业融合，乡村体育产业将有机会获得更多的发展机会。这种融合不仅能够提升乡村体育产业价值，还能够为乡村体育产业带来更广阔的市场空间。

[①] 中商情报网.2022年中国体育产业市场现状预测分析[EB/OL].（2022-08-11）[2023-08-30].https：//m.askci.com/news/chanye/20220811/1136551951654.shtml.
[②] 国家体育总局网.2021年全国体育产业总规模突破3万亿元[EB/OL].（2023-01-01）[2023-08-30].https：//www.sport.gov.cn/n20001280/n20067608/n20067635/c25065804/content.html.
[③] 张华.新时代"体育+"助力乡村振兴的研究[J].国际公关，2022（05）：76-78.
[④] 张彤通.体育扶贫助力乡村振兴困境与对策研究[J].喀什大学学报，2020，41（06）：89-92.

二、体商融合发展环境日益优化

（一）营造良好的体商融合发展政策环境

随着国内需求不断扩大，体育产业与商业融合发展日益受到重视，政府出台一系列法律法规、规划指导和政策措施。其中包括：《全民健身计划纲要》《体育产业发展"十四五"规划》《关于促进体育产业高质量发展的意见》等文件，旨在推动体育产业健康有序地发展。文件中包括鼓励企业投资体育产业、加强体育人才培养、建设体育场馆等内容。同时，政府还鼓励体育与文化、旅游等产业相结合，推动体育与商业的深度融合。这些规划的实施不仅提升体育产业的整体水平，也为广大民众提供更多参与体育运动的机会，推动全民健身事业发展。

政策规划的出台为乡村体育产业与商业融合发展创造良好的政策环境。各类企业利用这些政策机遇，积极参与到乡村体育产业发展中来。同时，政府也加大对乡村体育产业的扶持力度，提高乡村体育设施的建设标准，鼓励社会力量参与到乡村体育事业中来，为乡村体育产业发展提供有力支持。

（二）为乡村体育产业发展注入新活力

在政策规划的引导下，乡村体育产业正在经历由量变到质变的转变，逐渐走上高质量发展之路。政策的推动和社会力量的积极参与，为乡村体育产业发展注入了新的活力。政策的实施为体育产业高质量发展提供了坚实的保障，同时也推动了体育产业与商业的深度融合[①]。

我国政府一直积极鼓励社会资本参与体育产业发展，并为此提供了各种各样的优惠政策和扶持措施。例如，对于投资体育场馆、健身房等项目的企业，政府会给予税收减免、财政补贴等优惠。对于从事体育产业的个人和企业，政府还会提供融资支持等。政府不仅支持乡村体育设施的建设，也鼓励农民参与体育活动，推动乡村旅游与体育产业联动发展。同时，政府也鼓励企业在乡村地区投资体育产业，以此来带动当地经济发展，促进城乡一体化。

---

① 贺建飞，瞿瑞芳.新时代体育产业助推乡村振兴的价值审视与实施路径[J].智慧农业导刊，2022，2(21)：129-131+134.

三、体商融合发展创新实践丰富

（一）体商融合的新品牌、新项目和新场景不断涌现

体育产业和商业两大行业之间的合作越来越紧密，体商融合发展促使新品牌、新项目和新场景不断涌现。体商融合通过将体育产业与商业相结合，创造更多的商业机会和市场需求。具有代表性的体商融合新品牌、新项目和新场景有体育主题餐厅、健身咖啡馆、电竞主题乐园、运动装备线下试穿店、体育主题民宿、健康生活社区等。这些新品牌、新项目和新场景不仅满足人们对健康、休闲娱乐的需求，还推动相关产业链的发展。体商融合为创业者提供更多创新创业的机会，并丰富消费者的选择。随着时代发展和需求变化，会有更多具有创意和特色的体商融合品牌、项目和场景涌现出来。

（二）体商融合元素越来越丰富

乡村体育产业凭借丰富的自然资源和独特文化底蕴，结合商业元素，可创造出更多创新和多样化的产品与服务。将体育运动与旅游景点相融合，打造以体育为主题的旅游项目和线路。例如，在山区开展徒步、登山、骑行等户外运动项目，并吸引游客参与，提供相应服务。在农家乐基础上增加健身设施和专业教练，让游客在欣赏农村风光的同时享受健身锻炼服务。

组织举办以体育为主题的节庆活动，如篮球比赛、马拉松赛事等，并结合当地传统文化和特色元素。在乡村建设体育产业展示中心，通过展览、演示等方式，向游客和投资者展示乡村体育产业的潜力和机遇。将农产品与健康生活相结合，推出健康食品、农产品加工品等。

乡村体育产业与商业融合元素不仅有助于农村经济发展，还能满足人们对健康、休闲娱乐的需求，增强城乡之间的互动交流，推动城乡一体化发展。随着乡村振兴战略的推进，乡村体育产业与商业融合的元素将不断丰富，为农村经济注入新活力。

四、体商融合发展的问题仍较突出

（一）政策支持不够

随着现代化建设的进展，体育产业和商业之间的融合发展愈加紧密。然而，

当前关于乡村体育产业与商业融合发展的理论研究还不够深入系统，政策支持也不够精准有效。

（二）乡村体育产业与商业资源整合度不高

乡村体育产业与商业资源的整合程度尚不充分。在乡村地区，体育产业和商业资源通常比城市地区更为分散，规模较小，缺乏统一的管理和整合机制，导致资源利用效率不高。同时，乡村地区体育产业和商业资源往往缺乏有效的信息传递渠道和平台，难以获取解决市场需求和商机的信息，进一步加大了资源整合难度。

与城市相比，乡村地区基础设施相对薄弱，交通、通信等方面存在短板，这限制了体育产业与商业之间的互动和融合程度。乡村地区普遍存在人才流失问题，缺乏专业化、创新性的人才支持。为解决这些问题，有必要进一步推动体育产业与商业资源的整合，以便体育产业更好地服务于乡村经济发展。

（三）业态创新不够多元灵活

乡村振兴中，业态创新不足是一个重要问题。当前，乡村体育产业主要集中在传统运动项目上，缺乏多样化的体育项目和业态创新。这主要是因为乡村地区的传统观念较为保守，对体育产业与商业融合的创新思路相对较少。此外，创新意识和创新能力不足，也制约了业态的多元化发展。乡村地区的市场需求相对单一，对体育产业与商业融合的多样化产品和服务认知度不高。对消费者需求的市场调研和分析不够深入，导致创新方向有限。另外，乡村地区经济基础相对较弱，资金投入有限，缺乏资金支持和风险投资，进一步限制了创新项目的开展和实施。因此，有必要进一步推动乡村体育产业业态的拓展，引入多元化体育项目和创新业态模式，为乡村振兴提供更多的机会和发展空间。

第三节　体商融合促进乡村体育产业振兴路径

实现乡村体育产业和商业的深度融合，需要建立良好的互动机制，让双方充分地利用彼此的优势资源，实现优势互补。推进乡村体育产业振兴的过程中，乡村体育产业和商业融合需要做到资源整合、业态嵌合、市场复合、要素聚合以及政策统合，这几个方面形成合力，体商融合促进乡村体育产业振兴的效果才能更加凸显。

一、体商产业资源整合，助力乡村体育产业振兴

通过体育产业与商业资源的整合，为乡村体育产业振兴提供重要支持。这种整合提供资金支持、品牌建设、人才培养和技术创新等多方面的优势，促进乡村体育产业实现可持续发展。

（一）资金支持与投资引导，助力乡村体育产业振兴

资金扶持和投资引导对于推动乡村体育产业振兴具有重要意义。为了促进乡村体育产业的健康发展，需采取一系列措施，包括增加资金投入、引导社会资本参与和加强金融机构支持。

首先，设立专项资金用于支持乡村体育产业项目的建设和运营。这些资金用于建设体育场馆、购买器材设备以及培训教练人员等，为乡村体育产业提供必要的基础设施和人才保障。资金扶持有助于组织和发展乡村体育赛事，提高乡村体育产业的知名度和影响力。

其次，引导社会资本参与乡村体育产业投资。提供税收优惠政策，以降低投资者的风险和成本，吸引更多社会资本投入乡村体育产业。此外，建立风险投资基金，为乡村体育产业的初创企业提供资金支持，帮助它们解决资金难题，推动产业的创新和发展。

最后，加强金融机构对乡村体育产业的支持。引导银行和其他金融机构加大对乡村体育产业的贷款和融资支持力度，降低融资门槛，提供更加灵活和适应产业特点的金融产品和服务。这将有助于为乡村体育产业提供更多的资金来源，帮助企业解决资金困难，推动产业的快速发展。

（二）品牌建设与推广，助力乡村体育产业振兴

为促进乡村体育产业发展，需制定相关政策，激励企业进行品牌化运营，并加强对品牌建设和推广的指导和支持。同时，还需大力度组织和推广各类赛事和活动，尤其是在线上的推广，以提高乡村体育产业的知名度、美誉度和市场竞争力。

在加强乡村体育产业品牌建设方面，鼓励企业和组织对乡村体育产业进行品牌化运营，关注产品和服务的差异化和特色化[①]。为此，需提供品牌管理和推广指导，协助企业建立自己的品牌形象，提升品牌认知度和价值。为了扩大乡村体育产业的品牌影响力，利用各种渠道进行宣传推广，包括线上媒体平台、社交媒体、电视广告和户外广告等。同时，与相关行业合作，通过合作推广和赞助活动等方式进行品牌宣传，进一步扩大品牌影响力。

建立用户互动和参与机制，增强品牌的黏性和认同感。例如，组织线上线下的社群活动、举办用户体验分享会等，以增加用户对品牌的参与度和忠诚度，并形成良好的口碑效应。此外，利用明星代言人或合作伙伴的知名度和资源，有助于提高乡村体育产业的知名度和吸引力。

最后，与其他行业的合作伙伴共同开展联合营销活动，扩大受众范围并实现资源共享，从而为乡村体育产业发展创造更多机会。

（三）人才培养和技术创新，为乡村体育产业发展提供核心要素支撑

人才和技术是乡村体育产业振兴的核心驱动力，专业化管理团队和高素质从业人员对于产业发展至关重要。为此，需加强高校与职业培训机构的合作，共同建立相关专业课程和培训项目，为乡村体育从业人员提供全面、系统的培训。

为了促进乡村体育产业发展，需设立创新创业基地或孵化器，提供场地、资源和资金支持，并邀请相关专家指导，协助创业者进行项目开发和商业模式设计。同时，科技创新对于推动乡村体育产业振兴具有重要作用。加大对科研机构和企业的支持力度，鼓励开展与乡村体育产业相关的科技研发工作，推动科技成果转化和应用，提升产业水平。

政府应通过组织行业交流活动、举办培训班等方式，促进乡村体育产业从业人员之间的沟通与合作，分享经验，学习先进管理理念和运营模式，以提升人才素质和行业竞争力。此外，激励创新和技术研发，建立健全乡村体育产业知识产权保护机制，加强知识产权法律法规的宣传与执行提供咨询服务和纠纷解决机制，保护创新成果及其价值。

通过整合商业资源的专业管理团队和技术支持，提升乡村体育从业人员的素

---

① 张元通.体育扶贫助力乡村振兴困境与对策研究[J].喀什大学学报，2020，41（06）：89-92.

质和能力，推动乡村体育产业向专业化、精细化发展。商业资源提供先进的管理经验和创新思维，帮助乡村体育产业实现更高水平的运营管理。

（四）创新商业模式和服务理念，助力乡村体育产业振兴

创新商业模式和服务理念为乡村体育产业带来新的发展机遇。政府、企业和相关机构应积极推动数字化转型和共享经济发展，并与旅游、文化创意等产业进行跨界合作，共同推动乡村体育产业振兴和繁荣。

利用数字化和互联网技术，为乡村体育产业拓展更多商机和发展空间。例如，建立线上健身平台，提供在线课程、社区互动等服务，借助智能设备和大数据分析，为用户提供个性化运动指导和健康管理。此外，共享经济模式有助于乡村体育产业充分利用资源，提供更加灵活和多样化的服务。例如，将闲置农田或场地转化为运动场所，开展农家乐运动体验。组织运动者之间的资源共享与合作，促进社群互助与交流。

根据不同用户需求，提供个性化、差异化服务是推动乡村体育产业振兴的关键。例如，开展定制化培训课程、个人健身计划等，满足不同用户的需求和偏好。同时，乡村体育产业可与旅游和文化创意产业相结合，共同打造独特的体验式旅游项目。通过将乡村体育与传统文化、民俗活动等相结合，提供丰富多样的观光项目和休闲娱乐活动，吸引更多游客前往乡村地区，从而推动乡村体育产业发展。

二、强化体商业态嵌合，助推乡村体育产业振兴

强化体育产业与商业业态嵌合，政府加大对相关项目的支持力度，在政策、资金、场地等方面给予扶持。乡村体育企业也应积极寻找合作机会，创新商业模式，共同推动乡村体育产业发展。

（一）建设多功能体育场馆，助推乡村体育产业振兴

建设多功能体育场馆是助推乡村体育产业振兴的重要举措。体育场馆作为乡村体育活动的重要场所，不仅能提供良好的运动环境，还能满足乡村居民多样化的体育需求，推动乡村体育产业发展。

多功能体育场馆提供多样化体育项目和服务。乡村地区通常面积较大，应充分利用空间优势，建设多功能体育场馆，满足不同年龄、不同群体的体育需求。

例如，设置篮球、足球、网球等多个球类运动场地，同时配备健身房、游泳池等设施，为乡村居民提供全方位的体育活动场所。

多功能体育场馆承办各类体育赛事和活动，提升乡村体育的知名度和影响力。举办各种规模的体育赛事，吸引更多参赛选手和观众前来乡村地区，推动当地旅游、餐饮、住宿等相关产业发展。

多功能体育场馆还提供场地租赁和培训服务，为乡村体育产业带来更多商业机会。乡村地区往往缺乏专业的体育场地和设施，而多功能体育场馆建设填补了这一空白。通过出租场地给企事业单位、社团组织以及个人，为乡村体育产业带来稳定的收入来源。

（二）发展体育旅游项目，助推乡村体育产业振兴

发展体育旅游项目是助推乡村体育产业振兴的重要策略[①]。体育旅游融合体育和旅游两个行业，通过举办体育赛事、开展体育体验活动和提供相关旅游服务，为乡村体育产业注入发展新动力。

发展体育旅游项目吸引更多游客和观众前往乡村地区。乡村地区通常拥有自然风光和独特的人文资源，举办体育赛事和活动，将这些资源与体育活动结合起来，吸引游客和观众前来参与。例如，举办马拉松赛事、登山挑战赛等，将体育与自然风光相结合，吸引体育爱好者和户外探险者前来乡村地区参与活动，带动当地旅游、餐饮、住宿等产业发展。

体育旅游项目提升乡村体育产业的知名度和影响力。举办特色体育赛事和活动，在乡村地区打造品牌赛事，吸引媒体关注和社会关注。这不仅为乡村体育产业带来更多曝光机会，还有助于树立乡村地区体育形象。通过提升知名度和影响力，乡村体育产业吸引更多合作伙伴和投资者，推动产业发展和壮大。

体育旅游项目促进乡村体育产业与其他相关产业融合发展。体育旅游与旅游、餐饮、文化等产业之间存在着密切的联系，通过与其他产业融合，为乡村体育产业带来更多的商机和发展机会。例如，在体育场馆周边建设休闲度假村、特色农家乐等，提供综合性的旅游服务，满足游客多样化需求，同时推动当地经济发展。

---

① 张华. 新时代"体育+"助力乡村振兴的研究[J]. 国际公关，2022（05）：76-78.

（三）建立体育商业街区，助推乡村体育产业振兴

体育商业街区是集体育赛事、体育培训、体育用品销售、休闲娱乐等多种功能于一体的综合性商业区域，旨在为乡村居民提供便捷的体育服务和丰富的休闲娱乐选择。

体育商业街区打造成为乡村体育活动中心。通过集中建设体育场馆、健身房、游泳池等设施，为居民提供方便的体育活动场所。同时，定期举办各类体育赛事和活动，吸引更多参与者和观众，激发他们的体育热情。

体育商业街区聚集体育培训机构和教练资源。引进专业体育培训机构和优秀的教练团队，提供高质量的体育培训课程，培养更多体育人才。乡村居民能够在离家近的地方接受专业培训，提升自己的体育水平，同时为乡村体育产业输送人才。

体育商业街区还提供体育用品销售和租赁服务。乡村地区通常缺乏体育用品购买的便利渠道，而体育商业街区设立专门的体育用品店，提供各类体育用品的销售和租赁服务。体育商业街区为乡村居民提供多样化的体育服务和娱乐选择，推动乡村体育产业发展[1]。

（四）引入品牌赛事和活动，助推乡村体育产业振兴

品牌赛事和活动具有较高的知名度和影响力，吸引更多的参与者和观众，为乡村体育产业注入新的发展动力。

引入品牌赛事提升乡村体育产业的知名度和形象。举办国内外知名的体育赛事，如马拉松、自行车赛等，将乡村地区自然风光与体育活动相结合，吸引参赛者和观众前来体验。这不仅为乡村体育产业带来曝光机会，还塑造乡村地区的品牌形象。

品牌赛事和活动促进当地经济发展。举办大型体育赛事和活动，需要提供场地、住宿、餐饮、交通等一系列服务，带动当地相关产业发展。例如，赛事期间，当地酒店、餐厅、旅游景点等周边商家的收入将大幅增加，同时也带动零售业、物流业等相关行业发展。

引入品牌赛事还提高乡村体育产业的专业水平和竞争力。知名品牌赛事往往

---

[1] 郭艳华. 城乡一体化建设背景下体育产业发展研究[J]. 文体用品与科技，2020（09）：9-10.

有着严格的组织和管理，对赛事的专业性和品质有较高要求。通过参与和承办这些赛事，乡村体育产业接触到先进管理模式、运营理念和技术标准，提升自身专业水平和竞争力。这对于乡村体育产业长远发展具有重要意义。

三、强化体商产业市场复合，促进乡村体育产业振兴

体商产业市场复合是将乡村体育产业与商业相结合，通过创新的合作模式和商业化运作，实现双方的互利共赢。乡村体育产业不再仅仅局限于传统的体育活动和赛事，而是与商业紧密融合，从而创造更多商业价值和经济效益。

（一）以体育促进旅游，带动乡村经济发展

体育赛事和活动成为乡村旅游的重要吸引点。举办体育赛事和活动，如马拉松比赛、登山挑战赛、水上运动等，吸引大量的参与者和观众前往乡村地区，增加旅游流量和消费。这不仅促进当地旅游业发展，还带动相关产业繁荣，如酒店、餐饮、交通等。

体育旅游推动乡村体育设施建设和改善。为满足体育旅游需求，乡村地区需要建设更多的体育场馆、健身设施和培训基地。这些设施建设不仅提供更好的体育健身条件，还提高乡村的整体形象和吸引力，进一步推动旅游业发展。

体育旅游促进乡村文化的传承和发展。乡村地区往往具有独特的体育文化和传统体育活动，如龙舟赛、农民运动会等。通过举办这些体育文化节，吸引游客前来体验和参与，同时将乡村的传统文化进行包装和推广，提升当地的知名度和影响力。

（二）以健身充实生活，提高乡村居民健康水平

健身活动有助于改善乡村居民的身体健康[1]。乡村地区通常具备较好的自然环境和空气质量，适宜开展户外健身活动。例如，晨跑、骑行、健身操等，都是简单而有效的健身方式。这些活动有助于增强心肺功能、锻炼肌肉、提高代谢水平，从而改善体质和预防慢性疾病。

健身活动促进乡村居民之间的社交和交流。乡村地区人口相对较少，居民之间的社交和交流机会有限。而参与健身活动让居民们聚集在一起，共同锻炼身体，

---

[1] 张安琪. 非物质文化遗产与乡村旅游融合机制[J]. 旅游纵览，2023（09）：29-31.

增进友谊，形成良好的邻里关系。通过互相激励和交流经验，乡村居民感受到彼此的支持和关心，有助于提升社区凝聚力和稳定性。

健身活动也带来乡村经济发展。随着健身意识提升，乡村居民对于健身设施和服务的需求也在增加。乡村地区建设健身房、篮球场、足球场等基础设施，提供专业的健身指导和培训服务，这不仅满足居民的健身需求，还吸引外来游客前来参观和体验，带动当地旅游和服务业发展。

（三）丰富体育用品供给，满足乡村体育消费

丰富体育用品供给，满足乡村居民对于体育运动的需求。乡村地区居民由于交通不便和资源相对匮乏，往往无法方便地获得各类体育用品。因此，建设健全体育用品供应网络，提供丰富多样的体育用品选择，激发乡村居民的体育兴趣，促进他们积极参与体育运动。

丰富体育用品供给带动乡村经济发展。乡村地区具有自然优势和独特资源，例如农村地区的山地、湖泊、森林等，为户外体育活动提供良好的场地和条件。因此，通过提供适合乡村地区的户外运动装备和器材，吸引更多体育爱好者前来乡村体验，推动相关产业发展，如体育用品销售、租赁、维修等。

丰富体育用品供给也有助于推动乡村体育产业创新发展。随着科技进步和消费者需求变化，体育用品行业也在不断创新和更新。为乡村居民提供高品质、时尚的体育用品，如智能运动手环、健身追踪器等，满足他们个性化、智能化的体育产品需求，推动乡村体育产业朝着更加多元化和专业化的方向发展。

（四）培育体育文化氛围，促进乡村体育文化传承

培育体育文化氛围，激发乡村居民的体育兴趣和热情。举办体育比赛、运动会、健身展示等活动，让乡村居民亲身参与体育运动，并感受到体育带来的快乐和成就感。同时，组织体育文化交流活动，如体育讲座、展览、演出等，增强乡村居民对于体育文化的认知和理解，激发他们对于体育的兴趣和热爱。

体育文化传承有助于弘扬乡村历史和传统。乡村地区具有丰富的体育文化资源，如传统的民间体育活动、乡村体育节日等。通过挖掘和传承这些体育文化，乡村居民得以了解和感受自己的文化传统，增强对家乡的归属感和自豪感。同时，体育文化传承也有助于提升乡村地区的知名度和形象，吸引更多游客前来体验和

参与，推动乡村旅游和体育产业发展。

培育体育文化氛围还促进乡村居民之间的交流和合作。通过组织体育文化团队、社团等组织形式，乡村居民共同参与体育文化活动，增进友谊和互信。乡村居民通过合作举办体育活动、互相交流经验和技巧，提高整体的体育水平和素质，同时也提升乡村社区的凝聚力和稳定性。

四、强化体商产业要素聚合，助推乡村体育产业振兴

体商产业要素聚合一般是指将商业投资、多样化的体育消费产品和服务以及品牌建设与乡村体育产业相结合，实现双方的融合和共同发展。要素聚合促进乡村体育产业发展壮大，提升乡村居民的体育消费体验，同时也为企业带来新的市场机遇和利益[①]。

（一）商业投资，助力乡村体育产业发展壮大

商业投资提供充足资金支持。乡村体育产业发展需要大量资金，包括场地建设、设备采购、人才培养等方面的费用[②]。商业投资者具有较强的资金实力和风险承受能力，为乡村体育产业提供充足的资金支持，推动项目的启动和运营。同时，商业投资带来更多的合作机会和资源，进一步提升乡村体育产业发展潜力。

商业投资为乡村体育产业带来先进的管理经验和专业化的运营模式[③]。商业管理团队通常具有丰富的市场经验和较高的管理能力，帮助乡村体育产业进行规范化、专业化的运营管理。例如，引入商业管理团队，建立科学的运营体系和市场营销策略，提升乡村体育项目的品牌影响力和市场竞争力。商业管理团队使乡村体育产业更加健康、可持续地发展。

商业投资带来市场拓展和品牌推广的机会。企业通常拥有强大的品牌影响力和市场渠道，帮助乡村体育产业推广和销售其产品和服务。通过与企业合作，乡村体育产业获得更多的曝光机会，吸引更多参与者和消费者，提高市场份额和盈利能力。商业投资为乡村体育产业带来更广阔的市场前景和商机。

---

① 吴杨.未来乡村文化场景建设研究－以杭州市黄公望村为例[J].上海农村经济，2023（06）：43-46.
② 董加俊.乡村旅游助力乡村振兴的价值与路径[J].旅游纵览，2022（06）：74-76.
③ 任波."双碳"目标下我国体育产业高质量发展：内在逻辑与实现路径[J].沈阳体育学院学报，2023，42（01）：115-122.

（二）发展特色产品和服务，满足乡村居民体育消费需求

发展特色产品和服务，提升乡村体育产业的吸引力和竞争力，吸引更多游客、增加消费者对乡村体育产业的兴趣和参与度，促进乡村经济的发展[①]。同时，特色产品和服务也传承和推广当地的体育文化，提升乡村的形象和品牌价值。

开发特色体育活动和赛事。根据乡村地区特点，组织开展各类特色体育活动和赛事，如乡村马拉松、登山挑战赛、农耕体验活动等。这些特色活动不仅为乡村居民提供参与体育运动的机会，还吸引外来游客前来观赛和参与，促进乡村旅游和经济发展[②]。

提供定制化的体育培训和教育服务。乡村居民对于体育培训和教育的需求日益增长。根据乡村居民的特点和需求，开设各类体育培训班和教育课程，如健身训练班、体育技能培训班等。同时，结合当地文化和传统，开展特色体育教育活动，提升乡村居民对于体育的认知水平。

提供便捷的体育设施和器材租赁服务。乡村居民往往缺乏便利的体育设施和器材，限制他们参与体育运动的机会。在乡村地区建设多功能体育场馆、健身房等设施，并提供器材租赁服务，方便乡村居民进行体育锻炼。解决乡村居民因为设施不足而无法参与体育运动的问题，满足他们的体育消费需求。

（三）建立体育产业聚集区，助推乡村体育产业发展

体育产业聚集区是一个集体育企业、体育设施和相关服务于一体的区域，通过集聚产业要素和提供便利条件，为乡村体育产业发展提供良好的环境和支持。

体育产业聚集区提供专业化服务和支持[③]。在聚集区内，设立专门的体育产业服务机构，为企业提供创业指导、法律咨询、市场推广等方面的支持。同时，聚集区还设立共享资源平台，提供共享办公空间、会议室、培训设施等，为企业提供便利的办公和交流环境。

体育产业聚集区促进产业链延伸和协同发展。聚集区内企业形成完整的产业链，涵盖体育设备制造、体育培训、体育赛事组织及体育旅游等环节，实现产业链的协同发展。这种协同发展提高产业效益，降低生产成本，推动乡村体育产业

[①] 郑慧颖. 乡村振兴战略与乡村生态旅游互动融合发展 [J]. 旅游纵览，2021（22）：77-79.
[②] 张玮. 乡村振兴背景下乡村体育旅游发展路径研究 [J]. 旅游与摄影，2023（09）：56-58.
[③] 任波."双碳"目标下我国体育产业高质量发展：内在逻辑与实现路径 [J]. 沈阳体育学院学报，2023，42（01）：115-122.

的整体发展壮大。

体育产业聚集区吸引投资和人才。聚集区内企业聚集，形成规模效应，吸引更多商业投资者和人才加入乡村体育产业。投资者看重园区集聚优势，更愿意将资金投入这样的环境中。同时，人才也会得到聚集区提供的良好发展机会和职业培训，更倾向于在园区内创业或就业。

（四）筑牢品牌建设，夯实乡村体育产业根基

打造独特形象和文化、提供优质产品和服务、加强市场推广和宣传等方面的努力，增强乡村体育产业的品牌竞争力和市场地位，为产业的长期发展奠定坚实基础。

品牌建设打造独特形象和文化。乡村地区往往具有独特自然景观和人文风情，借助这些资源来打造独特品牌形象和文化。塑造独特品牌形象，如标志、口号、形象代言人等，让消费者对乡村体育产业有更深刻的认知和记忆，增强品牌的辨识度和吸引力。

品牌建设提供优质产品和服务。品牌是对产品和服务质量的保证和承诺。乡村体育产业应注重提升产品和服务的质量，满足消费者的需求和期望。通过提供优质体育设施、专业培训和教练团队、精心策划的体育赛事等，赢得消费者的信任和口碑，树立良好的品牌形象。

品牌建设还加强市场推广和宣传。乡村体育产业应积极利用各种渠道和媒体进行市场推广和宣传，提高品牌的曝光度和影响力。通过电视、广播、互联网等媒体进行品牌宣传，组织体育赛事和活动来增加品牌的曝光度。借助社交媒体平台和网络营销手段，与消费者进行互动和沟通，提升品牌的亲和力和社交影响力。

五、加大体商产业政策统合，保障乡村体育产业振兴

在乡村振兴战略的推进过程中，乡村体育产业发展也逐渐受到重视。为有效推动乡村体育产业融合发展，需要制定国家层面的规划或纲要，提供全局性战略指引和行动纲领。

（一）优化税收政策，纾解乡村体育产业发展压力

优化税收政策是纾解乡村体育产业发展压力的重要手段。通过减轻税收负担、

推出税收优惠政策、完善税收征收机制等方面的措施，提高乡村体育产业发展活力。

减免或降低乡村体育产业相关的税费。例如，减少企业所得税、增值税等，降低企业的经营成本，增强其竞争力。对乡村体育产业的从业人员给予个人所得税的减免或优惠，激励更多人才投身于乡村体育产业发展。

通过完善税收征收机制，提高税收的透明度和公正性。加强税收征管，打击偷漏税行为，建立公平的税收环境，减少企业和从业人员的不确定性和风险感。

推出税收优惠政策，鼓励企业加大对乡村体育产业的投资。例如，对于投资乡村体育设施建设的企业，给予税收抵免、税收返还等优惠措施，提高企业投资积极性。不仅促进乡村体育设施建设，也有利于推动产业快速发展。

（二）提供资金支持，助力乡村体育产业振兴

设立专项资金，用于支持乡村体育产业项目建设和运营。资金用于修建体育场馆、购置器材设备、培训教练人员等方面，为乡村体育产业提供基础设施和人才保障。通过资金扶持，支持乡村体育赛事的组织和推广，提高乡村体育产业的知名度和影响力。

引导社会资本参与乡村体育产业投资。政府提供税收优惠政策，降低投资者的风险和成本，吸引更多社会资本投入乡村体育产业。建立风险投资基金，为乡村体育产业的初创企业提供资金支持，帮助它们克服资金难题，推动产业创新和发展。

加强金融机构对乡村体育产业的支持。引导银行和其他金融机构加大对乡村体育产业的贷款和融资支持力度，降低融资门槛，提供更加灵活和适应产业特点的金融产品和服务，为乡村体育产业提供更多资金来源，帮助企业解决资金困难，推动产业快速发展。

（三）精简行政审批程序，减少乡村体育产业运营成本

精简乡村体育产业行政审批流程。例如，将不必要的审批环节取消或合并，减少审批环节的重复性和冗余性，提高审批效率。同时，推行"一站式"服务，将相关部门集中在一起，提供便捷的办事服务，方便企业和从业人员办理相关手续。

推行行政审批的电子化办理模式。通过建立电子政务平台，实现在线申报、在线审核、在线办理等功能，降低纸质材料的使用和人力资源的消耗，提高行政审批效率和便捷性。大大缩短审批周期，减少企业和从业人员的等待时间，降低运营成本。

行政审批标准化和规范化。制定明确的审批标准和流程，减少主观性和随意性，提高行政审批透明度和公正性。同时，建立健全监督机制，加强对行政审批的监督和评估，确保行政审批的公平、高效和便捷。

（四）完善产业标准，推动乡村体育产业有序发展

完善产业标准，提高乡村体育设施的质量水平，包括场馆建设、器材维修、安全防护等方面的标准。制定乡村体育活动规范制度，明确赛事日程、场地条件、人员资格等要求，提高活动的专业与科学性。

产业标准有助于提升产品质量和服务水平。制定乡村体育旅游服务标准与规范，提高旅游体验和安全保障[1]。制定乡村体育教育培训的标准与规范，提高培训机构和教练员的专业素质，推动乡村体育教育发展。

产业标准有助于促进乡村体育产业化发展。制定乡村体育产业运营管理的标准与规范，提高企业的管理水平和服务质量。制定乡村体育产业市场推广与品牌建设的标准与规范，提高乡村体育产业市场竞争力。

（五）加强知识产权保护，为乡村体育产业发展提供法律保障

加强知识产权保护，鼓励乡村体育产业的创新和技术进步。建立健全的知识产权法律制度，保护企业和个人的创新成果，提高他们的创新积极性和投入研发的动力。知识产权保护吸引更多的投资者和合作伙伴参与乡村体育产业，促进技术交流和合作，推动产业快速发展。

知识产权保护提升乡村体育产业的核心竞争力。保护企业的商标、专利、版权等知识产权，确保企业在市场上享有独占地位，防止知识被盗用和侵权。保护企业的创新成果和经营利益，提高企业的品牌价值和市场竞争力。

知识产权保护吸引更多的投资和合作伙伴。投资者和合作伙伴往往更愿意在有良好知识产权保护环境的地区进行投资和合作，以更好地保护自己的利益和

---

[1] 张玮. 乡村振兴背景下乡村体育旅游发展路径研究[J]. 旅游与摄影，2023（09）：56-58.

知识产权。知识产权保护为乡村体育产业带来更多的资金和资源支持，推动产业发展。

第四节　山东省青岛市体商融合促进乡村体育产业振兴经验

近年来，随着国家对农村经济的重视和支持，乡村体育产业逐渐成为乡村振兴的重要方向之一。山东省青岛市在体商融合方面进行了积极的探索和实践，为乡村体育产业振兴提供了有益的经验。本节将从经验做法、实施路径、保障措施和镜鉴启示等方面，深入探讨山东省青岛市体商融合如何促进乡村体育产业振兴。

一、经验做法

青岛市在体商融合方面注重发挥政府部门、体育企业、社会组织等多方面的作用，采取了多种方法促进乡村体育产业发展。

（一）政策扶持

青岛市积极响应国家对乡村体育产业的支持政策，近期出台了一系列具体的政策措施，旨在加大对乡村体育产业发展的支持力度。这些政策涵盖了财政资金扶持、税收减免等多个方面，为乡村体育产业发展提供了全方位支持。其中，青岛市加大对乡村体育产业的财政资金扶持的力度，对符合条件的乡村体育企业给予一定程度的资金支持，帮助企业更好地开展业务，提升服务质量。同时，青岛市还出台了税收减免政策，对乡村体育产业的企业和投资者实施优惠政策，进一步降低企业运营成本，鼓励更多企业和投资者参与到乡村体育产业发展中来。

（二）赛事推动

青岛市积极举办各类体育赛事，以此提升城市的活力，同时也在乡村地区举办各类赛事，如乡村马拉松、自行车赛等。这些赛事不仅吸引了大量游客前来参与，也为当地消费市场带来了新活力。乡村地区赛事以其独特魅力和活力，吸引了大量的游客和消费者前来参与[1]。这些赛事不仅促进了乡村地区旅游发展，也带

---

[1] 吴杨. 未来乡村文化场景建设研究 – 以杭州市黄公望村为例 [J]. 上海农村经济，2023（06）：43-46.

动了当地消费市场。人们在参与赛事的同时，也会在乡村地区进行消费，这无疑为乡村地区的经济发展注入了新活力。更重要的是，这些赛事的举办，也在一定程度上带动了乡村体育产业发展。随着赛事举办，乡村地区体育设施也在逐步完善，为当地居民提供了更多的体育活动场所，也为乡村地区的经济发展提供了新动力。

（三）人才培养

青岛市作为我国东部沿海重要的经济城市，近年来在推动乡村体育产业发展方面取得了显著成效。其中，乡村体育人才的培养和引进是推动乡村体育产业发展的重要手段。

青岛市积极建立乡村体育人才库，将乡村中的体育人才进行统一管理和培养，为他们提供专业的训练和指导，以提升他们的专业技能和素质。这一举措旨在充分利用乡村的体育人才资源，为乡村体育产业发展提供强大的人力支持。

青岛市通过引进专业人才，为乡村体育产业发展注入新活力。这些专业人才不仅带来了先进的管理理念和技术，还通过他们的专业训练和比赛，提升了乡村体育人才的竞技水平，进一步推动了乡村体育产业发展。

二、实施路径

（一）旅游业带动

近年来，青岛市积极采取措施，将乡村体育产业与旅游业紧密结合，通过发展乡村旅游业，吸引更多游客前来参与体育活动，从而促进乡村体育产业发展。这一做法不仅为当地经济发展注入了新活力，还有助于提升乡村地区整体形象和知名度。

青岛市充分发挥自身资源优势，在乡村体育产业发展过程中，紧密结合旅游业，形成了相互促进、共同发展的良好局面。一方面，发展乡村旅游业为体育产业提供了更广阔的发展空间，吸引了大量游客前来参与体育活动，带动了体育产业的繁荣；另一方面，乡村体育产业蓬勃发展也为旅游业增添了新亮点，吸引了更多游客前来体验，进一步推动了旅游业的壮大。

为了实现这一目标，青岛市加大了对乡村体育产业和旅游业的扶持力度，不仅投入大量资金用于基础设施建设，还通过举办各类体育赛事和旅游活动，提升了乡村地区知名度和美誉度。在政府和社会各界的共同努力下，青岛市乡村体育产业与旅游业实现了共赢发展，为乡村地区振兴提供了有力支撑。

（二）产业链拓展

青岛市乡村体育产业发展取得了显著成效。这主要得益于青岛市对乡村体育产业链的深入拓展和精心打造。通过积极引入各类体育赛事，丰富乡村体育活动的类型和层次，青岛市成功吸引了大量体育爱好者的关注和参与。同时，青岛市还大力发展体育用品产业，为乡村体育活动提供必要的物资保障，进一步刺激了乡村体育市场发展。此外，青岛市还注重体育服务建设，为乡村体育爱好者提供专业培训、指导等服务，提高了乡村体育活动水平和影响力。在这一系列措施的推动下，青岛市乡村体育产业链已经初具规模，形成了以体育赛事、体育用品、体育服务等为核心的产业体系，为乡村体育产业发展提供了强大动力。

（三）融合发展

青岛市深度关注乡村体育产业融合发展，致力于打造一个跨产业、高效联动的发展格局。为了实现这一目标，青岛市积极推动乡村体育产业与多个相关产业的紧密合作，包括文化、教育和健康等领域。青岛市将充分发挥政府引导和市场机制的作用，推动各产业间的资源整合和优势互补，形成乡村体育产业与其他产业联动发展的新格局。

三、保障措施

为了保障体商融合促进乡村体育产业振兴战略的顺利实施，青岛市采取了多种措施，确保乡村振兴项目的有效落实。

（一）组织保障

青岛市重视乡村振兴工作，为确保乡村体育产业振兴项目有效落实，成立了乡村振兴领导小组。小组由市政府相关部门负责人、专家学者和乡村体育产业代表等组成，共同研究制订乡村振兴的策略和措施，协调各方资源，推动乡村体育产业的快速发展。乡村振兴领导小组的成立，体现了青岛市对乡村振兴战略的高度重视和责任担当。通过加强对乡村振兴工作的领导，确保乡村体育产业振兴项目的有效落实，将进一步推动乡村经济社会发展，提高农民生活质量，助力实现乡村振兴战略目标。

（二）资金保障

青岛市积极响应国家乡村振兴战略，高度重视乡村发展，加大财政支持力度，以推动乡村全面振兴。为了确保乡村体育产业振兴项目的有效落实，青岛市设立了乡村振兴专项资金，为乡村体育产业提供有力保障。这一举措充分体现了青岛市对乡村振兴战略的高度重视和责任担当。通过设立专项资金，青岛市有力推动乡村体育产业发展，进一步丰富乡村文化生活，提高农民群众的文化素质和生活品质。同时，乡村体育产业的振兴将带动乡村产业结构调整，促进乡村经济持续健康发展。

（三）技术保障

青岛市积极响应国家乡村振兴战略，高度重视乡村技术支持工作，大力推动乡村体育产业的振兴。为了确保这一目标的顺利实现，青岛市积极开展了一系列乡村振兴技术指导工作，旨在为乡村体育产业振兴提供强大的技术保障。

在这个过程中，青岛市充分发挥政府引导作用，加大资金投入，支持乡村技术创新和研发，为乡村体育产业振兴提供有力的资金保障。同时，通过开展技术培训，提高农民技术素质，使农民掌握一技之长，助力乡村体育产业振兴。此外，还推动体育科技园区建设，引导体育科技成果转化，以科技创新驱动乡村体育产业发展。

青岛市通过政策引导，推动乡村体育产业与文化旅游、健康养生等产业深度融合，发挥产业协同效应，提升乡村体育产业竞争力。在政策支持下，乡村体育产业逐步走上了规模化、标准化、品牌化的发展道路，为乡村经济发展注入了新活力。

四、镜鉴启示

青岛市在体商融合促进乡村体育产业振兴方面的探索，为其他地区提供了有益的启示。

（一）发挥政府部门的引领作用

我国乡村体育产业正在逐步崭露头角，政府部门对此高度重视，认识到自身在这一发展过程中扮演的重要角色。首先，政府部门需要发挥引领作用，对乡村体育产业进行科学规划和合理布局，确保其可持续发展。其次，政府部门需要制定相关政策，从政策层面为乡村体育产业提供支持，包括土地使用政策、税收政策、产业扶持政策等。再者，政府部门需要加大财政支持力度，设立专项资金，对乡村体育产业的重点领域和关键环节进行投入，为其提供强大的经济后盾。最后，政府部门需通过提升服务质量、优化产业结构、推动科技创新等手段，使乡村体育产业在健康、有序的轨道上不断发展壮大。

（二）发挥企业的支持作用

企业对我国乡村体育产业的发展起着至关重要的作用。它们通过多元化方式推动乡村体育产业的进步，包括投资、赛事举办以及人才培养等。首先，企业通过对乡村体育项目的投资，为乡村体育产业提供了强大的资金支持，这有助于改善乡村体育设施，提高乡村体育运动的水平。其次，企业通过举办各类赛事，为乡村体育爱好者提供了展示自我的舞台，激发了他们对体育运动的热爱，进一步推动了乡村体育的发展。最后，企业还通过培养和引进优秀体育人才，提高乡村体育人才的素质，为乡村体育产业长远发展奠定了坚实的基础[1]。

（三）发挥社会组织的作用

在我国广大的乡村地区，体育产业发展尚处于起步阶段，需要社会各界力量的参与和支持。社会组织作为其中一股重要的力量，通过多种方式推动乡村体育产业发展。

首先，社会组织充分发挥其传播体育文化功能，将各类体育项目、体育知识、体育精神传播到乡村的每一个角落。通过举办讲座、培训班等形式，帮助乡村居民了解体育、喜爱体育，提高他们的体育素养，为乡村体育产业发展奠定基础。

其次，社会组织积极组织各类赛事活动，如乡村运动会、农民篮球赛等，让乡村居民有机会参与到体育活动中来，感受体育的魅力。同时，这些赛事活动也

---

[1] 李明洋. 乡村振兴战略下旅顺口区小南村乡村旅游发展研究[D]. 大连：大连外国语大学，2022.

能选拔出优秀的体育人才，为乡村体育事业培养人才，助力乡村体育产业发展。

最后，社会组织提供专业咨询服务，帮助乡村体育产业解决发展过程中遇到的问题。例如，提供体育设施建设、体育项目运营等方面的专业建议，为乡村体育产业健康发展提供支持。

第七章 体旅文商融合促进乡村体育产业振兴

本章阐述体旅文商融合促进乡村体育产业振兴，内容包括体旅文商融合促进乡村体育产业振兴的机制、体旅文商融合优化乡村体育产业结构、体旅文商融合促进乡村体育产业竞争力、体旅文商融合促进乡村体育产业创新能力提升、体旅文商融合促进乡村体育产业经济效益、体旅文商融合塑造乡村体育产业文化价值、山东省青岛市体旅文商融合促进乡村体育产业振兴经验。

第一节 体旅文商融合促进乡村体育产业振兴的机制

体旅文商融合促进乡村体育产业振兴机制表现在乡村视角、农业视角、旅游业视角、产业协同视角、产业创新视角和品牌塑造视角等几个方面，下面分别展开探讨。

一、乡村视角分析"体旅文商"融合促进乡村体育产业振兴机制

（一）促进乡村体育旅游发展

首先，"体旅文商"融合发展为乡村体育旅游提供丰富多样的体验和活动。通过将体育与旅游相结合，开展各种户外运动、乡村体验等项目，吸引更多游客到乡村地区参与体育活动。这不仅带动当地旅游业的发展，还推动乡村地区经济增长，提升乡村居民的收入水平。

其次，"体旅文商"融合发展挖掘乡村的自然和人文资源，丰富乡村体育旅游的内涵。乡村地区往往拥有独特的自然风光和传统文化，通过将体育与文化相结合，例如举办传统体育比赛、民俗表演等活动，展示乡村地区的特色和魅力，吸引更多游客前来体验和探索。

此外,"体旅文商"融合发展促进乡村体育旅游产业的协同发展。体育、旅游、文化和商业等领域之间的融合与合作,形成产业链条和价值链,实现资源共享和互补。例如,体育项目的举办促进乡村旅游发展,而旅游业发展又提供更多的场地和设施供体育项目使用,从而形成良性循环。

通过丰富多样的体验和活动、挖掘乡村资源、促进产业协同发展,推动乡村体育旅游的蓬勃发展,提升乡村地区的知名度和吸引力,为乡村经济的振兴和可持续发展作出贡献。

(二)激发乡村体育文化活力

挖掘乡村体育文化资源。乡村地区往往承载着丰富的体育文化传统,如民间体育活动、传统体育比赛等。通过将体育与文化相结合,激发乡村体育文化的活力,保护和传承乡村体育的独特魅力。举办各种体育文化活动,如体育展览、传统体育节庆等,吸引更多人参与其中,提升乡村体育文化的影响力和吸引力。

推动乡村体育设施建设和运营管理水平的提升。乡村体育产业的振兴离不开先进的体育设施和良好的运营管理。通过引入旅游和商业元素,为乡村体育设施的建设和运营带来更多的投资和资源。同时,将体育与文化相结合,打造具有特色和品牌的乡村体育场馆和运动场所,提升乡村体育设施的品质和形象,吸引更多人参与体育活动。

促进乡村体育人才培养和交流。通过开展体育培训、交流赛事等活动,为乡村培养更多的体育专业人才,提升乡村体育人才的素质和水平。促进城乡间的体育文化交流,搭建平台和渠道,让城市的体育文化资源和经验得以分享和传递到乡村地区,推动乡村体育文化的发展和创新。

(三)促进乡村体育产业升级

推动乡村体育产业结构的升级。传统乡村体育产业主要以农民体育为主,规模较小,产业链条相对薄弱。而通过将体育与旅游、文化、商业等领域融合发展,拓宽乡村体育产业发展路径,培育新的增长点。例如,开展体育旅游项目、举办体育赛事、推动体育培训和健身产业等,提升乡村体育产业的附加值和竞争力,推动产业结构向高端、多元化方向发展。

促进乡村体育产业科技创新和技术应用。随着科技不断进步,体育产业也在不断向数字化、智能化方向发展。通过引入新技术、新设备，如虚拟现实、增强现实、大数据等，提升乡村体育产业的创新能力和竞争力。同时，融合发展也为乡村体育产业提供更多科技创新合作机会，促进产学研结合，推动乡村体育产业技术进步。

促进乡村体育产业的品牌建设和市场拓展。通过将体育与旅游、文化、商业等领域相结合，打造具有特色和品牌的乡村体育产品和服务，提升乡村体育产业的知名度和美誉度。同时，通过开展市场营销活动、加强渠道建设等，扩大乡村体育产业的市场份额，吸引更多的投资和消费者，推动乡村体育产业快速发展。

（四）加强社区建设与治理

为乡村社区提供更多公共服务和设施。通过将体育与旅游、文化、商业等领域融合发展，引入更多投资和资源，改善乡村社区的基础设施和公共服务水平。例如，修建体育场馆、运动公园、健身步道等，为居民提供更多的体育休闲场所；举办体育活动、培训课程等，提供更多体育文化交流机会。这些举措不仅满足居民的体育需求，也增强社区的凝聚力和活力。

促进社区居民参与和自治意识的提升。通过开展体育活动、举办比赛、组织文化表演等，激发居民的兴趣和热情，增强他们参与社区事务的意愿。也为社区居民提供更多参与决策和治理的机会，通过民主议事、社区公共管理等方式，增强社区居民的自治意识，推动社区建设和治理的民主化和规范化。

促进社区经济发展和就业机会的增加。通过将体育与商业相结合，开展体育旅游、体育培训、体育用品销售等商业活动，为社区带来经济收入和就业机会。同时，融合发展也吸引更多的游客和投资者到社区，推动当地经济发展，增加社区居民收入来源。

二、农业视角分析"体旅文商"融合促进乡村体育产业振兴机制

（一）促进农业转型升级，实现产业兴旺

体旅文商融合发展模式具有显著的优势，强大的辐射带动作用使资源得到充分利用，改变传统农业产业结构，推动农业转型升级和产业化发展。此外，这种模式有助于提高农产品附加值，延伸农业产业链，形成农业产业集群，进一步深

化农业供给侧结构性改革，从而实现产业的繁荣发展[①]。在这种发展模式下，体育产业通过举办各类比赛和培训运动员，激发当地旅游业的发展潜力。旅游业则通过充分挖掘和开发旅游资源，提升本地旅游业的知名度和吸引力，为游客提供丰富的旅游体验。文化产业通过传承和推广当地的文化遗产，打造独特的文化品牌，吸引更多游客前来参观和体验。同时，商业通过开设商店、餐厅等服务设施，为游客提供便捷的服务，提升游客的满意度。由此可见，体旅文商融合发展模式有利于推动各产业间的互动与共赢，实现产业兴旺和繁荣。

（二）传统农业经济迈向农业服务经济

传统农业经济迈向农业服务经济，为乡村经济的转型升级提供重要机遇。具体而言，通过将体育、旅游、文化和商业等元素融合在一起，创造出丰富多样的乡村服务项目和产业链条，促进乡村的全面发展。

推动乡村服务设施的建设与升级。随着人们休闲娱乐需求的增加，需建立更多种类、更高品质的服务设施。例如，在乡村建设多功能运动场馆、度假酒店、文化创意园区等，为游客提供全方位的服务体验。同时，通过引入互联网技术和数字化手段，提供在线预订、支付、导航等便捷服务，提升乡村服务业的效率和用户体验。

体旅文商融合发展直接将乡村传统农业经济带入乡村服务经济阶段，为乡村经济的转型升级提供新的发展路径。通过创新服务项目、提升服务设施、培养人才和传承文化，实现农村产业结构的优化升级，促进乡村经济的繁荣与可持续发展。

（三）建立品牌形象，提升乡村品牌影响力

帮助乡村体育产业建立独特的品牌形象。通过将体育与旅游、文化、商业等领域相结合，打造具有乡村特色体育产品和服务，形成独特的品牌形象。例如，乡村运动营地、农庄健身中心等，以乡村自然环境和传统文化为特色，吸引消费者和游客前来体验。这样的品牌形象不仅吸引目标客户群，还树立乡村体育产业的良好形象和口碑。

提升乡村品牌的影响力。通过将体育与文化、商业等领域相结合，扩大乡村

[①] 吴江萍，刘萍.乡村振兴战略下"体旅农"融合发展研究[J].财经理论与实践，2022，43（06）：148-154.

体育产业的市场份额,增加品牌的曝光度和知名度。举办体育赛事、推动体育旅游、开展体育培训等活动,吸引更多的消费者和游客,提高品牌的认知度和美誉度。同时,融合发展也借助互联网和社交媒体等渠道,加强品牌的宣传和推广,提升乡村品牌的影响力和市场竞争力。

促进乡村品牌的可持续发展。通过将体育与旅游、文化等领域相结合,为乡村品牌注入新的活力和动力,促进品牌的创新和升级。也为乡村品牌提供更多的发展机会和空间,扩大市场份额,增加收入来源。乡村品牌的可持续发展为乡村体育产业带来更长远的发展前景和经济效益。

(四)农业生态与健康理念相结合,促进绿色产业可持续发展

将农业生态和健康理念与体育产业相结合。通过在乡村地区开展体育活动和运动项目,增加农民体育锻炼的机会,提升他们的身体健康水平。注重保护农田和生态环境,在体育场馆和运动场地的建设和管理中采用环保材料和技术,减少对环境的影响。不仅促进体育产业发展,也保护和改善农业生态环境,实现农业与体育的良性互动。

促进绿色产业可持续发展。通过将体育与旅游、文化等领域相结合,推动乡村绿色产业发展。例如,开展生态旅游、农庄体验等活动,吸引游客前来乡村参观和体验,推动当地绿色产业发展。促进农产品的绿色生产和销售,推动农业可持续发展。通过推广有机农业、绿色种植等方式,提高农产品的品质和安全性,满足消费者对健康食品的需求。

促进农村经济多元化和可持续发展。传统农业往往单一依赖农产品的生产和销售,面临市场波动和收入不稳定的问题。通过将体育与商业、文化等领域相结合,拓宽农村经济的发展空间,增加农民收入来源。例如,开展体育旅游、体育培训等商业活动,为农民创造更多的就业机会和经济收入。这样的多元化发展提高了农村经济的稳定性和可持续性。

三、旅游业视角分析"体旅文商"融合促进乡村体育产业振兴机制

(一)丰富乡村旅游产品

体旅文商融合为游客提供了多元化选择和丰富的旅游产品,同时推动了当地

经济发展和乡村旅游业振兴。为了给游客带来独特体验，举办各种特色乡村体育赛事，例如越野跑、登山挑战赛、自行车骑行比赛等。此外，推出各种休闲健身项目，如瑜伽课程、农耕体验、园艺培训等，让游客在享受运动乐趣的同时，也能体验到乡村生活的乐趣。

组织互动性体验活动也是吸引游客的重要方式，例如团队拓展训练、农田劳作体验、传统民俗游戏等。这些活动不仅能让游客感受到乡村体育文化的魅力，还能增进游客之间的互动和交流。生态探险活动也是体旅文商融合的重要组成部分，如山地徒步、河流漂流、湖泊钓鱼等。这些活动能让游客亲身感受大自然的魅力，提供与城市不同的休闲体验。

最后，引入农业体验项目，如开设农耕体验课程、果园采摘活动等。让游客近距离感受乡村体育文化，提升乡村旅游产品的用户体验。体旅文商融合不仅能提供丰富的旅游产品，还能推动乡村旅游业发展，实现经济繁荣。

（二）发展运动健康养生旅游

将运动健康理念融入乡村旅游，推广运动健康养生旅游产品，满足人们对健康休闲方式的需求，并提供全新的旅游体验。例如，在乡村建设温泉度假村、瑜伽农庄等，为游客提供瑜伽、农耕体验等项目。设置室内外运动场地、健身房、瑜伽馆等健身休闲设施。

此外，针对不同年龄段的游客设计定制化运动项目，如不同难度级别的徒步线路或骑行路线，并邀请专业教练进行瑜伽课程或健身培训。推出专题养生活动，如静心冥想、草原瑜伽、森林浴等，同时提供有机健康餐饮，例如在农庄内开设有机农产品销售店或提供特色健康菜品服务。

为了突出运动健康养生旅游产品的特点和优势，引入传统养生文化，如中医养生、民间按摩等，并加强宣传和推广，如通过社交媒体、旅行社合作等方式。这将有助于提升乡村旅游业吸引力，促进当地经济发展和乡村产业振兴。

（三）提升旅游体验品质

丰富旅游产品的内容和形式。通过将体育与旅游相结合，为游客提供多元化和丰富的旅游体验。例如，组织体育赛事、开展农庄运动项目、推动乡村健身活动等，让游客在欣赏风景的同时参与体育运动，增强体能。同时，体育表演、文化展示等活动也为游客提供丰富的文化体验。

提升旅游服务的品质和水平。通过将体育与旅游相结合，引入专业的体育教练、导游和服务人员，为游客提供专业指导和服务。例如，组织专业体育培训、提供个性化健身指导、安排丰富的文化讲解等，让游客在旅游中获得更优质的服务。同时，加强设施和设备的建设和管理，提供舒适便利的旅游环境，也是提升旅游体验品质的重要举措。

提供独特的旅游体验。通过将体育与旅游相结合，推出更具特色和品牌的旅游产品，满足游客不断增长的需求。例如，开展特色农庄运动体验、组织独特的乡村体育赛事等，为游客提供独特的旅游体验。

（四）促进旅游产业升级

提升乡村旅游的竞争力。通过将体育与旅游相结合，为乡村旅游产品注入新的元素和特色。举办体育赛事、开展农庄运动项目、推动乡村健身活动等，吸引更多游客前来体验和参与，提升乡村旅游的知名度和影响力。提升乡村旅游的竞争力，吸引更多的游客选择乡村旅游，推动整个旅游产业升级和发展。

扩大旅游产业的市场份额。通过将体育与旅游相结合，开辟新的市场空间和受众群体。体育赛事、体育培训、健康养生等活动吸引体育爱好者和健康追求者前来乡村旅游，扩大旅游消费群体。吸引更多的企业和投资者参与乡村体育产业，推动旅游产业的多元化和升级。这样的市场拓展为旅游产业带来更多机会和发展潜力。

四、产业协同视角分析"体旅文商"融合促进乡村体育产业振兴机制

"体旅文商"融合促进乡村体育产业振兴机制需要各相关产业的协同合作和资源共享，同时也需要政府的政策支持和资金扶持。通过产业链延伸与优化、资源共享和互补、推动创新创业活力等方面的努力，实现乡村体育产业的振兴与发展。

（一）促进产业链延伸与优化

产业延伸是指不同产业之间相互协作、互相依存的关系。通过将体育、旅游、

文化和商业等不同领域的产业进行连接和延伸，形成完整产业链条。在乡村旅游中，将体育活动与旅游相结合。例如，在乡村旅游景区内建设运动场馆、健身中心等设施，并提供相关配套服务，以吸引更多游客参与运动活动。同时，在传统文化节庆或文艺演出中加入体育元素，如将健身操或太极拳融入舞蹈表演中。此外，在乡村旅游区域内发展相关商业项目，如特色农产品销售、手工艺品制作等。在乡村旅游景区建设农耕体验基地或传统手工艺作坊等，让游客亲身参与田园劳作、手工制作等活动。同时，发展体育相关产业，如体育用品销售、运动装备租赁等，为游客提供方便的购买和租借服务。

体旅文商融合促使不同产业资源共享与优势互补。例如，将旅游景区的场地设施用于体育活动，将文化创意元素融入乡村体育产品，从而提升乡村体育产业的综合竞争力。通过这种方式，充分发挥各产业优势，为乡村旅游产业带来更多发展机遇。

（二）实现资源共享和互补

实现资源共享。体育、旅游、文化和商业等产业拥有丰富的资源，包括自然景观、场地设施、人才技术等。通过资源共享，最大限度地利用资源的优势。例如，乡村的自然环境适宜开展户外体育活动，而旅游业为体育项目提供场地和设施。通过合作共享资源，实现资源的高效利用，降低成本，提升乡村体育产业的竞争力。

实现资源互补。不同产业拥有不同的资源优势，通过融合发展实现资源的互补，提升整体效益。例如，旅游业需要丰富的文化和旅游产品，而体育产业为旅游业提供独特的体育赛事和运动项目，增加旅游的吸引力。同时，文化产业为体育和旅游产业提供丰富的文化表演和文化体验，丰富游客的旅游内容。通过资源的互补，实现多产业间的协同发展，提升乡村体育产业的综合实力。

促进资源的优化配置。通过将体育、旅游、文化和商业等产业进行融合发展，实现资源优化配置。例如，利用乡村的自然环境和人文资源，开展体育赛事和运动项目，提升乡村旅游的吸引力。同时，通过文化活动和商业服务的结合，为游客提供更多元化和个性化的旅游体验。通过优化资源配置，提升乡村体育产业的效益和竞争力，实现资源的最大化利用。

(三)推动创新创业活力

创新提供更广阔的空间和机会。通过将体育、旅游、文化和商业等产业进行融合发展，打破传统的行业边界，激发创新的需求和创业的热情。例如，引入新技术、新理念和新模式，推出具有创新性的体育旅游产品和服务，满足不同游客的需求。鼓励创新思维的交叉融合，激发创新的灵感和创业的潜力。这样的创新空间和机会推动乡村体育产业的创新发展，促进产业的升级和转型。

促进创业活力的释放。通过将体育、旅游、文化和商业等产业进行融合发展，为创业提供更多机会和支持。例如，开展乡村健身活动、推动农庄运动项目等，激发创业热情和活力。同时，融合发展也为创业者提供更多选择和合作伙伴，帮助创业者共同开展创业项目。通过创新的商业模式和合作机制，降低创业风险，提高创业成功率。这样的创业活力推动乡村体育产业发展。

促进创新和创业生态的形成。通过将体育、旅游、文化和商业等产业进行融合发展，形成一个完整的创新和创业生态系统。例如，建立创新创业孵化基地、设立创业资金和政策扶持等，为创新和创业提供全方位的支持和保障。同时，通过行业间的协同合作和资源共享，为创新和创业创造更加有利的环境和条件。这样的创新和创业生态系统吸引更多的创新人才和创业者参与乡村体育产业，推动产业进一步发展。

五、产业创新视角分析"体旅文商"融合促进乡村体育产业振兴机制

(一)促进产品和服务创新

促进体育产品创新。体育、旅游、文化和商业等产业融合能激发创新需求和创造性思维。结合旅游资源和文化元素，开发具有地方特色和体验性的体育旅游产品，满足不同消费者需求。鼓励跨界合作和创新合作模式，促进体育产品的多样化和个性化发展。

促进体育服务创新。体育、旅游、文化和商业等产业融合能提升体育服务的品质和多样性。结合文化活动和商业服务，提供丰富的文化体验和增值服务，丰富消费者的体育体验。同时，通过创新的服务模式和运营机制，提供个性化服务，

满足不同消费者需求。

（二）促进技术和运营创新

促进技术创新。体育产业融合发展为技术创新提供广阔的舞台，引入新技术，推动乡村体育产业的数字化、智能化和信息化升级。例如，利用物联网、大数据、人工智能等新技术，改善体育产品和服务的体验效果，提供个性化健身方案，使用虚拟现实技术提供沉浸式运动体验。提高运营效率。同时，结合互联网和移动技术，提供线上线下融合的体育服务。

促进运营创新。体育、旅游、文化和商业等产业融合发展，探索新的运营模式和商业模式，提升乡村体育产业的效益和盈利能力。例如，与当地农庄合作，开展农庄运动项目，将农业旅游和体育健身相结合，吸引更多游客参与和消费。

促进管理创新。体育、旅游、文化和商业等产业融合发展，引入先进的管理理念和方法，改变传统的管理方式。例如，建立乡村体育产业联盟，推动产业间的合作和资源共享，提高管理效率和资源利用率。

（三）促进商业模式创新

政府通过出台相关政策，鼓励和引导体旅文商融合发展。政府加大对乡村体育产业的政策支持力度，提供资金、税收、土地等方面的优惠政策。同时，建立健全相关规范和标准，为乡村体育产业发展提供有利环境。例如，制定激励创新和合作的政策措施，提供资金支持和税收优惠，为乡村体育产业的创新提供良好的政策环境和支持机制[1]；加大对乡村体育产业的投资力度，引导资本流入乡村体育领域，支持创新项目和创业企业的发展。同时，建立风险投资机构和专业投资基金，为乡村体育创新项目提供资金支持和风险分担。

六、品牌塑造视角分析"体旅文商"融合促进乡村体育产业振兴机制

（一）提升乡村体育产业品牌形象

为乡村体育产业提供品牌元素。通过将体育、旅游、文化和商业等产业进行

---

[1] 丁竹.岳阳县农村电子商务发展模式研究[D].长沙：中南林业科技大学，2021.

融合发展，乡村体育产业充分利用当地自然资源、历史文化和特色项目等独特元素，打造具有独特魅力和吸引力的品牌形象。例如，结合当地山水风光和传统民俗，推出以自然环境和文化底蕴为特色的体育活动，打造具有地域特色的乡村体育品牌形象。这样的品牌元素让消费者对乡村体育产业产生共鸣和认同，提升品牌形象的吸引力和影响力。

提升乡村体育产业服务品质和体验。通过将体育、旅游、文化和商业等产业进行融合发展，乡村体育产业提供更多元化、个性化的服务和体验。例如，结合文化活动和商业服务，为消费者提供丰富的文化体验和增值服务，提升消费者对乡村体育品牌的认可度和满意度。同时，注重服务质量和用户体验，通过提供便捷的购物体验和个性化服务，增强消费者对乡村体育品牌的好感和信任度。这样的服务品质和体验塑造乡村体育产业的优良品牌形象，提升品牌的竞争力和美誉度。

促进乡村体育产业品牌传播和推广。体育、旅游、文化和商业等产业融合发展，拓展乡村体育产业品牌的传播渠道和方式。例如，利用互联网和社交媒体平台，推广乡村体育品牌的故事和活动，吸引更多人关注和参与。同时，结合线下活动和体验营销，提升消费者对乡村体育品牌的体验感和认知度。这样的品牌传播扩大了乡村体育产业的影响力和知名度，增加了品牌的曝光度和美誉度。

（二）提升乡村体育产业品牌价值

为乡村体育产业注入更多品牌价值元素。提供丰富多样的体育活动、培训课程和体验项目，满足消费者多样化需求。同时，注重提升服务质量和用户体验，为消费者提供便捷的购物体验和个性化服务。这样的品牌价值元素赢得消费者的信任和口碑，提升消费者对品牌的认可度和忠诚度。

提升乡村体育产业品牌认知度和认可度。通过将体育、旅游、文化和商业等产业进行融合发展，扩大乡村体育产业品牌影响力。例如，通过举办体育赛事、文化活动和商业展览等，将乡村体育产业与各个领域进行有效的合作，提升品牌的认知度和影响力。

创造乡村体育产业的品牌差异和竞争优势。通过将体育、旅游、文化和商业等产业进行融合发展，打造具有独特特色和竞争优势的品牌形象。例如，结合当地的自然环境和传统文化，推出以自然体验和文化体验为核心的体育产品，与其他竞争对手的产品形成差异。同时，注重创新和持续改进，提供个性化体育产品和服务，满足消费者多样化需求。品牌差异化和竞争优势提升乡村体育产业的品牌价值和市场地位。

（三）促进乡村体育产业品牌传播

为乡村体育产业品牌传播提供更广泛的渠道。通过与旅游景区、文化机构和企业的合作，乡村体育产业借助其品牌影响力和资源优势，将品牌信息传播给更多目标受众。例如，在旅游景区设立体育设施、推出体育主题产品，与文化机构合作举办文化体育活动，与企业合作推广体育品牌，通过多渠道传播，提高品牌的认知度和美誉度。

提升乡村体育产业品牌传播效果。通过将体育、旅游、文化和商业等产业进行融合发展，乡村体育产业扩大品牌影响力。例如，通过举办体育赛事、文化活动和商业展览等，将乡村体育产业与各个领域进行有效合作，提升品牌认知度和可见度。同时，通过与知名品牌合作、利用社交媒体等渠道进行宣传推广，乡村体育产业的品牌信息更加广泛地传播到目标受众中，提高品牌的影响力和认可度。

七、数字化运用视角分析"体旅文商"融合促进乡村体育产业振兴机制

（一）数字化营销与推广

数字化营销与推广通过利用互联网和数字技术，为乡村体育产业提供更广阔的传播平台和更精准的目标受众定位。通过社交媒体平台，乡村体育产业相关主体与用户建立直接的互动关系，发布最新的活动信息、产品推广和优惠信息等。这种互动性不仅提高用户参与度，还有效传播品牌形象和价值观。

数字化营销通过搜索引擎优化（SEO）和搜索引擎营销（SEM）等手段，提升乡村体育产业的在线可见性和搜索排名。通过关键词优化和付费广告投放，乡村体育产业在搜索引擎上获得更多的曝光量，增加用户点击和转化率。

数字化营销通过电子邮件营销、内容营销和影响者营销等方式，将品牌信息

传递给潜在客户和目标用户。通过定制化邮件内容、有价值的内容营销和合作影响者的推荐，乡村体育产业相关主体建立与用户的信任关系，提高品牌忠诚度和用户转化率。

数字化营销与推广通过数据分析和用户行为追踪，帮助乡村体育产业了解用户需求和市场趋势。通过分析用户行为和消费偏好，乡村体育产业相关主体优化产品和服务，满足用户的个性化需求，提高用户满意度和品牌忠诚度。

（二）数据分析与个性化服务

通过数字化技术和大数据分析，乡村体育产业相关主体收集、整理和分析大量的用户数据，包括用户偏好、行为习惯、消费趋势等。这些数据帮助乡村体育产业相关主体深入了解用户需求和市场动态，实现个性化服务和精准营销。

首先，数据分析帮助乡村体育产业相关主体了解用户的偏好和需求，从而定制化产品和服务。通过对用户数据的分析，发现用户的兴趣爱好、消费习惯等信息，进而提供更符合他们需求的体育项目、活动和服务。例如，根据用户喜好推荐适合的体育旅游线路，或根据用户的运动水平和兴趣设计个性化健身计划。

其次，数据分析帮助乡村体育产业相关主体进行市场研究和预测，为决策提供依据。通过分析用户数据和市场趋势，乡村体育产业相关主体了解目标市场规模、竞争格局和潜在机会，从而制订合理的营销策略和发展规划。例如，通过分析用户数据和市场需求，确定适宜的体育设施建设位置和规模，以及推出具有竞争力的体育产品和服务。

最后，数据分析帮助乡村体育产业相关主体进行运营优化。通过分析运营数据，发现运营中存在的问题和瓶颈，并及时调整和改进。例如，通过分析用户流量和转化率，优化网站或移动应用的界面和功能，提升用户体验和留存率。另外，通过分析用户反馈和评价，及时了解用户的意见和需求，进一步改进产品和服务质量。

（三）虚拟体验与互动运用

虚拟体验与互动是通过数字化技术为乡村体育产业相关主体提供真实而身临其境的体验。

首先，通过虚拟现实（VR）和增强现实（AR）等技术，用户在虚拟环境中参与体育活动，感受真实的运动场景，提升参与感和互动性。例如，通过穿戴VR设备，在虚拟场地中进行足球比赛或攀岩体验，使用户在家中或办公室中享受到真实的运动乐趣。

其次，虚拟体验与互动为乡村体育产业相关主体创造新的商机。通过数字化技术，乡村体育产业相关主体开发虚拟体验产品和服务，如虚拟健身教练、虚拟赛事观看等，为用户提供便捷和灵活的运动体验。这种虚拟化的运营模式不仅节省场地和设备成本，还扩大服务和市场覆盖范围，提升乡村体育产业相关主体的盈利能力和竞争力。

最后，虚拟体验与互动促进用户之间的互动和社交。通过数字化平台，用户参与线上的体育活动，与其他用户进行互动和竞技。例如，在虚拟赛事中，用户与全国各地的玩家进行比赛和交流，增强团队合作意识。这种线上互动不仅丰富用户的体验，还为乡村体育产业相关主体带来更多用户参与和忠诚度。

（四）在线预订与支付便利化

随着互联网和移动支付技术的发展，越来越多的用户习惯于在线预订和支付服务。在乡村体育产业中，数字化运用为用户提供更便利、快捷的在线预订和支付体验。

首先，通过在线预订平台，用户随时随地浏览和选择乡村体育项目和活动。无论是预订健身课程、参加户外活动还是预订体育旅游，用户通过手机或电脑轻松查找信息、比较价格、选择适合的服务。这种在线预订的便利性不仅节省用户的时间和精力，还为乡村体育产业相关主体带来更多的预订量和收入。

其次，在线支付的便利化为乡村体育产业相关主体提供更稳定的收入来源。通过接入各种在线支付方式，如支付宝、微信支付等，用户安全、快速地完成支付。在线支付不仅提高交易的效率，减少现金交易的麻烦和风险，还为乡村体育产业相关主体提供便捷的资金结算和管理方式。

最后，通过在线预订和支付的数据记录，乡村体育产业相关主体进行精细化的运营和营销策略。通过分析用户的预订和消费行为，了解用户的偏好和需求，进而优化产品和服务。同时，乡村体育产业相关主体通过数据分析还能进行市场研究和预测，了解用户的消费趋势和市场需求，从而制订更具针对性的营销策略。

八、市场营销视角分析"体旅文商"融合促进乡村体育产业振兴机制

（一）目标市场定位与市场细分

目标市场定位是指确定乡村体育产业所要服务的特定市场群体，并为其提供符合需求的产品和服务。通过市场营销的手段，对目标市场进行定位，明确乡村体育产业的市场定位和竞争优势。乡村体育产业目标市场包括不同年龄段、不同兴趣爱好、不同消费能力的人群。

市场细分是将整个市场细化为若干个小的、有共同需求和特征的子市场。通过市场细分，更精确地了解目标市场的需求和偏好，从而提供更个性化、符合用户期望的产品和服务。乡村体育产业相关主体根据不同的目标市场进行细分，如青少年体育市场、中老年健康市场、家庭休闲市场等。

目标市场定位与市场细分的重要性在于帮助乡村体育产业相关主体更准确地把握市场需求，精确地满足用户的需求。通过深入了解目标市场的特点和需求，提供更具针对性的产品和服务，提升用户的购买意愿和忠诚度。同时，市场细分也为乡村体育产业相关主体提供更多市场机会和创新空间，有利于扩大市场份额和提高竞争力。

在目标市场定位与市场细分方面，市场营销策略起到关键作用。通过市场调研、消费者洞察和竞争分析等手段，深入了解目标市场的需求和竞争情况，从而制订相应的市场定位策略和细分市场策略。这些策略的运用帮助乡村体育产业相关主体更好地满足用户需求，提升市场占有率和盈利能力。

（二）品牌建设与推广

品牌建设是指通过一系列的市场营销活动，打造和塑造乡村体育产业的独特品牌形象。借助"体旅文商"融合的优势，乡村体育产业相关主体整合资源，形成具有独特魅力和竞争优势的品牌形象。通过市场营销的手段，提升品牌知名度、美誉度和认可度，从而吸引更多消费者的关注和选择。

品牌推广是指通过不同的渠道和媒介，将乡村体育产业的品牌形象传播给目标市场。市场营销策略包括广告、宣传、公关、社交媒体等方式，通过创意、有趣的内容和形式，吸引消费者的关注和参与。同时，利用社交媒体平台进行口碑

传播，积极回应用户的反馈和评论，提升用户满意度。

品牌建设与推广的重要性在于树立乡村体育产业的形象和价值观，增强品牌的竞争力和吸引力。通过品牌建设，乡村体育产业相关主体塑造积极向上、健康活力的形象，传递出丰富多样的体育、旅游和文化内涵。同时，通过品牌推广，扩大品牌的影响力，吸引更多的消费者和合作伙伴，促进乡村体育产业发展。

在品牌建设与推广方面，市场营销策略起到关键作用。通过市场调研、竞争分析和了解目标市场，制订相应的品牌定位和推广策略，帮助乡村体育产业树立独特的品牌形象，提升品牌认知度和美誉度，从而实现市场增长和产业振兴。

（三）渠道拓展与合作伙伴关系

拓宽渠道是指通过多样化的渠道和销售网络，将乡村体育产业的产品和服务推广给更广泛的市场。通过市场营销的手段，与旅行社、OTA平台、线下零售商等合作，利用他们的渠道和网络，将产品推广给更多潜在客户。同时，也通过线上渠道，如电商平台和社交媒体，直接与消费者进行互动。

建立合作伙伴关系是指与相关行业和企业建立紧密合作的伙伴关系，共同推动乡村体育产业发展。通过市场营销策略，寻找与乡村体育产业相互补充的合作伙伴，如酒店、文化艺术机构、旅游景区等。通过与这些合作伙伴合作，共同开展联合营销、共同开发产品、举办联合活动等，实现资源共享和互利共赢。

拓宽渠道与建立合作伙伴关系的重要性在于扩大乡村体育产业的市场影响力和销售渠道，提升产品的可及性和用户体验。通过拓宽渠道，将乡村体育产业的产品和服务推广给更多消费者，增加销售机会和收入。同时，通过建立合作伙伴关系，整合资源，共同开展营销活动，提升品牌知名度和市场竞争力。

在拓宽渠道与建立合作伙伴关系方面，市场营销策略起到关键作用。通过市场调研和了解目标市场，确定合适的渠道和合作伙伴。同时，制订相应的合作协议和营销计划，确保双方利益一致和合作顺利进行。

（四）用户体验与口碑营销

用户体验是指消费者在使用产品或服务过程中所感受到的满意度和享受度。乡村体育产业相关主体提供优质的体验是吸引消费者的关键。通过整合体育、旅游、文化等元素，打造独特的体验内容和服务，满足消费者休闲娱乐、健康养生等需求。例如，组织丰富多样的体育活动、提供舒适便捷的住宿环境、推出精心策划的文化演出等，提升用户体验，提高消费者满意度和忠诚度。

口碑营销是一种通过消费者的口口相传来推广产品或服务的营销方式。乡村体育产业相关主体提供优质体验和服务，引起消费者口碑传播。消费者好评和推荐，有效地增加其他潜在消费者的信任和兴趣，从而带动销售和市场扩展。为促进口碑营销，乡村体育产业相关主体加强与消费者互动和沟通，积极倾听和回应消费者的意见和建议，提供售后服务，提高消费者对品牌的认同感和忠诚度。

在用户体验与口碑营销方面，市场营销策略起到关键作用。通过市场调研和了解消费者需求，确定合适的产品定位和差异化策略，打造独特的体验内容和服务。同时，需要加强品牌宣传和推广，利用社交媒体、口碑平台等渠道传播消费者的好评和推荐，扩大品牌影响力和知名度。

第二节 体旅文商融合优化乡村体育产业结构

一、体旅文商融合优化乡村体育产业结构的意义

（一）促进乡村经济发展

体旅文商融合为乡村经济带来多元化发展机会。传统乡村经济依赖传统农业和传统产业，面临着发展瓶颈。而体旅文商融合为乡村经济带来新发展理念。通过开发体育旅游产品、举办文化活动、推动商业创新等，吸引更多的游客和消费者前往乡村地区，带动当地农民增收和乡村经济繁荣。

体旅文商融合推动乡村旅游业发展。在传统农业社会中，乡村地区往往以农业为主，缺乏其他领域的发展。通过体旅文商融合的方式，将体育、旅游、文化等元素融入乡村旅游中，创造出丰富多彩的旅游产品和服务。体育与旅游融合推出体育旅游套餐和特色体验活动，吸引更多游客前往乡村地区，提升乡村旅游的吸引力和竞争力。举办文化活动和展示乡村文化遗产，为乡村旅游增添独特的文化魅力。

体旅文商融合促进乡村产业结构优化升级。体旅文商融合有助于拓展乡村产

业的领域和范围,创造出多样化的产业形态。通过引入互联网、大数据等新技术,打造智慧农业和数字乡村,提升乡村产业的技术水平和创新能力。传统乡村经济以农业和传统产业为主,缺乏多元化和高附加值的产业。体旅文商融合发展,推动乡村产业结构优化升级,培育新的产业形态和新的经济增长点。

(二)提升乡村形象和体育品牌价值

体旅文商融合塑造乡村形象。把乡村自然风光、人文历史和体育资源等元素融入体育赛事和活动中,展示乡村的独特魅力。例如,在乡村地区举办户外体育赛事、登山活动等,将乡村自然景观与体育锻炼相结合,吸引更多人前往乡村地区参与体育活动。乡村地区不仅展示出其独特的自然环境和体育资源,同时也提升乡村形象。

体旅文商融合有助于提升乡村体育品牌价值。通过将乡村体育项目和活动与旅游、文化等领域相结合,创造出独特的体育品牌形象。例如,通过举办特色的体育赛事,如村BA、村超联赛等,将乡村地区的体育活动打造成具有特色和吸引力的品牌,吸引更多参与者和观众前往乡村地区,提升其知名度和认可度,提升品牌价值。

体旅文商融合为乡村地区带来经济效益和发展机会。在乡村地区开展各种体育活动和文化展览,吸引更多游客前来参与,带动当地的体育、旅游、交通等相关产业发展。乡村经济发展潜力和前景吸引投资者提供更多的投资,促进乡村经济的繁荣和发展。

(三)丰富农民收入来源

体旅文商融合推动乡村旅游业发展。乡村地区拥有丰富的自然景观和独特的文化资源,通过将体育、旅游和文化相结合,开发出各种具有特色的乡村旅游产品和服务。农民利用自身的土地和资源,提供住宿、餐饮、导游等服务,参与乡村旅游产业链的各个环节,从而增加收入。

体旅文商融合激发人们对健康食品的需求。随着人们健康意识的增强,越来越多的人开始注重饮食健康。而体育活动需要大量的营养和能量来支持运动,因此人们会更加关注食品的营养价值和安全性,这就为农业产品创新提供了机遇。例如,通过研发新的农产品加工技术,生产出更具有营养价值和安全性的农产品,满足人们对健康食品的需求。

体旅文商融合促进农民参与体育产业发展。乡村地区往往具有广阔的土地和自然资源，适宜发展体育赛事和健身休闲活动。农民积极参与体育产业，提供场地租赁、组织活动、提供运动装备等服务，增加收入。同时，农民利用自身的农田和资源，开展体育农业，如农田马拉松、采摘健身等，创新农业收入方式。

（四）推动乡村体育设施建设

体旅文商融合为乡村体育设施建设提供资金和资源支持。体育产业发展需要大量的投资和资源，举办特色的体育赛事和文化活动等方式，吸引更多游客和投资者前来参与，从而带动当地相关产业发展。政府和社会组织加大对乡村体育设施建设的投入和支持力度，提供更多资金和资源支持。

体旅文商融合注重多元化体育活动和项目，推动乡村体育设施的多样化建设。传统乡村体育设施往往只有简单篮球场、足球场等，缺乏多样化和专业化的设施。体旅文商融合发展，鼓励引进各种体育项目和设施，满足农民对不同体育运动的需求。例如，引入健身器材、建设羽毛球馆、游泳池、网球场等，为农民提供多元化体育锻炼选择，丰富乡村体育设施功能。

体旅文商融合也促进乡村体育设施与旅游、文化等资源的融合利用。乡村地区往往具有独特的自然景观和丰富的文化遗产，通过将体育设施与旅游和文化资源相结合，创造更具吸引力和竞争力的体育场馆和活动场所。例如，在风景优美的乡村地区建设户外健身路径、举办体育文化节等，将体育、旅游和文化有机地结合起来，吸引更多游客和参与者前往乡村地区，推动乡村体育设施的利用和发展。

（五）促进乡村体育文化传承和发展

体旅文商融合为乡村体育文化传承提供平台和机会。举办体育比赛、文化节庆等活动，让年轻一代了解和参与传统乡村体育文化，促进文化传承。例如，举办传统乡村体育项目比赛，如拔河、跳绳、斗鸡等，让年轻人感受传统体育文化的魅力，并将其传承下去。体旅文商融合为乡村体育文化创新提供空间，通过与现代商业模式和市场需求相结合，推动乡村体育文化的发展和传承。

体旅文商融合提升乡村体育文化的价值和影响力。通过将体育、旅游、文化等元素融合在一起，乡村地区打造独特的体育文化品牌形象和内涵。体旅文商融合注重挖掘乡村体育文化遗产、民俗传统和地方特色，通过市场推广和营销策略，将乡村体育文化的魅力传递给更多人，提升文化的认同度和价值感。这不仅有助于吸引游客和投资者前往乡村地区，促进乡村旅游和文化产业发展，也为乡村地区带来经济效益和就业机会。

体旅文商融合促进乡村体育文化与现代生活方式的融合。随着社会发展和城市化进程加速，乡村地区体育文化面临着与现代生活方式冲突和融合的问题。通过体旅文商融合的方式，将传统体育文化与现代元素相结合，创造出具有时代特色和乡村韵味的新体育文化形态。例如，引入现代体育设施、举办健身活动等，使乡村体育文化与现代生活方式相互交融，满足人们对于体育多样性和个性化需求的同时，推动乡村体育文化发展。

二、体旅文商融合优化乡村体育产业结构的机制

（一）体旅文商融合促进乡村体育产品多元化

体育与旅游、文化和商业等领域相结合，开发出更多体育衍生产品。乡村地区举办徒步、骑行等户外运动活动，吸引游客前来参与。将乡村体育与当地文化元素相结合，举办具有地方特色的体育赛事或表演活动。在传统节日期间举办乡村篝火晚会、民俗运动比赛等，将乡村体育作为商业项目进行开发和经营。建设多功能运动场馆，提供健身器材租借服务，并开设健身培训课程。将乡村体育活动与旅游结合起来，形成独特的体育旅游品牌。吸引更多游客前来参与旅游活动，同时也带动当地相关产业发展。

（二）体旅文商融合推动乡村体育服务多元化

提供丰富的体育服务。为了满足不同人群的需求，提供多样化的体育活动服务，包括户外运动、团队竞技和健身训练等。结合乡村旅游资源，为消费者打造乡村旅游与体育结合的特色服务，例如组织徒步穿越、骑行探险等旅游体育项目。

感受当地乡村文化。举办文化交流活动，让消费者深入了解和感受当地的乡村文化，参与传统手工艺品制作、农耕文化体验等活动。在乡村体育场馆或运动基地周边，提供商业配套服务，如餐饮、住宿、购物等，为消费者创造便利和舒

适的就餐和休息环境。

养成健康生活方式。为帮助消费者养成健康的生活方式，开设健康生活教育课程和培训班，提供专业教练指导，协助消费者提升运动技能。在乡村社区中，设立体育活动场所，并开展免费或低收费的体育活动，为当地居民提供方便的健身场所和机会。

引入商业模式和创新服务理念，乡村体育产业相关主体提供多样化服务，如体育培训、赛事组织、康复保健等，满足不同人群健康需求。同时，结合文化元素，开展文化创意活动、体育演出等，丰富消费者的文化体验，提升服务的品质和附加值。

（三）体旅文商融合促进乡村体育产业链条延伸和升级

通过与相关行业合作，将乡村体育与其他产业进行深度融合。例如，与健康养生、户外装备、旅游服务等行业合作，提供综合性产品和服务。引入先进技术和创新模式，提升乡村体育产业的附加值和竞争力。例如，利用大数据分析、虚拟现实技术等，提供智能化运营和定制化服务。鼓励科技企业参与乡村体育产业，并进行技术创新和研发。例如，开发智能运动设备、健身APP等，为消费者提供更好的体验和服务。通过体旅文商融合，打造具有品牌影响力的乡村体育产业企业，并拓展国内外市场。参加相关展会、交流活动，提升品牌知名度和竞争力。通过与相关产业的合作，乡村体育产业实现资源共享、优势互补，形成产业联动效应。例如，与旅游业合作，开展体育旅游项目，吸引更多游客到乡村参与体育活动。与文化产业合作，举办体育艺术展览、体育文化节等，推动体育与文化的深度融合，扩大产业的影响力和市场空间。

（四）体旅文商融合促进乡村体育产业多元化发展

将乡村体育与旅游资源相结合，开发具有地方特色的体育旅游项目。例如，在风景优美的乡村地区举办户外运动活动，吸引游客前来参与。将乡村体育与当地传统文化相结合，举办具有地方特色的文化活动和体育赛事。例如，在传统节日期间举办民俗运动比赛或演出。将乡村体育作为商业项目进行开发和经营，提供多样化体育服务和产品。例如，建设多功能运动场馆，提供健身器材租借、健身培训等服务。在乡村社区中建立体育设施和活动场所，开展各类体育活动。通过组织社区体育赛事、健身活动等，促进居民身心健康。通过引入创新理念、拓宽产业链条和提供多样化的服务内容，乡村体育产业实现产业结构优化，提高产业竞争力和可持续发展能力。政府和相关部门加强政策支持，提供资金和资源支持，推动体旅文商融合发展，为乡村体育产业繁荣作出积极贡献。

（五）体旅文商融合提升乡村体育产业附加值

体旅文商融合提升乡村体育产业附加值。传统乡村体育产业主要以农民体育活动为主，产品和服务单一，附加值有限。而通过体旅文商融合，将体育与旅游、文化等元素结合起来，打造出丰富多样的产品和服务。比如，组织体育赛事、开展旅游体验活动、举办文化演出等，为消费者提供更全面、更具吸引力的产品和服务，从而提高产业附加值。

体旅文商融合带动社会资源投入，为乡村体育产业提供更多的资金和资源支持。例如，政府和社会组织加大对农村体育设施建设的投入和支持力度，提供更多的资金和资源支持。同时，投资者看到乡村经济发展的潜力和前景，为当地提供更多的投资和发展机会，促进乡村经济的繁荣和发展。

体旅文商融合提升乡村体育产业的品牌价值。通过将体育、旅游、文化等元素有机结合，打造独特的品牌形象和市场定位[1]。比如，以某个乡村为基地，打造特色的体育旅游品牌，通过举办赛事、开展培训等活动，吸引更多参与者和游客。如此，乡村体育产业相关主体树立其品牌形象，提高品牌价值和市场认知度，从而增加附加值。

体旅文商融合还促进乡村体育产业的创新和升级。通过与旅游、文化、商业等领域的合作，引入先进管理理念、技术和模式，推动产业创新和升级。比如，引入互联网技术，开展线上线下相结合的体育活动；利用大数据分析，提供个性化体育服务。这些创新和升级措施能够增加产业附加值，提高效益和竞争力。

（六）体旅文商融合拓展乡村体育产业市场空间

体旅融合为乡村体育产业市场拓展提供了关键路径。通过将乡村地区打造成运动旅游目的地，吸引了大量消费者前来参与各种运动活动。例如，在自然风景优美的乡村建设专业运动场馆和多样化户外运动线路，同时举办各种规模大小的

---

[1] 黄晓刚.黄酒营销策略探讨——以塔牌高端本色黄酒为例[J].中国食品，2023（14）：114-116.

体育赛事和活动，包括马拉松赛事和登山挑战赛等。此外，结合健身、休闲和养生等元素，将它们融入乡村旅游中。例如，在农田中进行农耕运动、开展户外瑜伽等，以满足消费者多样化的需求。还致力于创新旅游+体育产品，提供全方位的服务和体验，如推出乡村徒步旅游产品和农家乐运动体验等。

体文融合为拓展乡村体育产业市场空间提供创新方向。将乡村地区的传统文化元素融入体育活动中，创造出独特的运动形式。例如，在民俗节日期间举办传统竞技项目和开展传统舞蹈与健身结合的活动。此外，以具有特色的文化主题为基础，设计并组织相关运动活动，如在古镇举办夜间跑步活动、在历史遗址上开展古代武术表演等。通过将体育和文化元素融入产品设计中，开发具有地方特色的文化创意产品，如以当地传统技艺为主题的运动装备和纪念品等。同时，通过举办体育艺术展览、文化体育节等活动，将体育与文化相融合，吸引众多观众和参与者。

体商融合为乡村体育产业带来更广阔的市场空间。商业元素的介入为乡村体育产业提供了资金支持和专业经验，使产业得以规模化发展，扩大市场规模，提高市场竞争力。同时，商业元素参与为乡村体育产业提供了市场拓展和推广渠道，通过与企业合作，乡村体育产业扩大其产品和服务的覆盖范围，提高市场知名度。此外，商业元素参与为乡村体育产业提供了专业化的管理和运营支持。企业丰富的管理经验和专业的运营团队使乡村体育产业提高了效率和服务质量，提升了消费者的满意度和忠诚度。同时，商业元素参与为乡村体育产业带来了更多创新和升级[1]，满足了消费者不断变化的需求。

三、体旅文商融合优化乡村体育产业结构的路径

体旅文商融合优化乡村体育产业结构的路径体现在如下几个方面：

（一）建立产业联盟合作机制，促进产业协同与合作

体旅文商融合对于乡村体育产业发展具有重要意义。为实现乡村体育产业结构优化和全面发展，建立产业联盟是一条行之有效的路径。联盟促进产业协同与合作，为乡村体育产业创造更加有利的发展环境。

---

[1] 罗晴雁.社交网络时代的市场营销模式[J].中国外资，2023（07）：72-74.

建立产业联盟促进产业协同。不同的企业和组织通过合作与共享资源，达到互补优势的效果。体育旅游企业与文化机构合作，共同开发旅游景点和体育文化活动，丰富乡村旅游的内容。企业提供销售和市场拓展的支持，帮助乡村体育产业获得更多曝光和商机。同时，专业机构提供技术支持和培训，提升乡村体育产业相关主体的专业水平和服务质量。通过这种产业协同，各个参与方发挥各自优势，实现资源共享、成本共担，共同推动乡村体育产业发展。

建立产业联盟促进产业合作。通过联盟的平台和机制，不同企业和组织之间进行更加紧密的合作。例如，体育设施建设和维护由专业企业承担，旅游企业提供游客流量，文化机构组织相关活动，企业提供销售和推广支持。这种合作实现资源最优配置，提高效率和质量，为乡村体育产业带来更多商机和盈利空间。此外，通过合作共同开展市场推广和宣传活动，能够提高乡村体育产业的知名度和影响力，吸引更多的游客和消费者。

建立产业联盟带来更多创新机会。不同领域的企业和组织相互合作，共同创新商业模式和产品。例如，体育旅游企业开发独特的旅游线路和体验项目，文化机构创作特色的文化表演和艺术展览，企业推出与乡村体育产业相关的创意产品。通过创新，为乡村体育产业注入新的活力和竞争力，满足不断变化的市场需求。

建立产业联盟是优化乡村体育产业结构的重要路径。通过产业协同与合作，实现资源共享、成本共担，推动乡村体育产业的全面发展。在建立产业联盟的过程中，各参与方应注重互信和共赢的原则，共同推动乡村体育产业朝着更加健康、可持续的方向发展[1]。

（二）发展多元化产业业态，提升服务水平和品质

发展多元化产业业态是优化乡村体育产业结构的重要途径。通过引入多样化体育项目和服务，满足不同人群的需求，提升乡村体育产业的服务水平和品质。

多元化产业业态为乡村体育发展开辟了更广阔的领域。首先，利用乡村地区的农耕文化和农田资源，提供农事体验活动，让人们亲近自然，了解农耕文化。其次，举办乡村马拉松赛事，在美丽的乡间道路上进行跑步比赛，吸引跑步爱好者和观众。此外，开辟自行车道路和自行车旅游线路，鼓励人们骑行探索乡村风

---

[1] 纪向正.乡村振兴战略背景下的生态文明建设研究[J].农村·农业·农民（A版），2023（06）：43-45.

光。同时，组织各类传统乡土体育项目比赛，如拔河、跳绳、踢毽子等，激发乡村居民对传统体育项目的兴趣。最后，结合农产品销售和体验活动，让人们了解农产品的生产过程，并购买当地特色农产品[①]。

多元化产业业态能够提升乡村体育服务的品质。为了满足多元化体育项目和活动的需求，需提供相应的设施支持，例如运动场馆、健身房、自行车道等，并且改善和扩充这些设施。随着乡村体育项目的增加，需更多专业教练和指导员来组织训练和指导活动。他们将提供专业知识和技能培训，帮助人们更好地参与体育运动。此外，有组织、有创意的活动策划与推广也是多元化体育产业的重要部分。通过举办比赛、展览、演出等形式，吸引更多人参与，并提高乡村体育产业影响力。

多元化体育产业也需要结合文化创意和旅游服务，提供更丰富多样的体验。例如，推出以体育为主题的文化节庆活动，或者开展农田景观游览等。随着体育产业的不断发展，人们对于体育活动的需求也在不断提升。不再满足于基本的运动设施和器材，人们现在更需要专业教练、健康指导、体能训练和康复治疗等服务。为此，乡村体育产业相关主体需要引入专业化的体育服务机构，提供个性化健身指导、康复护理等服务，满足体育爱好者的全面需求，为他们提供更加全面的支持和关怀。

多元化产业业态有助于乡村体育与其他行业的融合，创造更多合作机会和发展空间。例如，将体育活动与旅游相结合，打造运动旅游产品。在乡村地区组织户外徒步、骑行等活动，吸引游客参与。同时结合体育运动和健康管理，提供个性化健身方案和健康咨询服务。医疗机构可开设康复训练中心，为受伤或需要康复的人群提供专业指导。此外，在学校、社区等场所推广体育教育和培训课程，开设专门的培训机构，提供专业运动员培养、教练员培训等服务。将体育元素融入文化创意产品中，例如在农村举办体育文化节，组织相关演出和展览。运用科技手段改善体育训练和比赛效果，如虚拟现实、智能设备等，同时开发与体育相关的应用程序，提供运动数据记录、健身指导等功能。将体育活动与农业生产相结合，推动休闲农业和乡村旅游发展。例如，在田间开展户外运动项目，同时向参与者提供有机农产品。乡村体育产业与旅游企业、文化产业、企业等合作，举

---

① 薛逸斌.农村产业融合发展研究[D].南京：南京农业大学，2021.

办体育旅游产品、艺术表演、音乐节等活动，为体育赛事注入更多文化元素。此外，开展体育品牌推广、体育用品销售等，提高乡村体育产业的商业价值。通过多元化产业业态，乡村体育发展将得到更好的推动，实现与其他行业的共赢[1]。

（三）打造乡村体育产业品牌，开展市场营销

通过有效的品牌建设和市场推广，提升乡村体育产业的知名度、影响力和竞争力，打造乡村体育产业品牌，开展市场营销是优化乡村体育产业结构路径的重要组成部分。

打造乡村体育产业品牌。明确乡村体育产业品牌定位和特色，找到独特卖点。结合当地自然环境、文化传统等因素，创造出与众不同的体验或项目。此外，设计具有识别度和吸引力的品牌标志、口号和形象元素，以传达出乡村体育产业的核心价值观和特点。为了满足消费者需求，提供具有差异化优势的产品与服务，从活动策划、教练培训、设施建设等方面进行创新，为用户带来独特而优质的体验。同时，利用各种渠道进行市场推广与宣传，包括线上线下媒体、社交媒体、展会活动等。通过正面宣传和口碑营销，提高品牌的知名度和美誉度。此外，与相关企业、机构和组织建立合作伙伴关系，共同推广乡村体育产业品牌，例如与旅游公司合作开展体育旅游项目，与教育机构合作开展体育教育培训等。注重用户体验和服务质量，提供优质的客户服务，并不断改进和升级产品与服务。通过积累用户口碑和满意度，增强品牌的竞争力。品牌是企业或产业形象和价值的集合，在消费者心中产生认同和忠诚度。乡村体育产业独特的品牌理念、核心价值和标志性标识，将塑造出与众不同的品牌形象。此外，注重产品和服务的品质，提供卓越的体验和满意度，也是打造品牌的重要方面。

开展乡村体育市场营销。首先，利用互联网和社交媒体平台进行线上营销，建立专业网站或在线商城，发布有关产品、服务和活动的信息，并在社交媒体上定期更新内容，与用户保持互动。同时，参加相关行业展会、论坛和活动，向目标受众展示产品与服务，并组织演示活动、举办比赛或培训等，以吸引人们的关注。通过电视、广播、报纸等传统媒体进行广告宣传，选择合适的媒体渠道，并设计吸引人的广告内容。通过积累用户口碑和满意度，提高品牌的信誉度，鼓励

---

[1] 岳聪，岳岩.三亚乡村低碳体育旅游开发的可行性分析及对策探讨[J].旅游与摄影，2022（20）：54-56.

用户分享体验、撰写评价、参与社区活动等。与相关企业、机构和组织建立合作伙伴关系，进行联合营销、合作活动或交叉宣传等。建立并维护良好的客户关系，提供优质的客户服务，并保持与客户的沟通互动，及时回应客户反馈和需求。此外，定期进行市场调研，了解目标客户群体的需求和偏好，通过数据分析来评估市场反馈和效果，并根据结果调整市场策略。乡村体育产业将利用互联网、社交媒体、电视、广告等多种渠道进行广告宣传、线上线下活动、赛事推广等形式的市场推广。同时，与旅游机构、文化机构、体育协会等合作，举办各类体育赛事、文化活动和旅游推广，扩大品牌的曝光度和影响范围。这些措施有助于提升乡村体育产业的市场地位和竞争力。

满足消费者需求和体验。乡村体育产业相关主体应了解目标消费者的偏好和需求，针对不同消费群体提供差异化产品和服务。同时，注重提供优质的体育活动、专业指导和舒适的设施，以提升消费者的满意度和口碑。积极收集消费者的反馈和建议，并不断改进和优化产品和服务，提升乡村体育产业竞争力。

建立良好的合作伙伴关系。首先，相关主体应积极与政府合作，以获取政策支持、项目资金和基础设施建设等方面的帮助。政府将提供市场信息和数据分析，协助制订战略规划。其次，与旅游机构合作开展体育旅游项目，将乡村体育与旅游业相结合，以吸引更多游客和投资。同时，与教育机构合作开展体育教育培训项目，提供专业化培训服务，有助于推动乡村体育人才的培养和发展。提升品牌形象并扩大市场份额，吸引企业赞助商参与乡村体育项目或活动。此外，与社区组织合作开展体育活动，推广健康生活方式和社交互动，借助社区组织的力量更好地组织和推广乡村体育项目。乡村体育产业主体应与高校研究机构合作进行科研和技术创新，高校提供专业的研究支持和技术咨询。同时，与媒体合作伙伴建立合作关系，拓宽宣传渠道，媒体帮助宣传乡村体育产业品牌、推广活动，并吸引更多关注。最后，与旅游机构、文化机构、企业等建立合作伙伴关系，共同开展联合推广活动、跨界合作项目等，实现资源共享和互补。例如，与旅游机构合作推出乡村体育旅游产品，与文化机构合作举办体育文化艺术节，与企业合作推广体育用品等。通过建立良好的合作伙伴关系，推动乡村体育产业高质量发展。

（四）加强层设计，培育新业态

优化乡村体育产业结构，关键在于加强层设计。首先，制定支持乡村体育产业发展的政策和法规，明确政府部门的职责和支持措施[①]。关注土地使用、资金支持、税收优惠等问题，为乡村体育产业创造良好的政策环境。其次，建设适应乡村体育需求的基础设施，如运动场馆、健身器材和交通网络等，以提供优质的运动环境，吸引人们参与体育活动。乡村体育产业应构建完整的产业链条，涵盖从产品研发到生产销售、运营服务的全过程，实现资源共享和协同发展。加强乡村体育产业人才的培养和引进，开展相关培训和教育项目，提高从业人员的专业素质和技能水平。同时，激发社区居民对体育的兴趣，鼓励他们参与乡村体育活动，并提供相应的场地和设施。为了加强乡村体育文化的传承和保护，应挖掘和宣传本土文化元素，将其融入乡村体育活动中，增强地方特色和认同感。分层设计是指在产业发展中考虑不同层次和不同功能的布局和规划，例如，将体育运动、体育教育、体育赛事、体育旅游等不同功能和形式的产业结合起来，形成一个有机整体。通过合理的层次规划，实现乡村体育产业的互相促进和有机协调。

培育新业态是推动乡村体育产业结构优化的重要途径。乡村体育与旅游业的结合是一个重要方向。通过举办登山徒步赛、自行车骑行赛等活动，让游客在欣赏乡村美景的同时参与体育活动。此外，推广健康养生理念，开展健身、瑜伽、太极等养生活动，满足人们多样化需求。电子竞技项目的开展和电竞训练基地、比赛场馆的搭建能吸引年轻人参与和观看比赛，从而促进乡村体育产业发展。同时，将体育活动与农业产业相结合，打造休闲农场、农家乐等场所，提供采摘、种植、养殖等农业体验服务，让人们在运动中感受农村的美好与乐趣。利用互联网技术打破地域限制，扩大市场覆盖面，并提供便捷的消费体验。根据个人需求提供定制化的体育服务和产品，如私人健身教练、个性化训练计划等，满足不同人群的特殊需求。跨界合作是乡村体育产业发展的另一个重要途径。与其他行业进行合作，开展联合营销或共同创新项目，实现各方优势互补，在不同领域形成协同效应。随着社会的发展和人们体育消费需求的变化，传统体育业态已无法完全满足人们的需求。因此，乡村体育产业应积极引入新的业态和创新模式，如发展健身俱乐部、运动健康咨询服务、体育健康产品销售等新型业态，以在满足人们个性化、多样化的健身需求的同时，创造更多商机。此外，借助互联网和科技

---

① 李恩."成渝地区双城经济圈"战略背景下四川体育文化发展研究[J].文体用品与科技，2023（04）：37-39.

发展，开展线上线下结合的虚拟体育赛事、体育教学等创新业态，也能提升体育产业数字化水平和服务质量。

优化乡村体育产业结构需要重视人才培养和技术创新。首先，要加大对乡村体育产业相关人才的培养和引进的力度，通过开设专业课程、培训班和实习项目等方式，提高从业人员的专业素质和技能水平。同时，吸引优秀人才到乡村就业创业，以优化人力资源配置。其次，运用科技手段进行技术研发和创新，将新技术、新模式应用于乡村体育产业，提升产品品质和服务效率。例如，采用在线预约系统、智能设备和虚拟现实等技术，为用户提供便捷、个性化的体验。此外，要关注人才培养，培养出更多具备专业知识和管理能力的人才，推动乡村体育产业发展。同时，通过技术创新提升乡村体育产业竞争力，满足消费者对于高品质、高效率服务的需求。这些措施将促进新型业态在乡村体育产业中的快速发展，推动乡村体育产业结构优化和可持续发展。加强人才培养和技术创新，乡村体育产业将焕发新的活力，为农村经济发展作出贡献。

（五）加强专业管理，促进科技创新

优化乡村体育产业结构需要强化专业管理和组织规划。首先，设立乡村体育产业管理机构，由行业专家组成，他们拥有丰富的经验和知识，负责协调、监督和推动乡村体育产业发展。其次，制定相关政策与规定，明确乡村体育产业发展目标、路径和标准，通过政策引导，促使乡村体育产业迈向高质量、可持续发展的道路。深入了解乡村居民对体育活动的需求和喜好，根据市场调研结果进行合理规划，关注乡村体育产业与当地文化、旅游等相关产业的协同发展。邀请具备丰富经验的运营团队参与乡村体育项目的管理和运作，他们能够提供专业化管理服务，并助力提高项目效益和用户满意度。同时，加大乡村体育产业从业人员培训力度，提升他们的专业素质和管理能力。引入先进的技术支持，如智能设备、数据分析等，提高乡村体育产业运营效率和服务水平。鼓励各地区乡村体育产业主体进行合作与资源共享，建立联盟组织或平台，实现信息交流、经验分享和项目合作。最后，建立健全监督机制，加强对乡村体育产业项目的监测、评估和考核，及时发现并解决问题，确保乡村体育产业健康有序发展。通过加强专业管理和组织规划，推动乡村体育产业健康发展，并为农村地区提供多元化、高品质的体育活动服务。

加大对乡村体育产业的科技创新支持和投入是推动其发展的重要手段。首先，设立专项资金用于支持乡村体育产业的科技创新项目，如研发新技术、购置先进设备、培训人才等。其次，加强与高校、科研机构的合作，共享资源和信息，将科学技术应用到乡村体育产业中，提升其竞争力和发展水平。政府应提供税收优惠政策和其他激励措施，鼓励企业加大对乡村体育产业的科技创新支持。同时，建立乡村体育产业的科技创新平台，提供技术咨询、项目孵化、市场推广等服务，帮助乡村体育产业实现科技创新成果的转化和商业化。此外，推动乡村体育产业数字化和智能化发展，引入先进的信息技术和智能设备，例如利用大数据分析技术优化运营管理，利用虚拟现实和增强现实技术提升用户体验等。加大对乡村体育产业科技人才的培养力度，提供相关专业课程和培训机会，同时鼓励乡村青年参与科技创新，激发他们的创造力和创新精神。为保护乡村体育产业科技创新成果的知识产权，应鼓励企业和个人进行合法申请，并提供相应的法律保护。通过加大对乡村体育产业的科技创新支持和投入，推动其向高质量、可持续发展的方向转变[1]。科技创新将为乡村体育产业带来更多机遇和竞争优势，同时也有助于提升农民的生活质量和促进农村经济社会全面发展。

建立信息化平台和数字化服务体系。首先，设立乡村体育产业信息化平台，整合相关数据和资源，为用户提供乡村体育场馆、培训机构、赛事活动等信息，以及在线预约功能。同时，开发移动应用程序，让用户能够随时随地进行场馆预约、课程报名、比赛报名等，并获得个性化推荐和健身指导。为了提升乡村体育从业人员的专业素质和服务水平，建立在线培训平台，为乡村体育从业人员提供专业知识和技能培训。此外，引入智能设备和技术支持，例如利用智能感知设备来监测场馆使用情况，利用虚拟现实技术提供沉浸式运动体验等。利用大数据分析技术对乡村体育产业进行数据采集和分析，为运营管理提供决策支持，同时了解用户需求和偏好，优化资源配置和服务内容。建立乡村体育产业在线社交平台，促进用户之间的交流与互动，让用户分享运动经验、组织活动，并建立更紧密的社区关系。此外，推广电子支付和电子票务系统，方便用户进行支付和购票，提高乡村体育产业的服务效率，减少人员流动给现金支付带来的安全隐患。这些措

---

[1] 高光琪.重大赛事蓬勃发展形势下的体育产业链升级机制研究[J].文体用品与科技，2023（02）：70-72.

施将推动乡村体育产业向高质量、可持续发展的方向转变，为农村地区提供更多元化、高品质的体育活动服务。

加强与相关行业和科研机构的合作与交流。首先，构建乡村体育产业与相关行业和科研机构的合作平台，以实现信息共享、资源整合和项目合作。通过组织行业研讨会、专题培训等方式，增进彼此之间的交流与合作。同时，与科研机构联合开展乡村体育产业相关研究项目，探讨新技术、新模式和新理念，共同解决实际问题，推动乡村体育产业创新发展。鼓励乡村体育产业从业人员到相关行业和科研机构进行学习和交流，也欢迎相关行业和科研机构的专家学者为从业人员提供指导和支持，以提升乡村体育产业的专业水平。此外，积极推动乡村体育产业与文化、旅游、健康等相关行业之间的跨界融合，实现合作共赢、资源共享和互补，从而推动乡村体育产业的多元化发展。与相关行业和科研机构建立长期稳定的合作机制，签订合作协议，明确双方的合作内容、责任分工和共同目标，并定期进行评估和总结。最后，促进与科研机构之间的技术转移和成果转化，引入科技成果和创新技术，以提升乡村体育产业的竞争力和创新能力。通过加强与相关行业和科研机构的合作与交流，实现资源共享、优势互补，促进乡村体育产业创新发展。

（六）拓宽市场渠道，建设智慧体育设施

加强对乡村体育产业的市场调研和定位。首先，开展市场调研，通过问卷调查、访谈等方式收集数据，深入了解乡村居民对体育活动的需求和偏好，分析用户群体、消费习惯和购买意愿等信息。全面分析乡村体育产业的竞争格局，了解主要竞争对手及其优势、弱点以及市场份额等情况，通过比较分析，找出自身在市场中的差异化竞争优势。其次，关注国内外乡村体育产业发展趋势，并进行预测和判断，例如，关注新兴技术应用、政策导向、消费升级等方面的变化，为乡村体育产业提供战略指引。根据市场调研结果，明确自身产品或服务在乡村体育产业中的定位，并制订差异化策略，例如，依托独特的自然环境和文化资源，提供特色的乡村体育活动，满足不同用户需求。第三，选择适合自身发展的目标市场，考虑因地制宜、有针对性地开拓不同乡村地区或特定群体的市场。通过营销手段和品牌建设，塑造乡村体育产业的良好形象，注重产品质量、服务态度和用户口碑等方面，树立可信赖、有影响力的品牌形象。最后，定期评估市场调研结

果和定位策略效果,并根据需要及时进行调整,保持对市场变化的敏感度,灵活应对新情况和新挑战。通过深入了解消费者需求和市场趋势,为乡村体育产业提供精准的市场导向,制订相应的市场开拓策略,重点发展具有地方特色和吸引力的体育旅游产品和文化体验,将有助于推动乡村体育产业的健康发展。

引入智慧化技术,建设智慧体育设施,提升乡村体育产业的服务水平和用户体验。引入智慧化技术,建设智慧体育设施。利用物联网技术和传感器设备,实现对乡村体育场馆的智能化管理,例如,通过智能门禁系统实现自动进出、预约管理,利用环境监测设备实时监控温度、湿度等环境参数,利用智能照明系统实现节能控制。引入虚拟现实(VR)和增强现实(AR)技术,为用户提供沉浸式的运动体验[1]。例如,在乡村体育场馆中设置VR游戏区域或AR交互展示区域,让用户参与虚拟运动比赛或与虚拟偶像互动。开发移动应用程序,让用户通过手机或平板电脑进行场馆预约、课程报名等操作,并结合远程监控技术,提供在线指导和咨询。利用大数据分析技术,对乡村体育用户数据进行挖掘和分析,通过了解用户需求和偏好,提供个性化运动方案、课程推荐和健身指导,提升用户体验。同时,引入智能健身设备,提供更多样化、互动性强的运动方式,例如,智能跑步机根据用户的个人信息和目标制订个性化跑步计划,智能力量训练设备监测训练姿势,并给出实时反馈。

此外,利用无人机和摄像技术,对乡村体育场地进行航拍或实时监控,这不仅能提供美观的俯瞰视角,还有助于场地管理和赛事组织等工作。通过社交媒体平台和在线社区,建立乡村体育互动交流平台,让用户分享运动经验、参与线上活动,并与其他爱好者建立联系。最后,推动智慧化体育场馆和运动设施的建设,引入先进的信息技术和物联网技术,提供便捷的在线预约、支付和管理系统。利用大数据和人工智能技术,分析用户行为和偏好,为乡村体育产业提供个性化推荐服务和精准营销。同时,鼓励乡村体育产业与互联网平台合作,拓展线上销售渠道,开展线上赛事和活动,实现线上线下融合发展。

加强乡村体育产业的品牌建设和宣传推广。首先,明确乡村体育产业品牌定位,发挥自身核心竞争优势,实现与其他行业的差异化竞争。例如,充分利用乡

---

[1] 王经绫.数字音乐产业发展趋势及商业模式创新[J].深圳大学学报(人文社会科学版),2023,40(03):43-50.

村的环境和文化资源，塑造独特的乡村体育品牌形象。精心设计乡村体育产业品牌标识、口号和视觉形象，使其直观传达企业理念和产品特色。同时，关注品牌形象与目标用户群体之间的契合度。组织丰富多样的线下活动，如开展运动健身课程、举办比赛赛事等，让用户亲身感受到乡村体育产业的魅力，并通过活动宣传增加品牌曝光度。积极利用各类社交媒体平台（如微信公众号、微博、抖音等）发布乡村体育产业有关内容，包括新闻资讯、活动推广、用户故事等，与用户互动，提升品牌关注度和粉丝数量。同时，与媒体进行合作，争取媒体报道和专题宣传，通过媒体曝光，扩大乡村体育产业的影响力。与相关行业和企业建立战略合作伙伴关系，共同进行宣传推广。例如，与旅游机构合作开展乡村体育旅游项目，与健身器材厂商合作进行产品推广等。积极参加乡村体育产业相关的展览会、论坛和交流活动，借助这些平台，展示自身的产品和服务，并与其他行业从业者进行深入交流。注重用户口碑传播和引导，提供优质产品和服务，在用户中树立良好口碑，并鼓励用户在社交媒体上分享自己的运动经验和感受。通过举办体育赛事、文化活动和营销推广活动，提升乡村体育产业知名度。加强对乡村体育品牌的培育和保护，推动乡村体育产业与知名品牌合作，提升产品和服务的品质和价值。

（七）支持创意孵化平台，推动数字化技术的运用

为激发乡村体育产业创新活力和优化产业结构，需重视创意孵化平台的建设以及数字化技术的运用。通过打造创意孵化平台和推广数字化技术，培育新兴产业、激发创新思维，进而实现乡村体育产业融合发展和结构优化。

支持创意孵化平台是促进乡村体育产业创新的重要途径[①]。首先，为创业者提供必要的基础设施，满足他们的工作需求，如办公空间、实验室和研发设备等。其次，通过政府补贴、投资基金或与金融机构合作等方式，为乡村体育产业的创新项目提供资金支持，包括启动资金、研发经费和市场推广费用等。此外，还需邀请相关行业专家提供专业指导和咨询服务，帮助创业者解决问题并制订战略规划。同时，确保乡村体育产业中的创新项目得到知识产权保护，并提供法律咨询服务以增加投资者信心。此外，组织创业培训和教育课程，以提升创业者的专业

---

① 周强，阮启卫．日本体育促进乡村振兴的政策及启示[J]．体育科技文献通报，2023，31（03）：114-117．

技能和管理能力。为创业者提供与相关行业从业者、投资者和合作伙伴建立联系的机会，通过组织交流活动、举办创新大赛等方式实现。最后，提供市场推广方面的支持，包括品牌宣传、营销策略制订、线上线下推广活动等，以帮助乡村体育产业中的创新项目获得更多曝光和用户认可。创意孵化平台汇集场地、资源和专业支持，吸引创业者、创意人才和科技专家等，形成创新创业生态系统。通过创意孵化平台，乡村体育产业激发创业创新活力，孵化和培育具有市场潜力的新项目和新产品。例如，为创意孵化平台提供资金支持、导师指导和市场推广等方面的支持，帮助创意人才将创意转化为商业价值。通过支持创意孵化平台，乡村体育产业不断引入新的商业模式、产品和服务，推动产业的转型升级。

推动数字化技术的运用是优化乡村体育产业结构的关键。通过构建在线预约和支付平台，用户随时随地进行场馆预订、课程报名等操作，提升用户体验。同时，实现电子支付，提供便捷的交易方式。

利用大数据分析技术，对乡村体育场馆、设施的使用情况和用户偏好进行深入分析，为经营者提供决策参考和运营优化建议。通过虚拟现实（VR）和增强现实（AR）技术，为用户提供身临其境的体验，如在家中通过 VR 眼镜参与远程健身课程或观看比赛直播。开发移动应用程序（APP），方便用户获取最新信息、参与社区活动、记录健身数据等。同时，通过 APP 进行个性化推送和精准营销。发展电子竞技和电子体育项目，通过网络平台组织比赛、培训选手，并吸引更多用户参与观赛和互动。利用无人机进行航拍和景区监控，提供更全面的信息展示。同时，利用智能设备如智能健身器材、可穿戴设备等为用户提供更好的运动体验和数据跟踪。充分利用社交媒体平台，进行品牌宣传、活动推广等。通过与用户互动，增加品牌曝光度，并吸引更多用户参与乡村体育产业。应用云计算和物联网技术，实现场馆设施的远程管理、故障监测等。同时，实现智能化运营，提高效率并节约成本。在体育产业中应用数字化技术，提高运营效率、拓展市场和优化用户体验。乡村体育产业主体积极采用数字化技术，构建线上线下融合的体育生态系统。通过开发移动应用、电子商务平台和智能设备，实现线上线下的互联互通。例如，通过数字化技术实现在线预订和支付、智能化的场馆管理、精准的用户定位和个性化服务推荐等。通过运用数字化技术，乡村体育产业主体提升其服务水平和品质，满足用户个性化需求，并开拓更广阔的市场。

（八）加强社区参与，培养乡村体育人才

优化乡村体育产业结构的关键在于增强社区参与度和培育乡村体育人才。首先，倡导在乡村社区举办各类体育活动，如健身操、毽球比赛、广场舞比赛等，以此激发居民的参与热情。其次，通过定期举办这些活动，提高居民对乡村体育产业的关注度和支持度。此外，开展乡村体育人才培训项目，包括运动员、教练员和管理人员的培训，并建立完善的培训机制，提供系统化、专业化的培训课程，为学员提供实践机会。对于有创新意识和创意的个人或团队，应给予创业支持，包括项目评估、资金扶持和导师指导等，鼓励他们将创新理念和技术应用于乡村体育产业。同时，与学校加强合作，推广体育运动和健康教育，培养青少年对乡村体育的兴趣和热爱，为他们提供相关专业知识和技能培训。此外，应促进乡村体育产业与高校、研究机构的合作，共同开展科研项目、人才培养和成果转化，提升乡村体育产业相关主体的技术水平和创新能力。组织社区居民参与乡村体育活动志愿者培训，提供必要的技能培训和服务指南，让志愿者参与赛事组织、场馆管理等方面的工作，提高社区居民对乡村体育产业发展的参与度。最后，搭建乡村体育人才交流平台，通过举办研讨会、论坛等活动，提供交流分享的机会，加强行业内人才的联系与合作。通过以上措施，引导社区居民参与体育活动，培养和选拔乡村体育人才，从而促进乡村体育产业蓬勃发展和结构优化。

实现乡村体育产业结构优化的关键在于提高社区参与度。首先，构建社区与乡村体育产业之间的沟通桥梁，例如成立社区体育委员会、开设乡村体育咨询热线等，以便居民及时了解并参与到相关活动中。其次，定期在社区内组织各类体育活动，如趣味运动会、太极拳、健身操等，同时设置互动环节和奖励机制，提高居民的兴趣和参与度。此外，在社区内建设或改造合适的场馆设施，为居民提供体育锻炼和休闲娱乐的场所，满足居民需求，同时促进社区内部形成良好的体育氛围。鼓励社区居民自发组织体育活动，如成立健身俱乐部、篮球队、足球队等，通过社区组织的方式，加强居民之间的互动和交流，形成良好的体育文化氛围。同时，培养并引导社区居民成为乡村体育产业的志愿者，参与相关活动的组织和服务工作，承担一些管理和运营方面的工作，同时也增强居民对乡村体育产业的认同感。提供针对社区居民的体育教育和培训项目，如健身知识普及、技能

培训等，提升居民的专业水平，让他们更好地参与到乡村体育产业中。最后，与社区内其他相关机构或企业建立合作伙伴关系，通过合作，共同开展乡村体育项目、资源共享等，实现优势互补、共同发展。社区是乡村体育产业的基础和重要组成部分，而社区居民的参与和支持对于产业发展至关重要。乡村体育产业相关主体通过组织各类体育活动和赛事，为社区居民提供丰富多样的参与机会，例如，设立社区健身角、开展健康讲座和康体培训等，吸引社区居民积极参与体育活动。此外，建立健全的社区体育组织和社区体育俱乐部，提供持续的体育服务和运动场地，鼓励社区居民形成健康的生活方式。通过加强社区参与，扩大乡村体育产业的受众群体，提升产业的社会认可度和影响力。

优化乡村体育产业结构的关键在于培养高素质的乡村体育人才。首先，重视对乡村青少年运动员的培养，建立完善的选拔、训练机制，为他们提供系统化、专业化的训练课程，挖掘他们的潜力，并让他们参与国内外比赛。其次，开展乡村体育教练员培训项目，提升教练员队伍的专业素质和技能水平，使他能有效指导运动员，推动乡村体育产业发展。此外，对乡村体育场馆、俱乐部等管理人员的培训也不容忽视，包括设施管理、营销策划、活动组织等方面的知识与技能。同时，培养乡村体育产业中的专业技术人才，如体育科学研究、运动训练技术、场馆建设与管理等领域的专家和专业人员，为乡村体育产业提供技术支持和创新动力。鼓励乡村体育人才跨界发展，例如与旅游、健康产业等相关领域结合，实现跨行业合作和创新，丰富乡村体育产业内涵，拓宽发展空间。建立持续的教育机制，为从业者提供进修和学习机会，同时举办学术交流活动，组织研讨会、论坛等，加强行业内部的合作与共享。最后，鼓励有创意和创新意识的个人或团队在乡村体育产业中进行创新创业，提供相应的支持政策和资源，帮助他们实现想法，推动整个产业发展与升级。通过培养乡村体育人才，为产业的持续发展提供强大的人力支持。

（九）加强产学研用合作，提供税收优惠政策

优化乡村体育产业结构的重要途径之一是加强产学研用合作和提供税收优惠政策。通过推动产业界、学术界和研究机构之间的紧密合作，以及给予税收方面的优惠政策，健全乡村体育产业链。

在乡村体育产业中，产学研用合作实现资源共享、知识交流和协同创新，促

进科技成果的转化与应用[①]。这意味着企业、高校、科研机构以及市场需求方之间建立紧密的联系与合作关系，共同开展科技创新、技术转移与应用推广等活动。通过产学研用合作，企业获得高校和科研机构的专业知识、技术专长以及实验设备等资源，从而提升产品或服务的质量和竞争力。同时，高校和科研机构也得以了解实际问题与需求，并将其转化为研究项目，从而提高科研水平和影响力。此外，产学研用合作还能促进不同领域之间的知识交流与分享，帮助企业更好地把握市场需求并进行产品创新。产学研用合作促进协同创新，通过集思广益、共同攻关，产生更具创新性的成果，提高创新效率，降低风险和成本[②]。加强产学研用合作是将科技成果转化为实际应用的重要途径。通过与企业合作，高校和科研机构将其研究成果转化为实际产品或服务，并在市场中进行推广和应用。同时，企业也将自身的需求反馈给高校和科研机构，高校和科学机构在此基础上开展相关研究并进行技术改进。通过与高校、科研机构等建立合作关系，乡村体育产业引入前沿科技、提升产品技术含量，并推动产业向高附加值和高质量发展。加强产学研用合作对于乡村体育产业具有重要的意义，有助于实现产业创新与升级。

提供税收优惠政策激励乡村体育产业发展。首先，通过减免或减少企业所得税、增值税等税收，优化资源配置，降低企业经营成本，使乡村体育产业得以投入更多资金用于生产、研发和市场推广，从而推动产业快速发展。其次，税收优惠政策吸引更多投资者参与乡村体育产业，为投资者带来更好的回报机会，鼓励投资者增加对乡村体育项目的投入，促进产业的扩大和升级。此外，税收优惠政策针对创新型企业、科技型企业等提供特殊待遇，例如减免或延缓纳税期限等优惠政策，以鼓励创新创业，并推动科技成果转化与应用。税收优惠政策还在一定程度上促进了乡村地区的经济发展。通过吸引乡村体育产业的投资和发展，税收优惠政策带动了相关产业链的形成和扩大，提升了当地经济水平。同时，税收优惠政策引导资金流向乡村体育产业，推动其结构优化与升级，有助于培育新兴产业、提升技术含量、增加附加值，并推动乡村经济由传统农业向多元化、高附加值的产业转型。最后，税收优惠政策与推动乡村振兴战略密切相关。税收优惠政策为乡村体育产业的发展提供更好的政策环境和支持，推动乡村经济的繁荣与可持续发展。

---

① 刘小娇.农村电商产业集聚与区域经济协同发展机制研究[J].黑龙江粮食，2023（04）：93-95.
② 陈佳.探析大学科技园对高校科技成果转化的作用[C].太原：山西省中大教育研究院，2023：3.

产学研用合作对于促进创新和技术转移具有重要意义。通过这种合作方式，企业与高校、科研机构等建立了紧密的联系，共享创新资源，共同开展教育培训项目[①]。高校和科研机构拥有丰富的科技人才和先进的科研设备，而企业则具备市场需求和实践经验。这种整合各方资源的方式加速创新成果的产生和应用。产学研用合作还为不同领域之间的技术交流提供了平台。通过建立合作平台、开展项目合作等方式，加强人才培养与流动，培养适应乡村体育产业需求的专业人才，并促进不同地区、不同领域之间的人才交流与合作，吸引不同地区的专业人士参与到乡村体育产业中[②]。同时，高校和科研机构将其研究成果、专利技术等进行推广，并通过与企业合作实现技术转化。企业也将自身的需求反馈给高校和科研机构，促使其开展相关研究并进行技术改进。产学研用促进创新和技术转移，优化与升级乡村体育产业结构，推动乡村振兴战略的实施[③]。

第三节　体旅文商融合促进乡村体育产业竞争力

一、体旅文商融合促进乡村体育产业竞争力意义

（一）拓宽产业发展空间

体旅文商融合为乡村体育产业拓展了新的发展空间。首先，通过将乡村自然资源、人文景观与体育活动相结合，创造独特的旅游体验，吸引游客参与体育活动，从而推动当地旅游业的发展。例如，举办运动赛事、健身活动、农耕体验等，充分利用乡村的自然资源和人文景观。其次，乡村拥有丰富的传统文化和民俗资源，将这些元素与体育活动相结合，打造具有地方特色和文化内涵的乡村体育项目。例如，在传统节日中举办民间运动比赛、民族舞蹈表演等，既保留了传统文化，又开展了乡村体育活动。第三，乡村体育产业通过商业模式创新提高经济效益。通过开设健身俱乐部、户外运动装备租赁服务、特色产品销售等方式，将体育活动与商业运作相结合，为乡村带来更多就业机会和经济收入。第四，乡村体

---

① 陈佳.探析大学科技园对高校科技成果转化的作用[C].太原：山西省中大教育研究院，2023：3.
② 陈佳.探析大学科技园对高校科技成果转化的作用[C].太原：山西省中大教育研究院，2023：3.
③ 刘小娇.农村电商产业集聚与区域经济协同发展机制研究[J].黑龙江粮食，2023（04）：93-95.

育产业与教育机构合作,开展体育培训和教育活动。通过建立体育学校、培训中心等,提供专业的体育培训和教练指导,促进青少年健康成长,并培养优秀的体育人才。最后,乡村体育产业与农业相结合,推动农旅融合发展。例如,在农田中设置户外健身设施、举办田园运动比赛等方式,将农田资源利用起来,并增加乡村体育项目的特色和吸引力。

通过体旅文商融合,乡村体育产业丰富了产品和服务的种类,提高了差异化竞争力,从而在市场上获得更多的机会和优势。这一发展模式有助于传统乡村体育产业的转型升级,进一步推动乡村经济多元化发展。

(二)提升产品和服务的质量

体旅文商融合助力乡村体育产业提升产品与服务质量。首先,结合不同领域的特色和需求,乡村体育产业致力于创新开发符合市场需求的产品,例如独特设计的户外运动装备和个性化健身项目,以提供更多样化、专业化的体育产品。

其次,体旅文商融合关注优质服务体验。通过强化培训和管理,提高乡村体育产业从业人员的服务意识和技能水平。利用信息技术手段,实现便捷、高效的预约、支付等服务方式,并根据客户反馈及时改进和优化服务。

第三,提高活动组织与管理能力。从策划到执行,关注细节以确保活动顺利进行,根据不同目标群体调整活动形式和内容。同时,建立有效的资源整合机制和伙伴关系,提高活动的协同性和综合效益。

最后,为提升产品和服务的质量,建立健全的质量管理体系。制定相关标准和规范,确保产品符合质量要求,加强对供应链的管理,保证原材料和设备的质量可控。同时,加强对从业人员的培训和绩效评估,提高整体运营质量。

旅游、文化、商业等元素的引入,为乡村体育产业提供更丰富多样的体育活动和体验,以及更好的场地设施、专业教练、安全保障等服务。通过提升产品和服务的质量,乡村体育产业满足消费者不断增长的需求,提高消费者的满意度和忠诚度,提升产业的竞争力。

(三)扩大市场份额和增加收入来源

首先,体旅文商融合为乡村体育产业开启巨大市场潜力。融合吸引了各种背景和需求的客户,例如,乡村体育结合旅游资源,吸引游客参与活动;通过融入文化元素，吸引文艺爱好者参与表演，扩大了潜在客户群体，增加了市场需求。

其次，体旅文商融合使乡村体育产业提供更多样化的产品和服务，满足不同人群的需求。例如，推出适合不同年龄、性别和健康状况的健身项目；设计丰富多样的主题活动，满足不同兴趣爱好者的需求。这种多样化扩大了市场覆盖面，并提高了产品销售率。

第三，体旅文商融合塑造乡村体育产业独特的品牌形象，从而在市场中创造差异化竞争优势。例如，结合当地文化和自然环境，推出具有地域特色的体育旅游项目；利用体育赛事等平台，打造知名品牌活动。这吸引了更多消费者选择乡村体育产业提供的产品和服务。

第四，体旅文商融合为乡村体育产业拓宽销售渠道。通过与旅行社、酒店、景区等合作，将乡村体育项目纳入他们的产品线，并通过他们的销售网络进行推广和销售。同时，借助电子商务平台和社交媒体等新兴渠道，扩大产品曝光度和销售范围。

最后，体旅文商融合还使乡村体育产业与其他行业进行跨界合作，形成更强竞争力。例如，与健康养生、休闲娱乐、教育培训等行业进行联动，共同开展促销活动或提供综合性套餐服务。

旅游、文化、商业等领域的融合带来更多的消费者群体和市场需求。通过精准市场定位和有效市场推广，乡村体育产业吸引更多游客、观众和消费者，扩大市场份额和增加收入来源。同时，体旅文商融合还带动相关产业发展，形成产业联动效应，进一步扩大乡村体育产业市场规模和影响力。

（四）推动地方经济发展和扩大社会影响力

乡村体育产业竞争力提升对于推动地方经济发展和扩大社会影响力具有重要作用。通过体旅文商融合，乡村体育产业能够吸引更多游客和消费者参与体育活动，从而刺激当地旅游、餐饮、住宿等相关产业的发展。同时，乡村体育产业创造了就业机会，提高了居民收入水平，有利于地方经济增长。

此外，乡村体育产业致力于提供高品质的产品和服务，以打造独特的品牌形象。这种做法不仅能够吸引游客和投资者，还能增强当地居民的自豪感和归属感。在推进体旅文商融合的过程中，乡村体育产业关注社会责任和可持续发展，通过举办公益活动、开展体育教育和培训等方式，推动乡村居民养成健康生活方式，提高社会公众对体育的认知和参与度,从而促进社会文明进步和提升乡村的社会影响力。

通过体旅文商融合,乡村体育产业能吸引更多来自城市和其他地区的游客和投资者,带动当地经济发展。此外,这种融合还有助于促进城乡交流与合作,拓宽市场辐射范围,增加地方影响力。在融合过程中,乡村体育产业注重结合当地文化特色,将其融入体育活动中,有助于传承和保护当地传统文化遗产,并使其焕发新的活力。这不仅增强了当地居民对本土文化的认同感,还推动了文化自信心的提升。

二、体旅文商融合促进乡村体育产业竞争力机制

(一)产业协同与合作机制

体旅文商融合为乡村体育产业创造了合作与协同的机会。通过跨界合作,乡村体育产业与旅游、文化、商业等领域共享资源、互补优势,从而提高整体竞争力。例如,乡村体育产业与旅行社、景区、酒店等企业联合推出体育旅游产品,或与艺术团队、表演者合作举办文化体育活动。

此外,乡村体育产业在体旅文商融合过程中,需加强与相关产业的协同发展。例如,与健康养生产业合作推广健身项目,或与农产品加工企业合作开展农产品销售等,以形成完整产业链条,实现资源共享和利益共赢。

在体旅文商融合中,乡村体育产业需得到地方政府的支持和引导。政府积极组织各部门、企事业单位参与乡村体育产业发展,并提供相应的政策和财务支持。同时,政府提供场地、设施等基础设施,并加强对乡村体育产业的规划和管理。

乡村体育产业主体与社会组织、非营利机构等进行合作,共同开展公益性的体育项目。例如,与学校合作推广青少年体育活动,或与社区组织合作举办社区健身活动,以扩大参与人群,并提升社会效益。

提升乡村体育产业管理专业化水平,乡村体育产业主体需要借助专业团队的支持。例如,引入专业的市场营销团队提供市场调研和推广策略,或聘请专业教练和指导员提供高质量的培训和指导服务。

最后,通过建立产业联盟、合作社、伙伴关系等形式,实现不同产业间的资

源共享、互补和协同发展，从而加强乡村体育产业的竞争力。例如，旅游业与体育产业的合作为体育活动提供游客流量和市场渠道，文化产业的融入为体育产业提供丰富的表演和娱乐元素，商业元素的参与为乡村体育产业带来更多商业价值和经济支持。

（二）创新与多元化发展机制

体旅文商融合为乡村体育产业提供了创新和多元化的发展机会。通过这种融合，乡村体育产业创造出独特的产品和服务，满足消费者对多样性、个性化产品的需求。例如，结合当地自然环境和文化资源，开发独具特色的户外运动项目；将艺术表演与体育竞技相结合，打造富有创意的活动。

同时，体旅文商融合为乡村体育产业提供更加全面、细致的服务，以满足不同人群的需求，并提升用户体验。例如，为参与者提供专业指导和培训；为游客提供包括住宿、用餐等在内的一揽子服务。通过不断优化服务内容和质量，乡村体育产业能够更好地满足消费者的需求。

此外，体旅文商融合为乡村体育产业引入了先进的科技手段和技术支持，推动其向数字化、智能化方向发展。例如，应用虚拟现实、增强现实技术打造沉浸式体验；利用大数据分析和智能化管理提升运营效率。这些举措为乡村体育产业注入新活力。

体旅文商融合为乡村体育产业打造独特的品牌形象。例如，结合当地历史、传统和自然资源，塑造具有地方特色的品牌形象；通过与知名艺术家、运动员等合作，提升品牌的知名度和影响力。这样，乡村体育产业能够吸引更多消费者选择其提供的产品和服务。

此外，体旅文商融合为乡村体育产业带来了全新的商业模式。例如，通过线上线下结合的方式进行销售和推广；通过会员制、订阅制等灵活方式提供定制化服务。这样，乡村体育产业能够更好地满足消费者需求，实现可持续发展。

最后，体旅文商融合为乡村体育产业引入创意思维、创新技术和新业态，打破传统束缚，推动产业创新和转型升级。例如，结合数字化技术和虚拟现实等新兴技术，为乡村体育产业带来更多的体验式活动。引入新的运营模式和业务领域，如电竞、健身器材租赁等，提升产品的多样性和吸引力。

(三)品牌建设与市场营销机制

体旅文商融合增强了乡村体育产业的竞争力,特别是在品牌建设和市场营销方面。结合当地自然、人文和历史资源,乡村体育产业通过体旅文商融合塑造出具有地方特色和个性化品牌形象。同时,注重产品质量、服务水平和消费者体验,以树立优秀品牌形象,提高消费者的认同感和忠诚度。

体旅文商融合引导乡村体育产业准确把握目标市场并进行精准定位,以满足不同消费者层次的需求。例如,针对家庭游客推出亲子运动项目,针对年轻人推出刺激挑战性较高的项目。

体旅文商融合为乡村体育产业提供了更多的市场推广渠道和机会。通过利用线上平台、社交媒体等新媒体手段进行全方位、多角度的宣传和推广,同时与旅行社、景区、酒店等合作开展联合营销活动,拓展市场覆盖面,增加曝光度和知名度,吸引更多消费者前来参与。

体旅文商融合促使乡村体育产业与其他相关领域的品牌进行联动,实现互利共赢,提升自身品牌形象和市场竞争力。例如,与知名运动品牌合作推出联名产品,与艺术团队、音乐节等合作举办文化艺术活动,借助他们的影响力和资源优势,提升自身品牌形象和市场竞争力。

(四)教育培训与人才引进机制

体旅文商融合为乡村体育产业竞争力的提升提供了一种有效机制,其中包括教育培训和人才引进。教育培训是提高乡村体育产业从业人员专业素养和技能水平的关键途径。例如,开设相关专业课程、职业培训班等,以及组织专家讲座、行业交流等活动。

此外,引进优秀的人才对于乡村体育产业获取创新思维和专业知识至关重要。例如,吸引优秀运动员、教练员加入乡村体育产业,或邀请资深营销策划人员、管理顾问等为企业提供指导和支持。通过与外部人才合作,乡村体育产业借鉴先进经验并推动自身发展。

乡村体育产业需要组建专业团队,包括市场营销、运营管理、活动策划等领域的专业人才。这样能够提升企业的整体竞争力和执行力,更好地规划和实施市场推广、产品开发等工作。

加强与学术机构的合作对于乡村体育产业发展也至关重要。通过学术研究，深入了解行业发展趋势、消费者需求等，为企业决策提供科学依据，同时学术界也为乡村体育产业提供理论指导和技术支持。

鼓励和支持有创新创业意愿的人士参与乡村体育产业，例如，举办创新创业大赛、项目孵化等活动，激发创新思维和创业热情。通过培养更多创新型人才，乡村体育产业不断推出新产品和服务，提升竞争力。

通过加强乡村体育产业的人才培养和引进，提高从业人员的专业素养和创新能力，增强乡村体育产业的核心竞争力。此外，提供相关领域的教育培训和技术支持，提升从业人员的专业水平，为乡村体育产业提供更好的人才支持和智力资源。

三、体旅文商融合促进乡村体育产业竞争力路径

（一）多元化产品和服务

体旅文商融合为乡村体育产业主体提供更多元化的产品和服务，满足不同人群的需求[①]。例如，乡村体育产业主体开发各种运动项目，如健身训练、户外探险、团队拓展等，以适应不同人群的兴趣和需求。

此外，乡村体育产业主体在乡村地区建设多样化场所设施，为各种运动爱好者提供合适场地。例如，设立篮球场、足球场、网球场等球类运动场地，以及攀岩墙、自行车道等特色设施。这样能够满足不同运动项目的需求，并吸引更多的人参与。

乡村体育产业主体组织各种个性化定制活动，根据不同人群的兴趣和需求进行量身打造。例如，为家庭组织亲子运动活动，为青少年安排夏令营和体验营，为老年人提供健康养生项目等。这样能够满足人们对不同群体的需求，并提供个性化服务体验。

乡村体育产业与文化领域相结合，开展具有地方特色和文化内涵的运动活动。例如，结合当地传统节日举办特色赛事，与民间艺术团队合作开展表演活动。这样能够将运动与文化相融合，吸引更多的人参与，并提供独特的体验。

最后，乡村体育产业主体根据消费者的需求和意愿，提供定制化服务。例如，

---

① 贺建飞，翟瑞芳.新时代体育产业助推乡村振兴的价值审视与实施路径[J].智慧农业导刊，2022，2(21)：129-131+134.

为企业组织员工健身活动，为旅行团队安排户外运动项目，为学校设计专属的教育培训课程等。这样能够满足消费者的个性化需求，提升服务质量。

（二）建立合作联盟

体旅文商融合要求各相关领域的合作伙伴共同参与，以推动乡村体育产业发展。政府部门在这个过程中发挥着至关重要的作用，他们提供政策支持和规划指导，为乡村体育产业营造良好的发展环境[1]。同时，政府还组织各类活动、赛事等，激发乡村体育产业活力。

旅游机构与乡村体育产业紧密合作，共同开发体育旅游产品和线路。通过将体育活动与旅游景点、文化景观相结合，提供丰富多样的旅游体验。旅游机构还协助宣传推广、销售服务等方面的工作，提高乡村体育产业的市场知名度。

文化机构与乡村体育产业合作，打造具有地方特色和文化内涵的运动项目和活动。通过挖掘当地传统文化资源，并将其融入体育活动，形成独特的品牌形象，从而提升乡村体育产业的吸引力。

企业参与乡村体育产业的赞助和合作，提供资金支持、品牌推广等资源。他们与乡村体育产业共同开发体育相关产品和服务，实现共赢发展。总之，通过多方合作，乡村体育产业将得到更好的发展，实现体旅文商的深度融合。

教育机构在乡村体育产业发展中扮演着关键角色，他们通过提供培训和教育支持，为乡村体育产业培养人才。教育机构开设了相关专业课程和职业培训班，为学生们提供了学习理论知识和实践技能的机会。同时，他们还与乡村体育产业合作研究，共同推动行业的发展[2]。社区组织是乡村体育产业发展中不可或缺的合作伙伴。他们了解当地居民的需求和特点，并参与组织各类活动、推广宣传等工作。只有通过各方合作共同努力，乡村体育产业发展才能取得更好的成果。建立合作联盟整合资源，实现优势互补，共同推动乡村体育产业发展，通过合作联盟，提高产业的整体竞争力，实现资源共享和共同发展。

（三）强化品牌塑造和市场推广

注重品牌塑造和市场推广是提高竞争力的重要策略。通过挖掘乡村体育产业

---

[1] 张元通.体育扶贫助力乡村振兴困境与对策研究[J].喀什大学学报，2020，41（06）：89-92.
[2] 贺建飞，翟瑞芳.新时代体育产业助推乡村振兴的价值审视与实施路径[J].智慧农业导刊，2022，2(21)：129-131+134.

特色、优势和独特性，打造具有辨识度和吸引力的品牌形象。从命名、标志设计、宣传口号等方面着手，使消费者对该品牌产生认同感；在进行品牌塑造和市场推广之前，乡村体育产业需要充分了解目标消费群体需求、偏好和购买行为，找准定位点和差异化竞争策略。这有助于更好地把握市场动态，为品牌塑造和市场推广提供有效参考。

多元化营销渠道是市场推广的关键。乡村体育产业应通过线上渠道如社交媒体、电子商务平台等进行推广，同时利用线下渠道如展会、体育赛事等进行宣传。此外，与旅游机构、文化机构、商务企业等合作，共同开展市场推广活动。

提高竞争力的关键是注重用户体验。乡村体育产业应在品牌塑造和市场推广过程中关注产品和服务的质量和创新性。例如，提供优质的运动设施、专业的教练团队、个性化定制服务等，以满足消费者对高质量用户体验的需求。积极回应用户反馈，不断改进和优化产品和服务，增强用户黏性。

乡村体育产业主体通过与其他知名品牌进行合作或赞助活动来提升自身品牌形象和知名度。借助知名品牌的资源优势和影响力，扩大宣传范围和受众群体。接受赞助活动则获得资金支持，并得到更多曝光机会。

通过建立有特色和影响力的乡村体育产业品牌，提升消费者认知度和好感度。同时，通过有效的市场推广手段，如线上线下宣传、社交媒体推广、活动策划等，吸引更多的目标消费群体，扩大市场份额，提升市场竞争力。

（四）加强技术创新和数字化运用

体旅文商融合需要借助先进的技术和数字化手段，提升乡村体育产业竞争力。首先，通过应用信息技术，实现乡村体育产业数字化管理和运营，例如建立线上预约系统、会员管理系统等，方便消费者进行预订和参与。其次，利用数据分析和人工智能技术进行精准分析和预测，为决策提供科学依据。此外，借助虚拟现实和增强现实技术，为乡村体育产业创造更加丰富、沉浸式的体验，例如通过虚拟现实设备模拟各种运动场景，并提供真实感的交互体验，以及通过增强现实技术在真实环境中叠加运动指导、数据分析等功能。

同时，乡村体育产业还开发移动应用程序，为消费者提供更便捷、个性化的服务，例如开发预订平台 APP，用户随时随地进行预订、查询等操作，以及开发健身训练 APP，用户根据自身需求选择合适的训练计划和指导。此外，利用大数据分析技术深入分析乡村体育产业的运营情况和用户行为，通过分析用户偏好、消费习惯等信息，确定市场营销策略和产品定位。同时，通过监测运营数据，及时调整经营策略和资源配置。

在线上宣传和推广方面，乡村体育产业借助社交媒体平台如微信、微博等，发布优质内容，与用户建立紧密联系，提高品牌知名度和影响力。同时，利用在线广告、搜索引擎优化等手段，提高乡村体育产业在网络中的曝光度。

最后，通过引入智能化设备、数据分析和管理系统，提高运营效率和服务质量。此外，加强技术创新，推动新产品、新业态的发展，不断满足市场需求，提升产业竞争力。

（五）注重人才培养和专业能力提升

乡村体育产业竞争力的核心在于从业人员的素质和能力。他们需要掌握相关专业知识和技能，了解体育运动、健身训练、管理运营等方面的知识，并紧跟最新运动科学研究成果，掌握先进的训练方法和技术。此外，他们还应具备创新思维和能力，积极寻找改进和创新的机会，例如引入新的运动项目、开发个性化服务、设计独特的活动等，以提升产品和服务的吸引力。

乡村体育产业涉及多个环节，从业人员需要具备团队合作和沟通协调能力，与团队成员、合作伙伴以及消费者进行良好的互动和沟通，共同推进项目或活动的顺利开展。同时，他们需要关注用户需求、倾听用户反馈，并提供个性化、优质的服务，始终将用户放在首位，不断改进和提升服务品质。

在快速发展变化的环境中，从业人员需要具备持续学习和适应能力，不断跟进行业最新动态和趋势，学习新知识、掌握新技能，并灵活调整自己的工作方式和策略，以适应市场需求的变化。因此，加强人才培养和专业能力提升是提高竞争力的重要策略。

体旅文商融合提高乡村体育产业竞争力的策略包括多元化产品和服务、建立合作联盟、强化品牌塑造和市场推广、加强技术创新和数字化运用，以及注重人才培养和专业能力提升。这些策略将有助于推动乡村体育产业的可持续发展，并提高其在市场上的竞争地位。

第四节 体旅文商融合促进乡村体育产业创新能力提升

随着经济和社会的发展，乡村体育产业逐渐成为促进乡村经济增长和提升居民生活质量的重要力量[①]。然而，传统的体育产业模式已经难以满足人们日益增长的多元化需求。在这一背景下，体旅文商融合作为一种新的产业发展模式，为乡村体育产业带来新的机遇和挑战。本节旨在探讨体旅文商融合促进乡村体育产业的创新能力提升的意义、影响机制及策略，为产业可持续发展提供借鉴和启示。

一、体旅文商融合对乡村体育产业创新能力提升的意义

(一) 拓宽创新资源

体旅文商融合为乡村体育产业提供了丰富的创新资源。借助旅游资源，乡村体育产业吸引更多游客和运动爱好者。结合当地自然风光、文化遗产等独特资源，乡村体育产业打造具有吸引力的体育旅游产品和活动。此外，乡村体育产业与传统文化相结合，推出具有地方特色和文化内涵的体育项目，如在农历节日或传统庆典中组织民俗运动比赛。

乡村体育产业与商业机构合作，共同开展市场推广、产品销售等活动。商业机构提供资金支持、品牌影响力、销售渠道等方面的资源，为乡村体育产业带来更大的发展空间。同时，教育机构为乡村体育产业提供人才培养和专业知识支持，通过与学校、培训机构等合作，培养出更多具备专业知识和技能的从业人员。

乡村体育产业借助科技资源，引入先进的技术和设备。例如，运用物联网、大数据分析等技术来提升场馆管理效率和用户体验；利用智能穿戴设备和虚拟现实技术来提供个性化训练和沉浸式体验。此外，乡村体育产业还与社会组织、志愿者团队等合作，共同举办体育活动，通过社会资源的参与，提高社区居民的参与度。

旅游业的丰富景观、文化活动的创意元素以及商业运营的市场洞察力，都为

---

① 贺建飞，翟瑞芳. 新时代体育产业助推乡村振兴的价值审视与实施路径[J]. 智慧农业导刊，2022，2(21)：129-131+134.

乡村体育产业带来新的创新思路和资源支持。通过整合不同领域的创新资源，乡村体育产业更好地开展产品创新、服务创新和模式创新，进一步提升竞争力。

（二）强化跨界合作

体旅文商融合促进不同行业的跨界合作和交流。例如，乡村体育产业与旅游、文化、商业等领域进行合作，开发具有独特魅力的综合性产品或服务；通过体旅文商融合，不同行业的专业知识和经验得以分享和交流。这种跨界的知识共享有助于各方在自身领域中获得新的灵感和创意，并推动创新和发展；不同行业之间的跨界交流激发创新思维。不同领域的经验和观念碰撞，常常会产生新的想法和解决问题的方法；通过跨界合作和交流，不同行业将各自的资源进行整合并优势互补。例如，乡村体育产业利用旅游行业丰富的游客资源，同时为旅游行业提供多样化的活动和体验；跨界合作还实现品牌之间的合作共赢。通过联合推出产品或活动，扩大品牌影响力，吸引更多消费者的关注和参与；体旅文商融合也促进人才的跨界培养。不同行业的从业人员通过交流学习，拓宽自己的知识面和技能，并在不同领域中发展自己的职业生涯。在这种合作中，各个领域的专业知识和经验得以互补，推动创新的发生。乡村体育产业与旅游、文化、商业等领域的企业和机构合作，共同探索新的创新路径和商业模式。跨界合作不仅拓宽创新思维，还加强产业间的协同效应，提升创新能力。

（三）创造差异化竞争优势

体旅文商融合为乡村体育产业创造了独特的竞争优势，这种优势源于将体育、旅游、文化和商业等多元化要素融合在一起。通过这种融合，乡村体育产业能够提供具有差异化特点的产品和服务，满足消费者多样化的需求。例如，在农村景区开展户外运动活动、举办文艺演出或传统民俗表演等，为用户提供与众不同的活动体验。

此外，乡村体育产业通过跨界合作和创新发展，吸引了更多不同背景和兴趣爱好的人群参与。这种合作不仅扩大了用户基础，还增加了市场份额。通过与其他行业合作共同推广，乡村体育产业借助其他行业品牌的影响力，提升自身的知名度和认可度。这有助于吸引更多消费者选择乡村体育产业提供的产品和服务。

体旅文商融合为乡村体育产业带来了更多创新创业机会。这种交叉融合为创业者提供更广阔的发展空间，鼓励他们探索新的商业模式、开发新的市场领域。乡村体育产业通过与旅游、文化等领域合作，对当地社区和经济产生积极的影响。它不仅为农村地区带来经济增长，还推动当地文化传承和社会发展。

通过融合体育、旅游、文化和商业等要素，乡村体育产业创造了独特的产品和服务，形成了与众不同的品牌形象和市场定位。这种差异化竞争优势使得乡村体育产业在激烈的市场竞争中脱颖而出，吸引更多消费者的关注和认可。

（四）推动产业转型升级

体旅文商融合为乡村体育产业带来了前所未有的发展机遇。这种融合打破了传统行业的边界，使得乡村体育产业能够从旅游、文化、商业等领域吸取灵感和创新思维。这种跨界融合激发了从业者的创造力和创新意识，推动产业向多元化、个性化的方向发展。例如，乡村体育产业结合当地特色景点或传统文化，设计独特的运动项目或活动，为用户带来全新的体验。

体旅文商融合促使乡村体育产业引入先进技术应用。例如，在场馆管理中采用物联网技术实现智能化运营。利用大数据分析提供个性化训练计划，使用虚拟现实技术提供沉浸式运动体验等。这些技术的应用推动产业的转型升级。

乡村体育产业还与其他行业合作，扩大市场覆盖面。例如，结合旅游业发展体育旅游，吸引更多游客参与。与文化行业合作推出以传统文化为主题的体育活动等。这种市场拓展促使产业向更广泛、多元化的用户群体提供服务。

体旅文商融合对乡村体育产业的人才培养也起到积极推动作用。不同行业之间的交流和合作为从业人员提供更多学习和成长的机会，培养跨领域能力和综合素质。通过跨界合作和资源整合，乡村体育产业更好地利用各领域的资源，并实现优势互补。这有助于提升产业竞争力，推动产业向高附加值、高品质方向发展。

传统乡村体育产业往往以单一的体育项目为主，面临着市场需求的局限性。而通过融合旅游、文化、商业等元素，乡村体育产业开拓更广阔的市场空间，提供更多元化产品和服务，实现产业转型升级。

（五）促进地方经济发展

乡村体育产业创新能力提升对于地方经济发展具有显著的推动作用。这种创新能力的提升将带来更多的就业和创业机会，为从事体育运营、管理、服务等方面的专业人才提供更多的发展空间。同时，它也将催生相关配套产业发展，如餐饮、住宿、交通等，从而促进消费需求的增加。

乡村体育产业创新发展，为当地打造出独特且具有吸引力的旅游产品和服务，如结合自然风光、文化传统等资源，开展户外运动、农家乐体验等活动。这将吸引更多游客前来旅游观光，推动地方旅游业发展，进一步增加地方财政收入。

此外，乡村体育产业创新能力提升有助于推动农村经济转型升级。通过开展体育产业，激活农村闲置资源，提高土地利用效率，并带动相关产业链条的发展。这对于农村经济结构调整和可持续发展具有重要意义。

乡村体育产业创新能力提升还将为地方塑造良好的形象和品牌价值。通过举办高水平、高质量的体育赛事或活动，吸引媒体关注和社会认可，提升地方知名度和美誉度，进一步提高地方品牌价值。

通过体旅文商融合，乡村地区开发利用本地的自然资源、文化遗产和人文景观，推动地方经济多元化发展。乡村体育产业创新能力提升将带动相关产业发展，促进就业增长、增加地方财政收入，并改善乡村居民的生活品质。

体旅文商融合对乡村体育产业创新能力提升具有重要的意义，它将拓宽创新资源、强化跨界合作、创造差异化竞争优势、推动产业转型升级，并促进地方经济的发展。这些方面的意义将为乡村体育产业可持续发展和竞争力提升提供坚实的支持[1]。

二、体旅文商融合对乡村体育产业创新能力提升的机制

（一）跨界融合与资源整合

体旅文商融合为乡村体育产业带来了丰富的创新资源。通过与旅游业紧密融合，乡村体育产业能够充分利用当地的自然风光、人文景观等旅游资源，例如在山区开展登山、徒步等户外运动活动，吸引更多游客前来参与。同时，结合文化领域的资源，乡村体育产业能够打造具有独特文化内涵的运动项目或活动，如结合传统民俗和节日庆典举办特色体育赛事，让参与者感受到浓厚的地方文化氛围。

商业领域的融合为乡村体育产业提供了推广和销售产品的渠道和品牌力量。

---

[1] 张华. 新时代"体育+"助力乡村振兴的研究[J]. 国际公关，2022（05）：76-78.

例如，与运动品牌、餐饮企业等进行合作，在农村场地设立专属店铺或提供定制化服务。此外，乡村体育产业与教育领域融合，能够借助学校、培训机构等教育资源，开展体育教育和培训活动，如在农村地区设立专业体育学校，培养优秀运动员和教练员。

科技领域的创新力量也为乡村体育产业带来了新的发展机遇。例如，利用大数据分析提供个性化训练计划；使用虚拟现实技术提供沉浸式运动体验等。通过与社会组织、志愿者等合作，乡村体育产业能够获得更多社会资源支持，实现跨界融合与资源整合，为乡村体育产业带来新的创新思路和资源支持。

（二）创新创业生态圈的形成

体旅文商融合有力地推动了乡村体育产业创新能力的提升，并促进了创新创业生态圈的形成。这种融合将各种资源与要素，如技术、人才和资金等，汇聚在一起，为乡村体育产业提供了多元化、开放性的创新环境。在此环境中，乡村体育产业能够更好地利用这些资源，提升创新能力。

在创新创业生态圈中，乡村体育产业与来自不同行业和领域的人才和企业进行跨界交流，相互碰撞和启发。这种交流激发了创造力和创新思维，为乡村体育产业带来了丰富的灵感和机遇。

乡村体育产业通过体旅文商融合，成功吸引了众多投资者的关注和支持。这些投资者拥有丰富的经验和资源，在推动乡村体育产业发展过程中提供重要的资金支持，并积极参与项目运营和管理。我国政府对体旅文商融合和乡村体育产业发展给予了积极支持，出台了一系列创新政策和措施。这些政策鼓励创新创业，为乡村体育产业的创新能力提供了有力支持。

在创新创业生态圈中，乡村体育产业与其他行业、企业建立了紧密的合作伙伴关系。通过共同研发、资源共享等方式，推动技术、产品、服务等方面的创新。此外，通过建立孵化器、创业基地和创新创业平台等机构，为乡村体育产业的创新者提供了良好的创业环境、资源支持和创新服务。这种生态圈的形成使得创新者之间能够互相交流、协同创新，共同推动乡村体育产业创新发展。

（三）激发创新动力的市场竞争

体旅文商融合推动了乡村体育产业快速发展，同时也使其面临更加激烈的市场竞争。为了满足不同消费者的需求，乡村体育产品和服务必须不断创新，开发出具有差异化和个性化特点的产品和服务。在激烈的市场竞争中，乡村体育产业主体需要借助技术创新来提高产品质量和改进运营方式。例如，引入智能设备、大数据分析等技术手段，提升用户体验和运营效率，从而在竞争中保持领先地位。

优质服务往往成为乡村体育产业赢得竞争优势的关键。通过创新服务模式、提供个性化定制等方式，满足消费者多样化需求，并建立良好的口碑和品牌形象。面对市场竞争的压力，乡村体育产业主体需要与其他企业、机构进行合作创新。通过资源共享、优势互补等方式，实现合作伙伴间的共赢，提高创新能力和市场竞争力。激烈的市场竞争要求乡村体育产业进行管理创新转型。包括组织架构调整、流程优化、人才培养等方面的改进，以适应快速变化的市场需求和竞争环境。

总之，在竞争激烈的市场环境下，乡村体育产业主体必须不断创新，开发具有差异化竞争优势的产品和服务，满足不同消费者的需求。市场竞争的压力迫使乡村体育产业加大研发投入、改善运营模式、提高创新能力。

（四）政策支持与资金投入

体旅文商融合在推动乡村体育产业创新能力提升方面，需要政府的大力支持。政府通过制定相关政策和法规，为乡村体育产业发展提供明确的指导和方向。同时，政府还与企业共同投入资金，支持乡村体育产业主体创新能力。

政府在一些特定地区打造了乡村体育产业创新示范区，以集中资源、引领创新。这些示范区能够得到政府更多政策、资金和技术方面的支持，从而带动周边地区的发展。此外，政府通过组织培训班、研讨会等活动，提升乡村体育产业从业人员的创新意识和能力。并且，政府引进高层次、专业化的人才，为乡村体育产业发展提供更多的人才支持。政府还支持建设创新平台，如科技园区、孵化器等，为乡村体育产业提供创新创业的场所和资源。这些平台能够提供技术支持、项目孵化、商务服务等方面的帮助。

为了进一步鼓励乡村体育产业发展，政府出台了一系列相关政策，提供了相应的支持和激励措施。同时，政府还加大了资金投入，为乡村体育产业的创新项目提供资金支持和财政补贴。这种政策支持和资金投入为乡村体育产业的创新提供了稳定的保障。

三、体旅文商融合促进对乡村体育产业创新能力提升的路径

(一)强化产业联动与合作

乡村体育产业创新能力的提升需要强化产业联动与合作,这包括建立产业联盟、合作社、协会等机构,以促进乡村体育产业与旅游、文化、商业等相关产业之间的合作与协同。通过共同开展活动、资源共享、合作推广等方式,加强不同领域的合作伙伴关系,共同推动乡村体育产业创新发展。

建立乡村体育产业联盟是推动产业合作的重要方式,汇集相关企业、机构、组织和专家学者等各方力量,共同协作、交流合作,形成合力。联盟促进信息共享、资源整合和优势互补,激发创新活力,提高乡村体育产业创新能力。

跨界合作是推动乡村体育产业发展的重要途径,鼓励乡村体育产业与旅游、文化、商业等相关产业进行跨界合作,共同开发创新产品和服务。通过共享资源、知识和市场渠道,实现多产业融合,培育创新商业模式和产品形态。

优化供应链管理也是提高乡村体育产业创新能力的重要手段。通过整合供应链,优化资源配置和生产流程,提高效率和创新能力。与供应商、分销商、物流公司等各个环节建立紧密的合作关系,共同推动产品研发、生产和市场销售的创新。建立创新生态系统是吸引创新型企业和创业者参与乡村体育产业创新发展的重要途径。通过提供创业支持、孵化器和加速器等创新创业平台,为创新者提供资源和服务,促进创新创业的良性循环和快速发展。

加强与国际乡村体育产业相关机构和企业的合作与交流,学习借鉴国际先进经验和创新模式,也是提升乡村体育产业创新能力的重要策略。通过开展合作研究项目、组织国际论坛和展览等形式,促进国际知识共享和技术交流,拓宽乡村体育产业的国际视野和创新思路。

(二)提升科技创新能力

提升乡村体育产业创新能力的关键在于推进科技创新。这包括引进和运用先进的数字化技术和智能化设备,以提高产品和服务的创新水平。同时,鼓励乡村体育产业从业者参与科技研发和技术培训,以提高他们的科技创新能力。促进科技创新,需要增加对乡村体育产业科技研发投入,支持研究机构和企业开展前沿

技术研究与创新。此外，建立科技创新基地和实验室，提供先进的研发设施和设备，为科技人才创造良好的创新环境。为进一步提高科技创新能力，乡村体育产业应与高等院校和科研机构建立紧密的合作关系，共同建立产学研用联合创新平台。通过资源共享，有效地促进产业需求与科研成果的对接，推动科技成果的转化和应用。

培育乡村体育产业的新兴企业和创新项目，应建设创新创业孵化器和加速器，为创业者提供资金支持、技术指导和市场推广等方面的帮助。同时，积极引入数字化技术，如大数据分析、人工智能和云计算等，将其应用于乡村体育产业的各个环节，通过数据挖掘和分析，为企业创新提供决策依据和市场导向。

最后，加强与国内外乡村体育产业的技术交流与合作，学习借鉴其他地区和国家的先进技术和经验。通过组织技术交流会议、参加国际展览和合作研发项目等形式，推动乡村体育产业技术创新和成果转化。

（三）打造创新创业平台

乡村体育产业创新创业平台的构建，为创业者提供了孵化器、创业基地和创新创业赛事等多方面的支持，从而营造了浓厚的创新创业氛围。通过提供场地、资金和导师等资源，这个平台激发了创业者的创新潜力，为乡村体育产业创新能力的提升注入了活力。在乡村地区，还设立创新创业孵化器，为乡村体育产业创新项目和创业团队提供全方位的孵化服务。这些孵化器提供场地、办公设施、导师指导、资金支持和市场推广等资源，帮助创新者快速发展和成长[①]。

组织培训课程和工作坊也是培养乡村体育产业创新人才和创业团队的重要途径。通过提供专业知识、市场洞察力和创新管理技能的培训，提高乡村体育从业者的创业能力。为了进一步支持乡村体育产业的创新创业，设立创业基金或创业投资基金，向有创新潜力的乡村体育产业项目和企业提供资金支持。这将帮助他们克服资金瓶颈，推动创新项目的落地和发展。

促进乡村体育产业的创新创业者、投资者、企业和相关机构之间的合作与交流，建立创新创业合作网络，搭建信息共享和资源整合平台，为乡村体育产业创新创业活动提供更广阔的合作机会和合作伙伴。鼓励政府加大对乡村体育产业创

---

① 朱斌，陈欣. 创新驱动视域下区域科技创新能力评价与对策研究——以福州市为例[J]. 发展研究，2017（05）：42-51.

新创业的支持力度，制定有利于创新创业的政策和措施，如减免税收、提供贷款担保、设立创新创业基金等，为乡村体育产业提供良好的创新创业环境。

创新创业平台的构建将激发乡村体育产业从业者的创新潜能，吸引更多的创新者和创业者参与，推动新技术、新产品和新服务的研发和应用。这不仅将提升乡村体育产业的创新能力，还将促进产业的良性发展，增强竞争力，实现可持续发展目标。

（四）加强人才培养与交流

培养创新人才助力乡村体育产业创新能力提升。通过举办培训班、研讨会、学术交流等活动，提升从业者的专业知识和创新能力。同时，加强与高等学府和研究机构的合作，以促进学术交流与合作，引进和培养更多具有创新意识和创新能力的人才。

构建乡村体育产业人才培养体系是提升创新能力的关键。确定培养方案、培训课程和教材等，以提供专业知识、技能培训和实践机会，培养出具备创新思维、创业精神和行业专业能力的人才。为了加强乡村体育产业与高校、科研机构之间的合作与交流，需要合作研究项目、共享实验室和师资力量等，促进产学研合作，推动科研成果向实际应用转化，为乡村体育产业创新提供支持。

积极参与乡村体育产业的学术交流、行业展览和论坛活动，通过参观交流、经验分享和合作洽谈等形式，吸收国内外先进经验和理念，拓宽人才视野，促进思想碰撞与创新思维的融合。创建乡村体育产业人才培养基地是提升人才实践能力的重要途径。这些基地与企业、社区、学校等合作，为学生和从业人员提供实际操作和实践锻炼的机会，培养他们的实际能力和创新能力。

最后，倡导乡村体育产业人才的流动和跨界交叉，鼓励从其他行业或领域引进优秀人才。通过人才跨界交叉，带来不同行业的思维碰撞和创新思维融合，激发乡村体育产业创新活力。

（五）鼓励市场竞争与品牌建设

推动乡村体育产业创新能力提升，需采取一系列策略，包括强化产业联动与合作、提升科技创新能力、打造创新创业平台、加强人才培养与交流以及鼓励市场竞争与品牌建设。

首先，通过加强产业内企业之间的联动与合作，激发创新活力，推动企业不断提升产品质量、服务水平和创新能力。政府应提供公平竞争的法律环境、打破市场壁垒和行业限制，以及提供市场准入支持等，以促进市场竞争的活跃程度。

其次，品牌建设对于提升乡村体育产业的知名度、美誉度和竞争力具有重要意义。政府应提供品牌注册、市场推广和品牌评选等政策支持，引导乡村体育产业品牌化发展。

此外，通过有效的市场营销和推广手段，提升乡村体育产业的知名度和影响力。采用多种渠道和媒体，如互联网、社交媒体、传统媒体等，传播乡村体育产业的特色、优势和创新成果。同时，加强与旅游、文化、商业等相关产业的合作与联动，共同推动乡村体育产业的市场拓展和品牌推广。

在产品研发和创新方面，鼓励企业投入更多的资源和精力，开发具有差异化和竞争力的产品和服务。政府应提供科技、资金和知识产权保护等方面的支持，激励企业进行技术创新和产品升级。

最后，加强乡村体育产业内外的合作与联动，促进资源共享和优势互补。鼓励企业之间建立产业联盟、合作社或联合体，共同开展项目合作、市场拓展和技术交流。同时，加强与学术界、科研机构、专业媒体等的合作，推动产学研用结合，促进乡村体育产业创新能力提升。

第五节 体旅文商融合促进乡村体育产业经济效益

一、体旅文商融合促进乡村体育产业经济效益的意义

（一）促进产业多元发展

体旅文商融合为乡村体育产业发展带来了多元化产业结构。乡村体育产业与旅游产业的深度融合，将体育活动与旅游景点相结合，为游客提供丰富多彩的活动体验。例如，在美丽的乡村环境中开展户外运动、农耕体验等活动，从而吸引更多游客参与。乡村体育产业与文化产业的融合，不仅挖掘和传承了本地特色文

化，还将其融入体育活动中。例如，在传统节日或庆典中组织群众性体育赛事，让人们在欢乐的氛围中感受到本土文化的魅力。

乡村体育产业与商业的融合，催生了许多商业模式和产品。例如，在乡村地区建设运动健身俱乐部、销售运动装备等，满足消费者对于健康生活方式的需求，同时创造经济价值。乡村体育产业还与教育深度融合，开展体育教育和培训活动。例如，组织学校体育课程、青少年体育夏令营等，促进青少年的身心健康发展，并培养人才储备。这不仅丰富了乡村经济发展的内涵，还为乡村体育产业提供了更广阔的发展空间。

通过引入旅游、文化等元素，乡村体育产业成功吸引了更多的游客和消费者，增加了就业机会，有力地促进了乡村经济繁荣。

（二）带动地方经济增长

体旅文商融合助力乡村体育产业成为地方经济增长的关键驱动力。乡村体育产业的蓬勃发展带动了相关产业链的延伸和拓展，为社会提供了众多就业岗位。例如，乡村健身俱乐部的建设和运营、旅游服务的提供以及文化活动的组织等，都需要专业人才和工作人员的参与。随着乡村体育产业的日益壮大，越来越多的游客和参与者被吸引到乡村体验相关活动，从而带动了旅游消费、餐饮住宿、交通等方面的支出增长，有力地推动了地方经济发展。

乡村体育产业发展为农民提供了利用自身资源和特色优势开展相关经营活动的机会。农家乐、特色产品销售等方式不仅提高了农民的收入水平，还丰富了乡村经济的内涵。乡村体育产业发展将进一步带动相关产业链条的发展，如酒店、餐饮、交通等服务业的兴起，同时也将刺激本地农产品销售和文化创意产品的推广。这将有助于吸引更多的投资和消费，推动地方经济发展和增加就业机会。

乡村体育产业发展不仅带动了经济增长，还为乡村振兴开辟了举办赛事、组织文化活动等途径，乡村体育产业成功打造了独特的品牌形象，提升了地方的知名度和吸引力，进而吸引了更多的游客和投资。通过开发乡村旅游资源、传承本土文化等手段，有力地推动了乡村的全面发展，实现了农业农村现代化的目标。

（三）增强地方品牌形象

体旅文商融合助力乡村体育产业塑造独特的地方品牌形象。乡村体育产业巧妙地结合了当地的自然环境、文化传统等特色资源，打造了极具地域特色的品牌形象。例如，在山水田园风景区开展户外运动，将乡村美景和体育结合在一起，为人们呈现出独特的地方品牌。同时，通过举办具有地方特色和吸引力的赛事活动，如马拉松、越野跑等，吸引了众多参与者和观众，有效提升了地方品牌形象。

乡村体育产业还与本土文化相融合，充分展示了乡村体育产业独特的文化魅力。例如，在传统节日或庆典中组织民俗体育活动，使人们在欢乐的氛围中感受到本土文化的魅力，进而塑造出具有浓厚地方特色的品牌形象。乡村体育产业通过提供优质的服务体验，不断提升服务质量和满足消费者需求，树立了专业、可信赖的品牌形象。例如，在乡村健身俱乐部提供专业的训练指导、个性化定制等服务，赢得了消费者的认可和信赖。乡村体育产业在发展过程中还积极承担社会责任，参与公益活动和社区建设，为地方社区发展贡献力量。例如，组织慈善义跑、环境保护活动等，从而提升了品牌形象的亲和力和社会影响力。

通过将乡村特色、文化传统与体育活动相结合，乡村体育产业成功塑造了具有独特魅力和吸引力的品牌形象。这不仅提升了地方的知名度和声誉，还吸引了更多的游客和投资者前来参与乡村体育产业发展，从而进一步提升地方经济的竞争力和吸引力。

（四）推动乡村转型升级

体旅文商融合为乡村地区带来了转型发展的契机。传统农业经济面临发展困境，体旅文商融合为乡村地区带来了新的经济增长点。通过整合乡村体育产业与旅游、文化、商业等相关产业，实现了经济结构的优化升级，拓展了新的产业发展空间。乡村地区通过体旅文商融合，将原本单一的农产品加工、农家乐等产业转变为包括体育、旅游、文化在内的多元化产业。这种转变不仅提升了产业附加值和竞争力，还吸引更多投资和人才进入乡村地区。

体旅文商融合为乡村地区带来了更优质的公共服务和便利设施。例如，建设运动健身场所、改善交通条件、完善基础设施等，这些都有助于提高居民的生活品质和幸福感。乡村体育产业发展带动了相关产业链的延伸和拓展，创造了大量的就业机会。通过吸引投资和开展相关培训，为乡村人才提供了更多的职业选择和发展空间，促进了乡村人才流动和就业增长。

（五）增加税收收入和财政支持

体旅文商融合对乡村体育产业的经济效益提升具有重要意义。它不仅推动地方经济的发展和乡村转型升级，还提升地方品牌形象，提高税收收入和财政支持，为乡村体育产业可持续发展奠定坚实基础。

体旅文商融合促进乡村体育产业快速发展。不仅为当地创造了大量的就业机会，提高了居民收入水平，增加了个人所得税和社会保险等税收缴纳，还吸引了更多游客和参与者，带动了旅游消费、餐饮住宿、交通等方面的支出，从而增加了地方财政的税收收入。

乡村体育产业涉及众多相关产业链，如设备制造、场馆建设、旅游服务等，随着这些产业链的发展壮大将带动更多企业和从业人员参与其中，为地方财政带来更多税收收入。乡村体育产业通过举办赛事、组织文化活动等方式，成功打造了独特的地方品牌形象，提升了知名度和美誉度，吸引了更多游客和投资者前来，进一步促进了地方经济发展，带来了更多税收收入。

乡村体育产业发展离不开地方政府的支持和投资。政府加大对于乡村体育产业的支持力度，将为其发展提供更好的政策环境和资源保障，从而进一步推动地方经济增长，带来更多税收收入。与此同时，政府也通过提供税收优惠政策等形式，为乡村体育产业提供更多的财政支持，进一步促进其良性发展。

二、体旅文商融合促进乡村体育产业经济效益机制

（一）产业链条延伸

体旅文商融合将乡村体育产业与旅游、文化、商业等产业紧密结合，构建了完整的产业链条。乡村体育活动吸引了众多游客和参与者，有力地推动了旅游和相关服务业发展。例如，游客在参加乡村体育活动时，会产生住宿、餐饮、交通等方面的需求，进而促进酒店、餐饮和交通业的繁荣。产业链条延伸效应带来了更多商机和经济收益。

体旅文商融合扩展了乡村体育产业的价值链，增加了产业环节。乡村体育活动吸引了众多游客和参与者，带动了酒店、餐饮、交通等相关服务业发展。同时，乡村体育产业还催生了相关的商品和服务需求，例如体育装备、纪念品等，进一

步推动了产业链的延伸,提升了乡村体育产业的附加值和经济效益。

体旅文商融合为乡村体育产业创造了更多的就业机会。乡村体育活动的开展需要专业人才和相关从业人员,如教练员、导游、活动组织者等。这些就业机会不仅为当地居民提供了工作机会,还吸引了年轻人才的流入和留在乡村地区,促进了人口流动和地区经济发展。

体旅文商融合为乡村体育产业带来了更多的消费支出。乡村体育活动的参与者通常需要支付相关费用,如活动门票、场地租赁费等。此外,参与者还会在活动现场购买食品、饮料、纪念品等相关商品。这些消费支出不仅直接为乡村体育产业带来收入,还间接推动了周边商业发展,例如餐饮业、零售业等。

体旅文商融合为乡村体育产业带来了新的市场需求。通过与旅游、文化、商业等相关产业的联动合作,乡村体育产业开发出更多多样化、个性化的体育产品和服务,满足不同消费者的需求。同时,乡村体育活动也成为吸引游客的重要亮点和特色,进一步拓展了市场需求。这种市场需求的拓展促使乡村体育产业不断创新和改进,提高经济效益和竞争力。

产业链条的延伸是乡村体育产业经济效益提升的重要机制。体旅文商融合通过增加产业环节、创造就业机会、带动消费支出和拓展市场需求,促进乡村体育产业的经济效益提升,为乡村地区的经济发展注入了新活力。

(二)消费需求增加

体旅文商融合为乡村体育产业带来了丰富的产品和服务,满足了消费者对多样化、个性化体验的需求。乡村体育活动提供了多样化的娱乐方式和参与方式,吸引了众多人参与其中并消费相关产品和服务。例如,乡村体育活动的参与者会购买相关装备、服装、纪念品等,从而增加消费支出,推动相关产业发展。消费需求的增加带来了经济效益的提升。

体旅文商融合促使乡村体育产业提供多元化产品和服务,以满足不同消费者的需求。通过整合旅游、文化、商业等要素,乡村体育产业与其他产业融合,推出了多样化体育旅游产品、文化体验项目、体育商品等。这些丰富的选择吸引了更多的消费者参与和消费,从而提高了乡村体育产业的经济效益。

体旅文商融合将体育活动与乡村环境紧密结合,促进了就地消费。乡村体育活动的开展吸引了大量的参与者和游客,他们在参与活动的同时也在乡村地区消费。例如，在体育活动现场购买食品、饮料、纪念品等商品，入住当地的酒店或农家乐，以及购买当地特色产品等。这些消费行为直接促进了乡村地区的经济发展，提高了乡村体育产业的经济效益。

体旅文商融合将乡村体育产业与其他相关产业进行跨界合作，为消费者提供了综合性的消费体验。通过与旅游、文化、商业等产业的合作，乡村体育产业打造了独特的旅游路线、文化活动、购物体验等，吸引了消费者进行跨界消费。这种跨界消费模式不仅满足了消费者多样化的需求，也促进了不同产业之间的合作与发展，进一步提高了乡村体育产业的经济效益。

体旅文商融合拓展了乡村体育产业的消费群体。传统体育活动主要面向体育爱好者和专业运动员，消费群体相对较窄。然而，通过体旅文商融合，乡村体育活动不仅吸引了体育爱好者，还吸引了广大的休闲度假人群、文化爱好者和旅游者等。这种多样化的消费群体为乡村体育产业带来了消费机会和潜在收益，进一步提升了自己的经济效益。

（三）产业协同效应

体旅文商融合推动了乡村体育产业与其他相关产业的协同发展。通过与其他产业的联动合作，乡村体育产业利用其他产业的资源和平台，拓展市场渠道，提升产品和服务的质量和竞争力。例如，体育产业与旅游机构合作推出乡村体育旅游产品，也与文化机构合作举办艺术表演与体育比赛相结合的活动等。这种产业协同效应带来了资源共享、市场拓展和品牌影响力，有助于推动乡村体育产业的经济效益提升。

体旅文商融合通过促进乡村体育产业与旅游、文化、商业等相关产业的合作与整合，实现了产业资源共享与优化配置。乡村体育产业借助旅游景区、文化活动场所、商业中心等设施和资源，扩大自身经营范围和规模。同时，相关产业也通过与乡村体育产业的合作，增加其产品和服务的多样性，提升竞争力。这种资源共享与整合使得乡村体育产业实现了规模效应和资源优势的发挥，进而提升了经济效益。

体旅文商融合也促进了乡村体育产业与其他相关产业的互补与协同创新。不同产业之间的合作与交流，推动了知识、技术和经验的共享，激发了创新活力。这种合作创新使得乡村体育产业能够开发出具有市场竞争力的产品和服务，满足消费者多样化的需求。同时，产业之间的协同创新也带动了乡村地区经济发展，提高了整体经济效益。

体旅文商融合为乡村体育产业塑造了独特的品牌价值，通过有效的品牌策划和推广活动，提升了品牌知名度和影响力。这种良好的品牌形象吸引了更多的消费者和投资者，提高了乡村体育产业的市场竞争力，带来了更多商业机会和经济效益。

最后，体旅文商融合也推动了乡村体育产业与其他相关产业的联动发展。通过建立合作伙伴关系，扩大了乡村体育产业的市场范围，吸引了更多的消费者和投资者。这种产业联动为乡村体育产业带来了更多商机和收益，提高了经济效益。

（四）地方品牌形象提升

体旅文商融合有助于提升乡村体育产业的品牌形象。通过创造独特的乡村体育品牌形象，将体育、旅游、文化等元素融合在一起，乡村地区塑造出独具特色的形象，从而吸引更多的游客和投资者。乡村体育产业的发展和繁荣将提高地方的知名度、美誉度和吸引力，进一步推动经济效益提升。

体旅文商融合为乡村体育产业提供了打造品牌形象的机会。通过将乡村体育与当地特色文化、旅游资源、商业发展等因素相结合，创造出独特的地方品牌形象。这种独特的品牌形象能够吸引消费者，进而提升乡村体育产业的知名度和美誉度。地方品牌形象的塑造将为乡村体育产业带来更多的商机和经济效益。同时，地方品牌形象的提升将有助于加强消费者对乡村体育产品和服务的认同感。

体旅文商融合将体育活动与旅游、文化等元素相融合，提供具有地方特色和个性化的产品和体验。这些特色产品和体验能够吸引消费者的注意，建立消费者对该地区乡村体育产业的认同感。消费者认同度的提升将促进消费需求的增加，进而提升乡村体育产业的经济效益。

体旅文商融合在乡村体育产业中的运用不仅局限于该地区，还通过品牌溢出效应影响周边地区甚至更广泛的市场。当地乡村体育产业通过塑造独特的地方品牌形象，吸引更多的消费者和游客。这些消费者和游客的口碑传播、分享和推广将扩大乡村体育产业的影响力，进一步增加消费需求，提升经济效益。品牌溢出效应为乡村体育产业发展提供了更大的市场空间和经济潜力。

体旅文商融合的实施需要乡村体育产业与相关产业之间的合作与联动。通过与旅游、文化、商业等产业的合作，乡村体育产业借助合作伙伴的品牌影响力和资源优势，共同打造具有地方特色的体育产业品牌。这种合作与联动的方式不仅提升乡村体育产业的品牌形象，还实现资源共享、市场拓展和互利共赢，进一步推动经济效益的提升。

综上所述，体旅文商融合通过提升乡村体育产业品牌形象、提供消费者认同度、扩大市场空间和增强合作联动等多种方式，为乡村体育产业创造了有利的发展环境。

三、体旅文商融合对乡村体育产业经济效益的路径

（一）政策支持与创新驱动路径

首先，政策支持是体旅文商融合发展的重要保障。政府部门加大对乡村体育产业的政策支持力度，制定有利于体旅文商融合发展的政策措施，如资金扶持、税收优惠、土地政策等。整合资源，形成推动体旅文商融合发展的合力。例如，鼓励各地开展乡村体育旅游示范区创建，提升乡村体育产业的整体竞争力。

其次，创新驱动是体旅文商融合发展的重要引擎。乡村体育产业依托科技创新，提高产品品质和市场竞争力。一方面，加大体育设备、技术和管理模式的引进与创新，提高体育产业的科技含量和生产效率；另一方面，深入挖掘乡村体育文化内涵，开发具有地域特色和民族特色的体育项目，满足消费者多样化需求。

最后，加强宣传推广，提升乡村体育产业的知名度。利用各类媒体平台，加大对乡村体育产业的宣传力度，提升品牌形象，吸引更多消费者关注和参与。

（二）产业链整合与协同发展路径

首先，产业链整合是提升乡村体育产业经济效益的基础。乡村体育产业高质量发展须优化产业链布局，推动产业链向上下游延伸。一方面，加强乡村体育用品制造业与体育服务业的协同发展，提升产品附加值；另一方面，拓展乡村体育产业在旅游、文化、商业等领域的市场，实现产业链横向拓展。

其次，协同发展是乡村体育产业经济效益提升的关键。体旅文商融合发展要求乡村体育产业加强与旅游、文化和商业等产业的合作，实现产业互动、共赢发展。例如，乡村体育产业与旅游业共同打造体育旅游产品，如乡村马拉松、自行车赛、户外探险等，实现产业互补和共同成长。

最后，加强区域间合作，推动乡村体育产业协同发展。政府部门要发挥引导作用，推动各地加强合作，实现资源共享、市场共享，促进乡村体育产业区域协同发展。如举办区域性体育赛事，带动各地体育产业互动，扩大市场影响力。

（三）人才培养与技术支撑路径

首先，人才培养是乡村体育产业经济效益提升的核心。乡村体育产业要实现高质量发展，必须加强人才培养，提升人才队伍的整体素质。一方面，加强体育、旅游、文化、商业等多领域知识的培训，培养具备跨界知识的人才；另一方面，加强实践操作能力的培养，提升人才在体育产业各个环节的实际操作能力。

其次，技术支撑是乡村体育产业经济效益提升的关键。乡村体育产业要实现高质量发展，必须加大科技创新力度，提高产品品质和市场竞争力。一方面，引进先进的体育设备、技术和管理模式，提高体育产业的科技含量和生产效率；另一方面，鼓励创新，支持体育企业开展技术研发，提高自主创新能力。

最后，加强政策支持，为人才培养与技术支撑提供有力保障。政府部门要加大对乡村体育产业人才培养与技术支撑的政策支持力度，制定有利于人才培养与技术支撑的政策措施，如资金扶持、税收优惠、土地政策等。

（四）品牌建设与市场营销路径

首先，品牌建设是乡村体育产业经济效益提升的基础。一个优质的品牌能够提升产品的市场价值，吸引更多的消费者。乡村体育产业要注重品牌建设，一方面，要挖掘乡村体育文化的内涵，打造具有地域特色和民族特色的体育产品；另一方面，要注重产品质量，提升产品的品质和性能，树立良好的品牌形象。

其次，市场营销是乡村体育产业经济效益提升的关键。有效的市场营销策略能够扩大产品的市场份额，提高产品的销售额。乡村体育产业要注重市场营销，一方面，要开展有针对性的市场调研，了解消费者的需求和市场趋势；另一方面，要运用多种营销手段，如线上线下推广、媒体宣传等，提高产品的知名度。

最后，体旅文商融合为乡村体育产业的品牌建设与市场营销提供了新的契机。乡村体育产业要紧紧依托体旅文商的融合发展，开展跨界合作，创新产品开发和市场营销策略。例如，与旅游、文化、商业等产业合作，共同打造体育旅游产品，吸引更多游客参与，提升乡村体育产业的经济效益。

第六节 体旅文商融合塑造乡村体育产业文化价值

一、体旅文商融合塑造乡村体育产业文化价值的意义

（一）传承与保护地方文化

乡村体育产业作为融合体育、旅游和文化元素的产业形式，在传承和保护地方传统文化方面发挥着重要作用。结合地方文化，乡村体育活动融入当地的民俗、传统习俗和文化符号，使人们更加深入地了解和感受当地的文化内涵。此外，乡村体育产业作为文化传承的载体，为乡村地区传承和保护地方文化遗产提供了有效途径。通过体育赛事、庆典活动、传统技艺展示等形式，乡村体育产业能为当地的文化遗产注入新的活力，并通过对地方文化的传承保护，延续地方文化。体旅文商融合在乡村体育产业中注重弘扬地方文化精神，将当地价值观念、思维方式和道德准则融入体育活动中。通过体育运动的传播和推广，乡村体育产业向更广泛的群体传递地方文化精髓，强化地方文化认同感和凝聚力。

乡村体育产业注重以自然环境和乡土风情为背景，开展体育活动，保护和提升乡村生态环境和风貌。通过合理规划和设计，乡村体育产业将体育活动与乡土风情有机结合，遵循环保原则，倡导绿色生态。这种保护乡土风情和生态环境的举措，不仅为乡村体育产业提供良好的发展条件，还促进乡村地区的可持续发展，保护宝贵的自然资源和文化遗产。

综上所述，体旅文商融合在乡村体育产业中塑造了独特的文化价值意义，通过传承与保护地方文化，丰富了乡村文化内涵，为乡村体育产业赋予了独特的文化意蕴，提升了其在经济、社会和环境方面的综合效益。

（二）丰富乡村文化内涵

体旅文商融合为乡村体育产业带来了新的文化元素，丰富了乡村文化内涵。通过举办体育赛事、文化演艺和传统手工艺展示等活动，乡村体育产业以创新的方式展示和解读了当地的文化特色，提升了乡村文化品位和形象。此外，乡村体

育产业作为一种融合体育、旅游和文化要素的存在，为乡村地区提供了传承历史文化的平台。通过体育活动的开展，乡村体育产业将传统乡村文化与现代体育元素相结合，展示了乡村地区独特的历史、民俗和传统文化，使乡村文化得以延续。

体旅文商融合在乡村体育产业中注重弘扬地方特色，将当地乡村文化特点与体育活动相结合。这种弘扬地方特色的举措使乡村体育产业具备了独特的地域性和魅力，提升了乡村地区的知名度和形象。通过举办体育赛事、庆典活动和传统技艺展示等形式，乡村体育产业将当地的文化特色展现给外界，吸引了更多游客和参与者前来体验，从而推动了乡村地区的文化旅游发展。

体旅文商融合为乡村体育产业提供了广泛的文化交流与融合平台。通过举办体育赛事、文化展览和艺术表演等活动，乡村体育产业吸引不同地域和背景的人们参与其中。这种跨文化的交流与融合促进了不同地区之间的文化互动和共享，丰富了乡村地区的文化内涵。同时，乡村体育产业也成为不同文化间沟通与交流的桥梁，推动了文化的多元发展。

综上所述，体旅文商融合在乡村体育产业发展中塑造了丰富的乡村文化内涵。通过传承历史文化、弘扬地方特色和促进文化交流与融合，乡村体育产业在融合发展中注入了丰富的文化元素，为乡村地区的文化传承和乡村旅游发展提供了有力支撑。

（三）增加乡村体育产业的吸引力和竞争力

体旅文商融合为乡村体育产业注入了新的文化元素，使其具有更强的吸引力和竞争力。乡村体育产业不再只是体育活动的简单展示，而是通过与文化相融合，创造出独特的体验和情感共鸣。这种文化价值的塑造不仅吸引了更多游客和参与者，还提升了乡村体育产业的品牌价值和市场地位，为乡村经济的发展作出了积极贡献。

体旅文商融合注重将乡村体育产业与旅游、文化等要素相结合，创造出具有独特魅力和吸引力的体验。丰富的文化活动、特色赛事和体验项目吸引更多游客、参与者和投资者前来参与乡村体育产业。这种吸引力的提升不仅提高了乡村体育产业的知名度和美誉度，还刺激了更多人参与乡村体育活动，带动了相关产业发展。

体旅文商融合注重挖掘和展示乡村体育产业独特文化价值，使其与其他地区的体育产业区别开来。通过凸显乡村地区的地方特色、传统文化和自然资源，乡村体育产业树立起独特的品牌形象和竞争优势。差异化竞争策略使乡村体育产业在市场上脱颖而出，吸引了更多资源和投资。

体旅文商融合促进乡村体育产业与相关产业的协同发展，形成产业链的完整闭环。通过整合旅游、文化、商业等产业资源，乡村体育产业与其他相关产业形成良好的合作关系，实现了资源共享、互利共赢。产业协同不仅提升了乡村体育产业的综合实力和竞争力，还促进了乡村地区经济全面发展。

综上所述，体旅文商融合塑造乡村体育产业文化价值的重要意义在于提升了乡村体育产业的吸引力和竞争力。通过提升吸引力、竞争力和带动产业协同发展，乡村体育产业在市场竞争中占据了优势地位，吸引了更多的人参与和投资，推动了乡村地区经济繁荣和社会发展。

（四）促进文化交流与互动

体旅文商融合让乡村体育产业成为文化交流与互动的平台。通过与来自不同地域、不同文化背景的人们进行交流和互动，乡村体育产业推动了文化的交融与碰撞。这种跨文化交流不仅丰富了乡村体育产业的内涵，还增强了人们对多元文化的认知和理解，促进了文化的多元发展。

体旅文商融合将不同地域的文化资源与乡村体育产业相结合，创造出具有吸引力和独特魅力的文化体验。通过举办体育赛事、文化展览、艺术表演等活动，吸引了来自不同地区的游客和参与者来体验，从而促进了跨地区文化交流。这种跨地区文化交流有助于增进各地区之间的了解、认同和合作，进一步推动了文化的多样性和发展。

体旅文商融合将乡村体育产业与地方传统文化相融合，突显本土文化的特色和独特性。通过传承和展示乡村的历史、民俗、手工艺等传统文化元素，乡村体育产业为游客和参与者提供了独特的文化体验。这种强化本土文化特色的做法有助于保护和传承乡村地区的文化遗产，增强了人们对乡村体育产业的文化认同感。

体旅文商融合为不同文化之间的互动和融合提供了平台和机会。乡村体育产业吸引了不同背景、不同文化习惯的游客和参与者，他们在共同参与体育活动的过程中产生了交流、对话和互动。这种文化互动和融合促进了不同文化之间的相互理解和交流，有助于打破文化壁垒，推动文化的多元和包容。

体旅文商融合为乡村体育产业提供了更多元化和丰富的文化体验。除了体育竞技，乡村体育产业还融入了文化活动、艺术表演、手工艺制作等元素，使参与者全方位地感受和体验乡村文化的魅力。这种多元化文化体验不仅提升了参与者的满意度和享受度，也为乡村体育产业赢得了更广泛的受众和市场。

体旅文商融合塑造乡村体育产业文化价值的意义在于，它不仅丰富了乡村文化的内涵，还促进了文化交流与互动，提升了乡村体育产业的吸引力和竞争力。这种融合不仅为乡村地区带来了经济效益，也丰富了人们的文化体验，提升了乡村地区的形象和吸引力。

二、体旅文商融合塑造乡村体育产业文化价值的机制

（一）多元文化资源整合

体旅文商融合将体育、旅游、文化和商业等多个领域的资源进行整合，为乡村体育产业创造出独特的文化体验。通过整合乡村地区的传统文化、历史遗产、自然景观等多元资源，乡村体育产业展现出丰富多样的文化内涵。例如，在举办体育赛事时融入当地民俗表演、传统手工艺展示等文化元素，使参与者在体育活动中深刻感受到乡村独特的文化魅力。

乡村地区拥有丰富的传统文化、历史遗产和自然景观等资源，通过将体旅文商融合进行整合与利用，创造出独特的乡村体育产业文化体验。多元文化资源整合丰富了体育产业的文化内涵。例如，在乡村体育赛事中加入传统民俗表演、乡土剧目等文化元素，让参与者在体育活动中感受到浓厚的地方文化氛围。

多元文化资源整合提供了丰富的文化场景和背景，为乡村体育产业的创新和发展提供了源源不断的灵感和创意。整合乡村地区的历史建筑、文化景观等资源，创造出独特的体育场馆和场地，为体育活动提供了独特的文化背景。这种融合与创新的方式吸引了更多的参与者和观众，提升了体育产业的吸引力和竞争力。

多元文化资源整合还促进了乡村与城市之间的文化交流与互动。乡村地区的传统文化具有独特的吸引力，而体旅文商融合通过吸纳城市的文化元素，打破了乡村与城市之间的文化隔阂，促进了文化的交流与融合。这种跨地域的文化交流不仅丰富了乡村体育产业的文化内涵，也为乡村地区带来了新的发展机遇和活力。

综上所述，多元文化资源整合是体旅文商融合塑造乡村体育产业文化价值的

重要机制。通过整合和利用乡村地区的多元文化资源，体旅文商融合为乡村体育产业注入丰富的文化元素，创造出独特的体验和场景，促进文化交流与互动，进而塑造乡村体育产业的文化价值。

（二）文化创意融合

体旅文商融合为乡村体育产业提供了创新和发展的空间，激发了文化创意活力。创新思维和创意元素为乡村体育产业注入了新的文化内涵和表现形式。例如，乡村传统手工艺与体育器材的结合，设计出独特的体育用品，既满足了体育运动的功能性需求，又展示了乡村地区独有的手工艺美学。

文化创意融合在乡村体育产业中注入了艺术、设计和创意的元素。将艺术表演、设计理念和创意思维融入体育活动和场馆设计中，乡村体育产业呈现出与众不同的艺术感和时尚感，提升了整体文化品位。例如，设计独特的体育场馆、创意的体育服装和装备，以及艺术表演与体育赛事的结合，为参与者和观众带来了全新的视觉和感官体验。

文化创意融合激发了乡村体育产业的创新能力。不同领域文化创意与体育产业相结合，打破了传统体育活动的边界，激发了创新思维和创新实践。这种融合不仅催生了新颖的体育项目和活动形式，还激发了产业从业者的创新意识和创业精神，推动了乡村体育产业向更高层次发展。

文化创意融合为乡村体育产业提供了商业化机会。文化创意与商业运作相结合，为乡村体育产业创造出具有市场竞争力的文化产品和品牌。例如，利用地方特色和文化元素打造体育主题的特色产品、推出体育文化衍生品等，吸引了更多的消费者和市场关注，实现了产业的商业化转型和可持续发展。

文化创意融合是体旅文商融合塑造乡村体育产业文化价值的重要机制。通过将艺术、设计和创意与乡村体育产业相融合，创造出独特的体验和产品，激发创新能力，提升乡村体育产业的文化品位和商业化水平。文化创意融合机制为乡村体育产业发展注入了新的活力，同时也为社会提供了多元化的文化体验。

（三）文化故事营销

讲述乡村体育产业的文化故事，提升其文化价值。发掘乡村地区的历史、传统和文化符号，并将其融入体育产业的品牌建设和营销中，为乡村体育产业赋予独特的文化内涵和情感共鸣。文化故事营销在乡村体育产业与文化之间建立了深层次的联系,增强了其在市场上的竞争力。通过讲述乡村体育背后的故事,将文化元素与体育活动相结合,塑造出独特的文化价值,吸引消费者的情感共鸣和价值认同。

传递乡村体育历史、传统和地方文化,构建丰富的文化故事。乡村体育拥有悠久的历史和深厚的文化底蕴,通过挖掘、整理和传播这些故事,消费者更深入地了解乡村文化特色和体育传统,增加对乡村体育产业的兴趣和好奇心。

文化故事营销将乡村体育产业与当地的人文环境相融合。通过挖掘乡村的人文历史、地理特色、民俗文化等方面的元素,并将其与体育产业相结合,创造出富有地方特色和个性化文化故事。这样的故事吸引游客和消费者,激发他们对乡村体育产业的兴趣,同时也促进了乡村旅游和文化产业发展。

文化故事营销让消费者亲身参与和感受乡村体育产业的文化价值。例如,组织文化主题的体育活动、推出与乡村文化相关的产品和服务等,消费者在参与体育活动的过程中感受到乡村文化的独特魅力,进一步提升他们对乡村体育产业的认同感和满意度。

文化故事营销也借助媒体和社交平台的力量,将乡村体育文化故事广泛传播。通过精心策划和包装,将文化故事转化为有吸引力的内容,利用各种传媒渠道和社交媒体平台进行宣传推广,吸引更多的目光和关注。这样的营销手段不仅增加乡村体育产业的曝光度,也有助于塑造其独特的文化形象,进一步提升乡村体育产业的知名度和美誉度。

文化故事营销是体旅文商融合塑造乡村体育产业文化价值的关键机制。通过讲述乡村体育产业背后的故事,融合文化元素、人文环境和消费者体验,将乡村的独特文化价值传递给消费者。这种机制不仅推动乡村体育产业发展,也促进地方文化的传承和保护,为乡村振兴战略注入新的活力和动力。

(四)文化活动互动

乡村体育产业通过组织多样化的文化活动,增强参与者之间的文化互动。例如,举办体育赛事、音乐演出、艺术展览等活动,使乡村体育产业成为具有社交性和互动性的文化场所。参与者通过体验、参与和互动,深入了解乡村文化特色,提升对乡村体育产业的认同感。

乡村体育产业组织各类文化活动，如传统民俗体育比赛、文化艺术表演、文化展览等，以吸引消费者参与和互动。通过与消费者共同参与文化活动，展示本地体育文化特色，让消费者亲身体验并感受体育文化魅力。这种互动性活动拉近了产业与消费者之间的距离，提高乡村体育产业的参与度。

乡村体育产业利用互联网和社交媒体等新媒体平台，建立与消费者之间的互动交流渠道。通过发布文化活动的信息、分享文化故事、互动评论等方式，实现与消费者更加直接的沟通和互动。体育文化互动增强消费者的参与感和归属感，进一步激发他们对乡村体育产业文化价值的关注和支持。

乡村体育产业还打造具有互动性的文化体验项目，让消费者在参与体育活动的同时，融入乡村体育文化氛围。例如，提供文化体验活动、主题游戏、互动工作坊等，让消费者在互动中学习、体验和创造文化价值。互动性体验项目满足消费者个性化、参与性的需求，提升他们对乡村体育产业文化价值的认同和满意度。

乡村体育产业与其他相关文化产业进行合作，共同举办跨界活动和项目。通过与文化创意、旅游、娱乐等产业的合作，引入多元文化元素，丰富活动内容和体验形式，提高消费者的参与度。这种跨界文化合作机制为乡村体育产业带来更广泛的影响力和知名度，同时也促进不同文化产业之间的交流与合作。

总之，文化活动互动是体旅文商融合塑造乡村体育产业文化价值的核心机制。通过丰富多样的文化活动、利用新媒体平台、打造互动性体验项目，乡村体育产业实现与消费者的互动交流，激发他们对文化价值的关注和支持，从而进一步提升乡村体育产业的吸引力、竞争力和经济效益。

三、体旅文商融合塑造乡村体育产业文化价值的路径

（一）开发体育旅游产品

开发体育旅游产品是塑造乡村体育产业文化价值的重要路径。在当前国家大力推动农村经济发展和乡村振兴战略的背景下，乡村体育产业成为推动乡村经济发展的重要力量[1]。开发具有文化价值的体育旅游产品，不仅能够满足现代人追求健康、休闲和体验的需求，还能够提升乡村体育产业的文化内涵，为乡村经济振

---

[1] 刘胜男.乡村振兴战略背景下数字乡村新模式探析[J].智慧农业导刊，2022，2（20）：17-19.

兴注入新的活力。

首先，开发体育旅游产品能够丰富游客的体验。在传统的旅游产品中，观光游览占据了主导地位，游客的参与度相对较低。而体育旅游产品则让游客在欣赏乡村美景的同时，还能够参与各种体育活动，亲身体验乡村体育的魅力。这种参与式的旅游方式，让游客更深入地了解乡村文化，丰富游客的旅游体验。

其次，开发体育旅游产品能够促进乡村文化的传承和发展。体育旅游产品往往需要结合乡村的自然环境和人文景观，将乡村的历史、民俗、艺术等文化元素融入其中。通过举办各类体育赛事和活动，如马拉松比赛、自行车比赛、民间体育竞技等，展示乡村的文化特色，增强乡村的文化魅力，为乡村体育产业发展提供丰富的文化内涵[1]。

再次，开发体育旅游产品能够推动乡村体育产业与其他产业融合发展。体育旅游产品涉及餐饮、住宿、购物、交通等多个方面，需要与乡村的其他产业紧密配合。这种融合发展，不仅提高乡村体育产业经济效益，还带动乡村其他产业发展，为乡村经济振兴提供强大的动力。

最后，开发体育旅游产品有助于提高乡村体育产业的品牌价值。通过对体育旅游产品的精心策划和宣传推广，提高乡村体育产业在市场上的知名度和美誉度，吸引更多的游客和投资者。这种品牌价值的提升，将为乡村体育产业长远发展奠定坚实的基础[2]。

综上所述，开发体育旅游产品是塑造乡村体育产业文化价值的重要路径。通过丰富游客体验、促进乡村文化传承和发展、推动产业融合发展和提高品牌价值等方面的作用，体育旅游产品为乡村体育产业发展注入了强大的活力，为乡村经济的振兴提供了有力支持[3]。

（二）丰富体育文化活动内容

丰富体育文化活动内容对于提升乡村体育产业文化内涵至关重要。在乡村振兴战略背景下，乡村体育产业发展对于推动乡村经济发展具有重大意义。通过深

---

[1] 王建鑫.乡村振兴战略下江苏农村公共体育服务供需困境与供给侧破解[J].当代体育科技,2022,12(21)：84-86.
[2] 张璇.新型城镇化背景下乡村体育产业走向与路径研究[J].中国果树,2022（05）：114.
[3] 张明娟,常培荣.基于乡村振兴战略背景下甘肃省白银市新型职业农民培训调查[J].甘肃科技,2022,38（08）：63-66.

入挖掘乡村传统体育项目、引入时尚体育项目、举办具有特色的体育赛事、开展体育文化讲座与培训、结合节庆活动开展体育文化活动以及发展体育旅游产业等方式，乡村体育产业的文化内涵得以提升，为乡村振兴提供有力支持[①]。

深入挖掘和传承乡村传统体育项目，如民间竞技、民族体育等，并将其与现代体育活动相结合，以增加体育活动的文化内涵。引入时尚体育项目，如瑜伽、攀岩、户外拓展等，为游客提供多样化、个性化的体育活动选择，满足现代人对健康、休闲和体验的需求。组织和举办各类特色体育赛事，如乡村马拉松、自行车比赛、民间足球赛等，以吸引游客参与，提高乡村体育产业在市场上的知名度。开展体育文化讲座与培训活动，传播体育文化知识，提高村民和游客对乡村体育文化的认识和了解，培养乡村体育人才，推动乡村体育事业的发展[②]。结合乡村传统节庆日，开展体育文化活动，如庙会、丰收节等，丰富村民和游客的文化生活，提升乡村体育产业的文化内涵[③]。发展体育旅游产业，结合乡村自然风光和人文景观，为游客提供丰富的体育旅游产品，满足游客在休闲娱乐的同时体验乡村体育文化的需求。

总之，丰富体育文化活动内容是提升乡村体育产业文化内涵的重要途径。通过挖掘和传承乡村传统体育项目、引入时尚体育项目、举办特色体育赛事、开展体育文化讲座与培训、结合节庆活动开展体育文化活动以及发展体育旅游产业等方式，乡村体育产业的文化内涵得到提升，为乡村振兴提供有力支持。

（三）培育体育文化产业人才

培育体育文化产业人才是实现乡村体育产业文化价值提升的有效方法。在乡村振兴战略背景下，乡村体育产业发展需要依靠专业人才的推动。通过开展专业培训、建立人才引进机制、加强政策扶持、创造良好发展环境、加强人才队伍建设和推动产业融合发展等措施，乡村体育产业的文化价值得到提升，为乡村振兴提供有力支持。

开展专业培训是培养具备体育文化知识和技能的专业人才的重要途径。培训内容包括体育文化产业发展趋势、体育活动组织与策划、体育产业市场营销等。

---

① 刘胜男. 乡村振兴战略背景下数字乡村新模式探析 [J]. 智慧农业导刊，2022，2（20）：17-19.
② 满祚孚. 体育文化产业发展之路 [J]. 文化产业，2023（14）：82-84.
③ 周强，阮启卫. 日本体育促进乡村振兴的政策及启示 [J]. 体育科技文献通报，2023，31（03）：114-117.

建立人才引进机制有助于乡村体育产业引进具有高级专业技能和丰富经验的人才，为乡村体育产业发展提供智力支持。乡村体育产业与专业院校、研究机构等建立合作关系，以引进优秀人才。

加强政策扶持，对乡村体育产业人才进行扶持和激励。例如，政府提供创业资金支持、税收优惠等，鼓励人才投身乡村体育产业。创造良好的发展环境，优化乡村体育产业发展环境，为人才提供广阔的发展空间。例如，加强体育基础设施建设，举办各类体育活动，以提升乡村体育产业的整体水平。

加强人才队伍建设是乡村体育产业持续发展的重要保障。乡村体育产业应注重人才队伍的建设，建立健全人才选拔、培养、使用、激励等制度，以形成有利于人才发展的良好环境。推动产业融合发展有助于乡村体育产业与其他产业，如旅游、教育、健康等产业的合作，为人才提供更广泛的就业和发展机会。

综上所述，培育体育文化产业人才是塑造乡村体育产业文化价值的有效策略。通过实施一系列措施，如开展专业培训、建立人才引进机制、加强政策扶持、创造良好发展环境、加强人才队伍建设和推动产业融合发展，乡村体育产业的文化价值得到提升，为乡村振兴提供有力支持[1]。

（四）加强体育产业文化宣传和推广

推动乡村体育产业文化宣传和推广是实现其文化价值提升的重要途径。在乡村振兴战略背景下，乡村体育产业发展需要广泛宣传和推广，以提升其文化价值，为乡村振兴提供有力支持[2]。利用传统媒体和新媒体进行宣传推广，例如通过报纸、电视、广播等传统媒体以及网络、社交媒体等新媒体，传播乡村体育产业的文化价值，提高其知名度。同时，通过制作专题节目、纪录片等形式，展示乡村体育产业发展历程、文化内涵和特色活动，以吸引更多关注。

组织各类体育文化活动，如体育赛事、文化展览、讲座论坛等，让更多群众了解和参与乡村体育产业，感受其文化魅力。加强体育旅游推广，结合乡村自然风光和人文景观，推广体育旅游产品，吸引游客在参与体育活动的同时，体验乡

---

[1] 周鑫，贾丽莹.乡村振兴视域下村规民约的现实困境与优化路径[J].山东农业大学学报（社会科学版），2022，24（04）：124-129.
[2] 刘胜男.乡村振兴战略背景下数字乡村新模式探析[J].智慧农业导刊，2022，2（20）：17-19.

村文化，提高乡村体育产业在市场上的知名度和影响力①。开展交流合作，加强乡村体育产业与其他地区的沟通交流，借鉴先进经验，促进自身发展。同时，交流合作让更多人了解乡村体育产业的文化价值，提高其知名度。精心策划和宣传推广乡村体育产业文化，提高乡村体育产业在市场上的知名度和美誉度，塑造乡村体育产业的良好形象，为乡村体育产业的长远发展奠定坚实的基础②。通过专业培训、政策扶持等措施，培育具备体育文化知识和技能的专业人才，为乡村体育产业文化宣传和推广提供人才支持。

总之，推动体育产业文化宣传和推广是塑造乡村体育产业文化价值的关键路径。通过利用传统媒体和新媒体进行宣传、举办各类体育文化活动、加强体育旅游推广、开展交流合作、提升乡村形象和培育体育文化产业人才等方式，乡村体育产业的文化价值得到提升，为乡村振兴提供有力支持。③。

（五）完善体育产业政策体系

构建完善的体育产业政策体系对于塑造乡村体育产业文化价值至关重要。在乡村振兴战略背景下，乡村体育产业发展亟需有力的政策支持。通过一系列措施，如乡村体育产业发展规划、加大政策支持力度、建立政策协调机制、制定针对乡村体育产业的优惠政策、加强法治保障和提高政策宣传和培训力度等，乡村体育产业的文化价值得到提升，为乡村振兴提供有力支持④。

结合乡村实际情况，制订乡村体育产业发展规划，明确乡村体育产业发展目标、重点领域和政策措施，为乡村体育产业发展提供指导⑤。政府在资金、税收、土地等方面给予乡村体育产业更多的政策支持，降低乡村体育产业的经营成本，鼓励其发展。加强各部门间的沟通协调，形成政策合力，推动乡村体育产业发展。制定针对乡村体育产业的优惠政策，鼓励社会资本投入乡村体育产业，推动其快速发展。加强乡村体育产业法治建设，从法律法规层面保障乡村体育产业的健康发展。加大乡村体育产业政策的宣传和培训力度，加深乡村体育产业从业者和政

---

① 穆海婷，苏同向.基于AVC理论的南京桦墅村生产性景观评价模型的研究[J].园林，2021，38（02）：73-79.
② 秦丽芬，符仕平，冯小邱.民族传统体育与体育旅游融合发展助力贵州乡村振兴的路径研究[J].文体用品与科技，2023（08）：86-88.
③ 顾如荣.广电融媒赋能乡村振兴建设的创新路径[J].中国广播影视，2023（07）：81-83.
④ 刘胜男.乡村振兴战略背景下数字乡村新模式探析[J].智慧农业导刊，2022，2（20）：17-19.
⑤ 孙丁楠，魏瑞花，帖兰.全面乡村振兴战略下提高农民综合素质分析[J].智慧农业导刊，2023，3（14）：161-164.

府部门对政策的理解和把握，确保政策落地生根。

总之，构建完善的体育产业政策体系是塑造乡村体育产业文化价值的法律保障。通过制订乡村体育产业发展规划、加大政策支持力度、建立政策协调机制、制定优惠政策、强化法治保障和加强政策宣传和培训等措施，乡村体育产业的文化价值得到提升，为乡村振兴提供有力支持。

第七节　山东省青岛市体旅文商融合促进乡村产业振兴路径

近年来，山东省青岛市积极推进体旅文商融合促进乡村体育产业振兴，取得了一定的成效。本节将从山东省青岛市体旅文商融合促进乡村体育产业振兴的经验、存在的问题和发展对策三个方面展开论述。

一、青岛市体旅文商融合促进乡村体育产业振兴的经验

（一）发挥政府引导作用，加强顶层设计

青岛市政府在推动体旅文商融合发展过程中，充分发挥了引导作用。首先，制定了一系列相关政策，明确了体旅文商融合发展的目标、任务和措施，如《青岛市旅游业发展行动计划(2017-2021)》《青岛市文化产业发展规划(2016-2020)》《关于加快发展体育产业促进体育消费的实施意见》明确提出，要大力发展乡村体育产业，推动体旅文商深度融合，打造乡村体育产业新格局。政策引导下，青岛市通过加强体育基础设施建设、培育乡村体育产业市场主体、优化乡村体育产业结构、加强乡村体育人才队伍建设等举措，推动乡村体育产业振兴。

其次，加强与相关部门的协同配合，形成推动体旅文商融合发展的合力。效果明显，表现为：一方面，体旅文商融合促进了乡村体育产业的发展，带动了农民增收。另一方面，乡村体育产业的振兴提升了农民的幸福感、获得感。此外，积极开展宣传推广，提高社会各界对体旅文商融合的认识，促进了乡村和谐稳定[1]。

---

[1] 秦丽芬,符仕平,冯小邱.民族传统体育与体育旅游融合发展助力贵州乡村振兴的路径研究[J].文体用品与科技,2023(08):86-88.

（二）优化产业结构，拓宽乡村体育产业链条

青岛市通过体旅文商融合，拓宽了乡村体育产业振兴的产业链条，涵盖上游、中游和下游产业链。

在上游产业链方面，注重体育用品制造业和体育场馆建设业的发展。青岛市在体育用品制造业方面拥有优势，通过加强研发和生产，提升产品质量和市场竞争力。在体育场馆建设方面，借鉴国内外经验，建设多功能、智能化、环保型的体育场馆，满足各类体育项目的需求。

在中游产业链方面，关注体育赛事运营和体育培训业的发展。青岛市积极引进和举办国内外大型体育赛事，提升城市知名度和美誉度，同时带动相关产业的发展。此外，加强对体育培训业的扶持，建设一批高水平的体育培训机构，提高市民的体育素质和运动水平。

在下游产业链方面，重点发展体育旅游业和体育文化创意产业。青岛市利用丰富的自然资源和人文景观，发展体育旅游业，吸引国内外游客参与各种体育活动。同时，加强对体育文化创意产业的扶持，培育一批有特色的体育文化创意企业，推动体育文化产业的发展。

通过拓宽乡村体育产业链条，青岛市乡村体育产业得到了全面发展，促进了乡村经济的振兴。

（三）强化人才培养，提升人才队伍素质

青岛市重视乡村体育产业人才队伍建设，采取多种措施培养和引进体育、旅游、文化、商业等多领域复合型人才。一方面，加强与高校、科研院所的合作，为乡村体育产业提供人才支持；另一方面，通过举办各类培训活动，提升现有从业人员的业务水平和服务能力[1]。

青岛市注重人才培养和引进，制定了一系列相关政策，鼓励和引导各类人才到乡村从事体育产业工作。例如，青岛市通过开展"返乡创业"行动计划，吸引了一批有创业意愿和能力的年轻人回乡创业，推动乡村体育产业的发展。此外，青岛市还积极引进外来人才，通过提供优惠政策和服务，吸引了一批有经验和高技能人才前来工作，为乡村体育产业的发展提供了有力支撑。

---

[1] 邓梦楠,李书娟.乡村体育产业高质量发展赋能乡村振兴思考[J].体育文化导刊,2023(10):27-34.

青岛市制定了一系列人才引进政策，为乡村体育产业发展提供了有力保障。例如，青岛市对引进的高层次人才给予购房补贴、子女教育优惠等支持，同时还为各类人才提供培训、交流和展示的平台，帮助他们更好地融入乡村体育产业。

（四）突出品牌建设，提高市场竞争力

青岛市注重挖掘乡村体育产业的特色和优势，打造具有地域特色的品牌。通过深入挖掘乡村体育文化内涵，提炼出具有代表性的元素，将其融入品牌形象和产品设计中。同时，注重产品的品质和性能，确保品牌形象与产品品质相符，从而提升品牌的价值。

青岛市通过多种渠道加强乡村体育产业品牌宣传和推广，提高品牌知名度。一方面，充分利用互联网、社交媒体等新媒体平台，扩大品牌影响力；另一方面，组织各类体育赛事、文化活动等，吸引游客和消费者关注，提高品牌知名度[1]。

青岛市致力于提升乡村体育产业品牌内涵，增强品牌竞争力。一方面，通过技术创新、文化融入等手段，不断提升产品品质和附加值；另一方面，注重品牌故事建设，传承和弘扬乡村体育文化，为品牌注入更多文化内涵。

青岛市积极培育乡村体育产业品牌企业，发挥其在市场中的示范引领作用。通过政策扶持、资金支持等手段，鼓励品牌企业拓展市场、扩大产能，实现规模经济效应。同时，支持品牌企业与产业链上下游企业合作，带动整个乡村体育产业发展。

青岛市搭建各类品牌推广平台，拓宽乡村体育产业的市场营销渠道。例如，组织参加国内外体育产业展览、论坛等活动，展示乡村体育产业品牌形象；加强与电商平台、实体商场等合作，推动线上线下一体化营销模式。

（五）发挥区域优势，推动体旅文商融合发展

青岛市充分利用沿海优势，举办各类国际性体育赛事[2]，如国际帆船赛、马拉松比赛等。这些赛事吸引了众多国内外运动员和观众，提升了城市知名度，也为体旅文商融合发展提供了有力支撑。

青岛市沿边地区拥有丰富的旅游资源，如崂山、胶东半岛等。借助沿边优

---

[1] 郭俊华，冯雪. 体育产业融合发展赋能乡村振兴：逻辑理路与推进路径 [J]. 西安体育学院学报，2023,40(02):178-187.
[2] 韩海燕. 以"帆船"之名，展青岛魅力 [J]. 走向世界，2021(11):48-51.

势，青岛市积极推动边境旅游发展，推出一系列体育旅游线路，如登山、骑行等。这些线路将体育与旅游相结合，吸引了大量游客前来体验，带动了当地旅游业的发展。

青岛市沿线地区历史悠久，文化底蕴丰厚。通过举办各类文化活动，如非物质文化遗产展示、书画展览等，青岛市促进了文化产业的发展。同时，沿线地区的历史文化也为体旅文商融合发展提供了丰富的素材。

青岛市注重体旅文商产业的协同发展，通过政策扶持、资金支持等手段，推动企业跨界合作，实现产业资源共享。此外，青岛市还积极培育体育、旅游、文化、商业等多领域复合型人才，为体旅文商融合发展提供人才保障。青岛市不断提升体旅文商融合发展水平，通过创新产品和服务、优化消费环境等手段，满足消费者多元化需求。同时，青岛市还加强宣传推广，提高体旅文商融合产品的市场知名度。

二、青岛市体旅文商融合促进乡村体育产业振兴存在的问题

（一）乡村体育产业基础设施陈旧匮乏

尽管青岛市在乡村体育产业的发展上取得了一定成果，但部分地区体育基础设施仍不完善，制约了体旅文商融合的推进。一些乡村体育场地设施老旧、器材缺乏，难以满足居民和游客的健身需求，影响了乡村体育产业振兴[1]。

首先，乡村体育场地设施老旧问题严重。在一些乡村地区，体育场地设施建设年代较早，设备陈旧，甚至有些设施已经破损不堪，隶属青岛市西海岸新区王台镇的田家窑村，全村唯一的篮球场地，已变成储存农作物的场地，且场地坑洼不平。这种情况下，不仅难以满足当地居民的日常锻炼需求，更无法吸引游客前来体验。此外，老旧的体育场地设施在安全上也存在隐患，容易引发意外事故，给乡村体育产业的发展带来负面影响。

其次，体育器材缺乏也是一个重要问题。在一些乡村体育场地，器材配备不足，导致居民和游客在锻炼时无法使用到合适的器材。例如，篮球架、足球门、乒乓球台等基本设施可能存在缺失，影响了乡村体育产业振兴。

此外，乡村体育教育设施薄弱也是一个不容忽视的问题。在一些乡村地区，

---

[1] 王清杉. 社区体育设施现状与发展对策研究——以青岛市崂山区为例 [J]. 体育世界（学术版）,2019(06):67-68.

体育教育资源有限，青少年体育人才培养受限。这不仅影响了乡村体育产业可持续发展，还可能导致乡村地区体育人才流失[①]。

（二）体旅文商融合发展程度不高

青岛市体旅文商融合发展程度仍有待提高。虽然已有一些企业和项目尝试跨界合作，但整体上仍存在产业协同发展不充分、资源整合不力等问题。这导致了体旅文商融合产品单一，难以满足市场和消费者多元化需求。

产业协同发展不充分是当前青岛市体旅文商融合面临的主要问题之一。体育、旅游、文化、商业等多个领域之间的融合发展需要完善的基础设施、政策支持和市场环境作为支撑。然而，在实际操作中，各产业之间的协同发展程度仍有待提高。例如，体育产业与旅游产业融合程度不高，导致体育旅游产品开发和推广受到限制。同时，文化、商业等产业与体育产业融合也存在一定程度的不足，影响了体旅文商融合的深度和广度。

资源整合不力是制约青岛市体旅文商融合发展的另一个重要因素。在产业协同发展的过程中，各产业之间的资源整合至关重要。然而，在青岛市乡村体育产业振兴的实践中，资源整合不力的问题较为突出。例如，体育、旅游、文化、商业等产业之间资源分配不均，导致部分产业资源过剩，而其他产业资源匮乏。此外，资源整合过程中还存在信息不对称、合作机制不完善等问题，影响了体旅文商融合的推进。

（三）乡村体育人才流失严重

青岛市乡村体育人才培养不足，制约了体旅文商融合的发展。一方面，体育教育设施和师资力量在乡村地区较为薄弱，青少年体育人才培养受限；另一方面，乡村体育人才流失严重，优秀人才无法回流，影响了乡村体育产业振兴[②]。

体育教育设施和师资力量在乡村地区较为薄弱。乡村地区的体育教育资源有限，体育场地设施老旧，器材缺乏，难以满足青少年的体育教育需求。此外，乡村地区的体育师资力量相对薄弱，教师的专业素质和教学水平有待提高。这些问题导致乡村地区的青少年体育人才培养受限，影响了体旅文商融合的发展进程。

---

① 邵凯,董传升.乡村振兴背景下体育产业助力精准扶贫的思考[J].体育学刊,2022,29(01):69-75.
② 朱鹏,陈林华.体育助力乡村振兴的经验与价值及路径选择[J].体育文化导刊,2021(02):28-35.

乡村体育人才流失严重，优秀人才无法回流。随着城市化进程的推进，乡村地区的体育人才纷纷涌向城市，寻求更好的发展机会。这导致乡村体育人才严重流失，优秀人才无法回流，乡村体育产业发展受到制约。此外，乡村体育产业发展空间相对有限，缺乏吸引优秀人才回流的政策和措施，这也是乡村体育人才流失的一个重要原因。

（四）品牌建设与推广力度不足

青岛市在乡村体育产业的品牌建设方面取得了一定成果，但与国内外知名品牌相比，仍存在较大差距。品牌建设与推广力度不足，导致青岛市乡村体育产业品牌知名度较低，市场竞争力有限。

品牌建设是乡村体育产业发展的关键。一个优秀的品牌可以提升产品的附加值，增强市场竞争力，从而推动产业的发展。然而，青岛市乡村体育产业在品牌建设方面仍存在不足。一方面，品牌形象和定位不够明确，导致消费者对品牌的认知度不高。另一方面，品牌传播力度不足，品牌知名度和美誉度有待提升。

品牌推广力度不足是制约青岛市乡村体育产业发展的另一个重要因素。品牌推广是提高品牌知名度和美誉度的重要途径。然而，青岛市乡村体育产业在品牌推广方面仍存在不足。一方面，品牌推广渠道单一，主要依赖于传统的宣传方式，如电视、报纸等，新媒体和网络营销等新兴推广渠道利用不足。另一方面，品牌推广力度不够，投入的资金和人力有限，导致品牌推广效果不佳。

（五）政策支持与扶持力度有待加强

青岛市在体旅文商融合发展方面已出台了一系列政策，但在乡村体育产业振兴的实践中，政策支持与扶持力度仍需加强。在资金、技术、人才等方面给予更多支持，有助于推动乡村体育产业的振兴[1]。

首先，资金支持是乡村体育产业振兴的重要保障。当前，乡村体育产业的发展面临着资金不足的问题，这制约了产业的发展。因此，政府应加大对乡村体育产业的资金支持力度，确保资金投入的充足性和稳定性。这可以通过设立专项基金、引导社会资本投入等方式实现。

其次，技术支持是推动乡村体育产业振兴的关键。乡村体育产业发展需要先

---

[1] 任波,黄海燕.新时代体育产业助推乡村振兴的价值审视与实施路径[J].体育文化导刊,2020(02):82-88.

进的技术支撑。然而，乡村地区的技术水平相对较低，制约了产业发展。因此，政府应加强对乡村体育产业的技术支持，提供技术培训、技术指导等服务，帮助乡村体育产业提高技术水平。

第三，人才支持是推动乡村体育产业振兴的重要保障。乡村体育产业发展需要人才的支持。然而，乡村地区的人才资源相对较少，制约了产业发展。因此，政府应加强对乡村体育产业的人才支持，提供人才培训、人才引进等服务，帮助乡村体育产业吸引和留住人才。

第四，政策支持是推动乡村体育产业振兴的重要保障。政府需出台更多有利于乡村体育产业发展的政策，如税收优惠政策、土地使用政策等，为乡村体育产业发展创造良好的政策环境。

最后，市场支持是推动乡村体育产业振兴的重要保障。政府需加强对乡村体育产业的市场支持，提供市场信息、市场分析等服务，帮助乡村体育产业了解市场需求，提高市场竞争力。

（六）生态环境保护与可持续发展问题凸显

体旅文商融合发展过程中，青岛市部分乡村地区存在生态环境保护不力、可持续发展意识不足的问题。一些项目过度开发，导致生态环境恶化，甚至破坏了乡村体育产业发展的根基。

生态环境保护不力是影响乡村体育产业可持续发展的重要因素。在体旅文商融合发展的过程中，部分乡村地区过于追求经济效益，忽视了生态环境保护。这导致一些项目过度开发，破坏了生态环境，影响了乡村体育产业可持续发展。

可持续发展意识不足是制约乡村体育产业发展的另一个重要因素。在体旅文商融合发展的过程中，部分乡村地区缺乏可持续发展意识，过度追求短期经济效益，忽视了长远发展。这导致一些项目在开发过程中，破坏了乡村体育产业的根基，影响了乡村体育产业可持续发展。

三、青岛市体旅文商融合促进乡村体育产业振兴的发展对策

（一）加大政策支持力度

政府在乡村旅游和体育产业发展中扮演着关键角色，需要给予有力的政策支

持。首先，政府应增加对乡村旅游和体育产业发展的资金投入，提供税收优惠、贷款贴息等政策扶持。其次，政府应改善乡村旅游和体育产业的基础设施，提升公共服务水平，为游客创造便利的旅游环境。此外，政府应对乡村旅游和体育产业的人才培养给予重视，提高从业人员的素质，为产业发展提供人才保障[①]。

为了推动乡村体育产业发展，政府需要制定更加细化和可操作的政策。例如，政府可以明确乡村旅游和体育产业发展的具体目标和实施步骤，明确各部门的职责和任务。同时，政府出台一系列具体措施，如设立乡村旅游和体育产业发展基金，加大对乡村旅游和体育产业发展的支持力度[②]。

政府在推动乡村体育产业发展的过程中，还需加强对相关产业的监管，规范市场秩序，保护消费者权益，为产业发展提供保障。政府应加强乡村旅游和体育产业的市场监管，严惩违法违规行为，维护市场秩序。此外，政府还应关注乡村旅游和体育产业的品牌建设，提高产品的知名度和美誉度，增强市场竞争力。

（二）构建完整产业链条

体旅文商融合作为一种跨界融合、创新驱动、市场导向和绿色低碳的发展模式，对于推动乡村体育产业的转型升级和产业链完善具有显著效果。

首先，培育市场主体是推动乡村体育产业振兴的关键。政府应鼓励农民合作社、家庭农场等新型经营主体参与乡村体育产业发展，同时支持体育、旅游、文化、商业等企业跨界融合，创新商业模式。此外，培育产业领军企业，发挥其示范引领作用，有助于激发市场活力。

其次，加强科技创新对于推动乡村体育产业高质量发展至关重要。政府应加大科技创新投入，提高科技创新能力，同时推动产学研结合，促进科技成果转化。此外，加强人才培养，提高人才素质，将为乡村体育产业发展提供持续动力。

最后，提升乡村体育产业链水平是实现产业发展的关键环节。政府应通过优化产业结构、完善产业链条、提升产业价值等途径，推动乡村体育产业链的发展。具体措施包括发展特色产业，提高产业附加值；加强产业链上下游企业合作，形成产业发展闭环；推动产业融合发展，实现产业价值最大化。通过这些措施，乡

---

① 满祚孚.体育文化产业发展之路[J].文化产业,2023(14):82-84.
② 何珮珺,谭词.电子商务与乡村经济韧性——基于"电子商务进农村综合示范"政策的经验证据[J].中南财经政法大学学报,2023(01):97-108.

村体育产业链水平将得到显著提升,为乡村体育产业振兴提供有力支持。

(三) 夯实人才培养基础

乡村体育产业的发展离不开人才的支持,因此,需要加强人才培养。通过举办培训班、研讨会和讲座等活动,可以提高相关人员的专业素质和实践能力,从而吸引更多的人才来发展乡村旅游和体育产业。为了实现这一目标,需要采取以下措施:

首先,加强政策支持。政策支持是推动乡村体育产业振兴的关键,应当制定相关政策,鼓励乡村体育人才到乡村发展,促进乡村体育产业发展[1]。

其次,加大资金支持。资金支持对于促进乡村体育产业振兴至关重要,应当增加财政投入,支持乡村体育人才培养,为乡村体育产业发展提供资金保障。

第三,建立人才培养体系。人才培养体系是推动乡村体育产业振兴的重要路径,应当建立以学校为基础,以企业为依托,以政府部门为保障的人才培养体系,为乡村体育产业振兴提供人才保障。

最后,需要加强产学研合作。产学研合作对于推动乡村体育产业振兴具有重要意义,应当加大乡村体育产业相关高校、科研机构和企业之间的合作力度,促进体育、旅游、文化和商业等多种产业共同发展,为乡村体育产业振兴提供有力支持。

(四) 筑牢乡村体育产业品牌建设

关注乡村体育产业品牌建设与推广,提高品牌知名度和美誉度,增强市场竞争力。品牌是企业或产品在市场中的标识,代表着其品质、信誉和价值。在乡村体育产业中,品牌建设与推广对于提高市场竞争力具有重要意义[2]。

首先,加强对乡村体育产业品牌建设的指导和支持。这包括提供品牌建设培训、品牌策划咨询服务等,帮助乡村体育产业提高品牌建设能力。同时,政府还应鼓励乡村体育产业积极参与各类品牌评选活动,提高品牌知名度。

其次,加大对乡村体育产业品牌推广的支持力度。通过组织品牌推广活动、

---

[1] 孙丁楠,魏瑞花,帖兰.全面乡村振兴战略下提高农民综合素质分析[J].智慧农业导刊,2023,3(14):161-164.
[2] 陈旭东,沈克印.乡村体育赛事助力乡村振兴的内在机制、经验启示与培育路径——以贵州"村BA"为例[J/OL].沈阳体育学院学报:1-7

提供品牌推广资金支持等方式实现。例如，政府组织乡村体育产业品牌推广周、品牌推广论坛等活动，提高品牌美誉度。

此外，关注乡村体育产业品牌的国际化发展。在全球化背景下，乡村体育产业品牌的国际化发展具有重要意义。鼓励乡村体育产业积极参与国际市场竞争，提高品牌的国际知名度和美誉度。

（五）疏通科技创新渠道

鼓励乡村体育产业加强科技创新，发展绿色、低碳、环保的技术，提高产业的可持续发展能力。在当前全球经济一体化背景下，科技创新已成为推动产业发展的重要动力。对于乡村体育产业而言，加强科技创新不仅可以提高其竞争力，还有助于实现产业的可持续发展。

首先，建立健全科技创新政策体系，为乡村体育产业提供良好的创新环境。这包括优化科技创新政策、加大研发投入、完善科技创新激励机制等。政府通过设立科技创新基金、提供研发补贴等方式，鼓励乡村体育产业加大科技创新力度。

其次，推动乡村体育产业与科研院所、高校等合作，开展技术研发与创新。充分利用科研院所、高校等技术资源，为乡村体育产业提供强大的技术支持。同时，鼓励乡村体育产业主体引进国内外先进技术，进行技术改造，提高产品质量和产业效益。

此外，加强对乡村体育产业科技创新的培训与指导。组织科技创新培训、技术交流等活动，提高乡村体育产业从业人员的科技创新能力。同时，关注乡村体育产业科技创新人才的培养，为产业创新发展提供人才支持。

最后，鼓励乡村体育产业大力发展绿色、低碳、环保的技术。这有助于降低生产成本，提高产业效益，同时也有利于保护生态环境，实现可持续发展。政府通过制定绿色产业政策、提供绿色技术创新补贴等方式，引导乡村体育产业走绿色发展道路。

（六）完善乡村体育产业市场

加强对乡村体育产业的市场支持，提供市场信息、市场分析等服务，帮助乡村体育产业了解市场需求，提高市场竞争力。市场支持是推动产业发展的重要手段，对于乡村体育产业而言，这意味着要更好地把握市场动态，找准市场定位，从而提高产业竞争力，实现可持续发展[1]。

首先，建立健全市场信息发布和传播机制，为乡村体育产业提供准确、及时的市场信息。这包括定期发布行业统计数据、市场调查报告等，帮助企业了解市场现状、发展趋势和竞争态势。此外，政府还可以组织行业交流会、研讨会等活动，促进企业之间的沟通与合作，共享市场信息。

其次，加强对乡村体育产业的市场分析和服务。这包括开展行业调研、制定市场发展战略等，帮助企业找准市场定位、优化产品结构和拓展市场空间。政府还可以通过设立市场服务中心，为企业提供市场咨询、市场推广等服务，降低企业市场运营成本。

此外，关注乡村体育产业的市场拓展和品牌建设。政府可以支持企业参加国内外各类展览、展会等活动，提高产品知名度，扩大市场影响力。同时，政府还应鼓励企业加强品牌建设，通过品牌塑造和推广，提高市场竞争力。

最后，建立健全乡村体育产业的市场监管体系，维护市场秩序，保护企业合法权益。这包括加强产品质量监管、打击市场不正当竞争行为等，为企业创造公平、公正的市场环境。

（七）加强生态环境保护意识

政府应加强对乡村体育产业生态环境保护的监管，确保项目开发过程中，生态环境得到有效保护。同时，提高乡村体育产业从业人员的生态环境保护意识，推动可持续发展。

生态环境保护是实现乡村体育产业可持续发展的重要前提。在项目开发过程中，政府应充分发挥监管作用，确保生态环境得到充分保护。首先，建立健全生态环境保护法规体系，明确乡村体育产业项目开发的环境保护标准和要求，为产业发展提供法治保障。

其次，加强对乡村体育产业项目的环境评估和监管。在项目审批过程中，政府应严格执行环境影响评价制度，对可能产生环境污染和生态破坏的项目，要坚决予以否决。在项目实施过程中，政府应加强对企业的环保监管，确保企业按照环保要求进行生产运营。

---

[1] 司景梅.乡村振兴视域下我国运动休闲特色小镇体育产业集群发展研究[J].西安体育学院学报，2021,38(06):713-718.

此外，加大环保宣传教育力度，提高乡村体育产业从业人员的生态环境保护意识。组织环保知识培训、宣传活动等形式，让从业人员深刻认识到生态环境保护的重要性。同时，树立环保典型，表彰在生态环境保护方面做出突出贡献的企业和个人，激发从业人员的环保自觉性。

在此基础上，政府应积极推动乡村体育产业绿色发展，引导企业采用绿色、低碳、环保的生产技术和管理模式。通过制定绿色产业发展政策、提供绿色技术研发补贴等方式，鼓励企业进行技术改造，降低生产过程中的环境污染[①]。

最后，加强与乡村体育产业生态环境保护的国际合作与交流。在全球生态环境保护形势日益严峻的背景下，加强国际合作与交流，有助于引进先进的环保理念和技术，提升青岛市乃至全国乡村体育产业生态环境保护水平。

---

① 王孟,刘东锋.数字技术赋能体育产业低碳发展的理论逻辑、现实困境与实施路径[J].体育学研究,2022,36(01):71-80.

参 考 文 献

[1] 曹守新，孙学涛，刘泊麟.乡村振兴战略背景下数字普惠金融对农村产业发展的影响研究 [J].金融发展研究，2023（04）：83-88.

[2] 史秋衡，李瑞.高等教育振兴乡村的逻辑指向及主要议题 [J].中国高等教育，2023（01）：8-12.

[3] 朱隽，常钦，郁静娴，等.强国必先强农 农强方能国强 政策解读中央一号文件 [J].科学大观园，2023（12）：20-25.

[4] 央视网.中共中央、国务院关于实施乡村振兴战略的意见 [EB/OL].（2018-02-04）[2023-08-30].http：//news.cctv.com/2018/02/04/ARTIcyPpht8skPObuCMJ6icS180204.shtml.

[5] 中国政府网.中共中央 国务院关于做好2023年全面推进乡村振兴重点工作的意见 [EB/OL].（2023-02-13）[2023-08-30].https：//www.gov.cn/zhengce/2023-02/13/content_5741370.htm?dzb=true.

[6] 曹守新，孙学涛，刘泊麟.乡村振兴战略背景下数字普惠金融对农村产业发展的影响研究 [J].金融发展研究，2023（04）：83-88.

[7] 王宏婕.乡村振兴背景下推动乡村女性人才建设韧性乡村的路径 [J].农村经济与科技，2022，33（23）：189-192.

[8] 杨伟松，关朝阳.我国体育产业发展与国民经济增长关系的实证研究 [J].山东体育科技，2023，45（01）：1-7.

[9] 鲍明晓.体育产业：下一个中国经济超预期增长的行业 [J].成都体育学院学报，2012，38（07）：1-5.

[10] 胡方.农文旅融合发展助力民族地区乡村振兴路径研究——以河源市东源县新港镇双田畲族村为例 [J].山西农经，2022（21）：108-110.

[11] 王宏婕.乡村振兴背景下推动乡村女性人才建设韧性乡村的路径 [J].农村经

济与科技，2022，33（23）：189-192.

[12] 鲁志琴，陈林祥，沈玲丽. 我国"体旅文商农"产业融合发展的内在逻辑、作用机制与优化路径 [J]. 中国体育科技，2022，58（06）：81-87.

[13] 范建华. 乡村振兴战略的时代意义 [J]. 行政管理改革，2018（2）：16-21.

[14] 杨茹茹. 新时代中国特色社会主义乡村振兴战略研究 [D]. 大庆：东北石油大学，2019.

[15] 刘学谦，李赞. 乡村振兴认识误区浅析 [J]. 智库理论与实践，2022，7（06）：150-156+165.

[16] 李全生. 乡村振兴战略对乡村社会分层的新影响 [J]. 乡村振兴，2022，No.39（03）：88-90.

[17] 龙世强，邓罗平，吴自强. 乡村振兴战略背景下乡村体育治理的时代意蕴与优化策略 [J]. 辽宁体育科技，2023，45（03）：28-33.

[18] 李迎生. 因应乡村振兴的社会政策建设：范式创新、结构优化与推进战略 [J]. 教学与研究，2023，No.533（03）：25-37.

[19] 孟大海. 乡村振兴战略下农业产业经济发展探究 [J]. 质量与市场，2022，No.322（23）：148-150.

[20] 赵矿，阿琼，张思源，等. 乡村振兴战略中乡村生态环境保护现状与治理措施分析 [J]. 西藏农业科技，2023，45（01）：106-108.

[21] 李金容，陈元欣，陈磊. 乡村振兴背景下我国体育旅游综合体发展的理论审视与实践探索 [J]. 体育学研究，2022，36（01）：33-42+62.

[22] 张文月. 体育旅游发展与乡村产业振兴——基于恩施州的实践与思考 [J]. 中南民族大学学报（人文社会科学版），2022，42（08）：146-153+187.

[23] 吕钶. 乡村振兴战略下乡村体育治理的实践逻辑与因应策略 [J]. 北京体育大学学报，2022，45（02）：64-73.

[24] 朱凯迪，鲍明晓. 体育产业促进就业：域外经验与本土启示 [J]. 武汉体育学院学报，2019，53（11）：10-15.

[25] 姜同仁，宋旭，刘玉. 欧美日体育产业发展方式的经验与启示 [J]. 上海体育学院学报，2013，37（02）：19-24.

[26] 周良君，肖金堂. 世界三大湾区体育产业发展经验及启示 [J]. 体育文化导刊，

2020，No.221（11）：105-110.

[27] 董冬，罗毅，王丽宸，等.新安江——千岛湖生态补偿试验区乡村人居环境质量时空分异及影响机制[J].生态与农村环境学报，2023，39（01）：29-40.

[28] 陈洋，张玲燕，孔庆波.我国乡村体育消费市场振兴的逻辑理路与行动方略[J].体育文化导刊，2023，No.250（04）：94-101+110.

[29] 吕勤智，朱晨凯，高煊.资源型乡村发展运动休闲产业的规划路径与策略[J].江苏农业科学，2021，49（16）：13-17.

[30] 郭俊华，冯雪.体育产业融合发展赋能乡村振兴：逻辑理路与推进路径[J].西安体育学院学报，2023，40（02）：178-187.

[31] 赵红红，丁云霞.体育产业助推乡村振兴的路径选择——基于江浙4个乡村的典型调查[J].浙江体育科学，2022，44（06）：33-37+55.

[32] 李礼，黄健."互联网+"背景下广西乡村旅游产业高质量发展研究[J].西部旅游，2022（24）：36-39.

[33] 盘劲呈，胡洪基.国外乡村体育旅游发展的经验对我国乡村振兴的启示[J].湖北体育科技，2021，40（08）：679-683+688.

[34] 郝爱民，谭家银，王桂虎.乡村产业融合、数字金融与县域经济韧性[J].乡村经济，2023，No.484（02）：85-94.

[35] 姜博.产业融合、网络嵌入与中国制造业创新[J].社会科学，2020，No.479（07）：74-85.

[36] 杨林，陆亮亮，刘娟."互联网+"情境下商业模式创新与企业跨界成长：模型构建及跨案例分析[J].科研管理，2021，42（08）：43-58.

[37] 苗华楠，姜华，张磊，等.创新型产业用地规划管理与制度创新研究——基于城市案例研究的宁波实践[J].城市发展研究，2021，28（10）：1-7.

[38] ICT services and small businesses' productivity gains: An analysis of the adoption of broadband Internet technology. Massimo G. Colombo; Annalisa Croce; Luca Grilli.Information Economics and Policy，2012.

[39] 汪逢生，王凯，李冉冉.体育产业与文旅产业融合发展机制、模式及路径[J].体育文化导刊，2022，No.235（01）：85-91.

[40] 车雯，张瑞林，王先亮.中国冰雪体育产业"多链"融合的内在逻辑、适宜

性框架与路径 [J]. 首都体育学院学报，2021，33（01）：90-95+110.

[41] 朱佳滨．旅游产业与大型体育赛事融合路径优化研究 [J]. 社会科学家，2022，No.298（02）：7-14+161.

[42] 党挺．国际体育产业数字化转型特点与启示 [J]. 体育文化导刊，2022，No.236（02）：91-97.

[43] 王国全，陈昌．全域旅游视角的"体旅文商农"产业融合研究 [J]. 体育科技，2023，44（01）：78-80.

[44] 关宏．陕西省体旅文商融合发展模式推广路径研究 [J]. 北方经贸，2021，No.437（04）：118-120.

[45] 关宏．陕西省体旅文商融合发展模式绩效评价体系研究 [J]. 商业经济，2021，No.533（01）：49-50+77.

[46] Misallocation and Manufacturing TFP in China and India[J] The Quarterly Journal of Economics.Volume124，Issue 4.2009.PP1403-1448

[47] The Interactions between Producer Services and Manufacturing：An Empirical Analysis Based on Input-Output Subsystem Model. Shui Jun Peng；Hong Jing Li；Hui Zhi Zheng.Applied Mechanics and Materials，2013.

[48] Tracing Value-Added and Double Counting in Gross Exports. The American Economic Review，2014.

[49] 肖林鹏．我国体育产业技术政策发展历程、问题与对策 [J]. 上海体育学院学报，2011，35（06）：17-22.

[50] 柴萍．我国体育产业政策应用研究 [J]. 北京体育大学学报，2010，33（12）：27-29+36.

[51] 侯娟．基于绿色发展理念的乡村生态旅游业培育研究 [J]. 乡村科技，2022，13（23）：49-52.

[52] 董晓绒．习近平关于乡村振兴重要论述的理论内涵 [J]. 西藏发展论坛，2022（01）：53-58.

[53] 王磊．新中国体育产业历史演进研究 [D]. 长春：吉林大学，2014.

[54] 吴香芝．我国体育服务产业政策执行与评价研究 [J]. 成都体育学院学报，2011，37（11）：5-9.

[55] 北方网.【2021"两会新语"之三】习近平心心念念这条"路"[EB/OL].（2021-03-09）[2023-08-30].http：//news.enorth.com.cn/system/2021/03/09/051086359.shtml.

[56] 环球网.（受权发布）中国共产党第十九届中央委员会第五次全体会议公报[EB/OL].（2020-10-29）[2023-08-30].https：//china.huanqiu.com/article/40U2VXHIp7P.

[57] 李帅帅,杨尚剑,董芹芹,等.新发展阶段体育产业高质量发展的逻辑遵循与深化路径[J].山东体育学院学报,2022,38（06）：33-37.

[58] 张煜杰.浅析新时代体育产业高质量发展之路[J].文体用品与科技,2022（05）：65-67.

[59] 刘岩.农村体育产业发展困境及出路[J].合作经济与科技,2022,No.674（03）：36-37.

[60] 唐赵平.体育产业助推乡村振兴理论逻辑与实施路径[J].鄂州大学学报,2023,30（02）：49-50+96.

[61] 季城,谢新涛,刘鸽.乡村振兴战略背景下乡村体育产业走向与路径研究[J].山西农经,2021,No.296（08）：168-169.

[62] 郭俊华,冯雪.体育产业融合发展赋能乡村振兴：逻辑理路与推进路径[J].西安体育学院学报,2023,40（02）：178-187.

[63] 郁姣娇,吕军.新型城镇化背景下城乡资源要素的双向流动与整合[J].农业经济,2023,No.429（01）：90-92.

[64] 胡鑫.乡村振兴战略人才支撑体系建设研究[D].长春：吉林大学,2021.

[65] 蒋音.用科技托起乡村振兴[J].大数据时代,2022,No.67（10）：33-47

[66] 张璐,谭颖,罗楷竣,等.乡村振兴背景下文化、体育旅游产业融合现状研究——以肇庆砚洲岛为例[J].西部旅游,2022,No.159（07）：26-28.

[67] 符婷婷.体育旅游赋能乡村振兴的困境与改革路径探索[J].阿坝师范学院学报,2023,40（02）：81-86.

[68] 陈雪翠.乡村振兴战略下体育产业与旅游产业融合发展的路径探究[C].北京：中国体育科学学会,2022：2.

[69] 周舒阳.乡村振兴背景下文旅融合项目商业模式研究[D].北京：商务部国际

贸易经济合作研究院，2022.

[70] 邵凯，董传升. 乡村振兴背景下体育产业助力精准扶贫的思考 [J]. 体育学刊，2022，29（01）：69-75.

[71] 央广网. 山东：构建更高水平全民健身服务体系 [EB/OL].（2022-05-08）[2023-08-30].http：//edu.cnr.cn/list/20220508/t20220508_525819110.shtml.

[72] 郭秀慧. 以产业融合推进乡村振兴的路径研究 [J]. 农业经济，2023，No.433（05）：47-49.

[73] 陈奇琦. 乡村振兴背景下农村产业融合发展研究 [J]. 农业经济，2023，No.430（02）：46-48.

[74] 鲁志琴，陈林祥，沈玲丽. 我国"体旅文商农"产业融合发展的内在逻辑、作用机制与优化路径 [J]. 中国体育科技，2022，58（06）：81-87.

[75] 叶小瑜. "体旅文商农"产业融合发展的时代价值与推进策略 [J]. 体育文化导刊，2020，No.214（04）：79-84.

[76] 周义诺. 乡村振兴背景下农旅文体融合发展的理论与实践研究 [D]. 南京：南京农业大学，2020.

[77] 欧阳志萍，李湘婴. 湘桂走廊瑶族传统体育文化活态传承研究 [J]. 运动精品，2023，42（02）：29-32.

[78] 何倩. 乡村振兴视域下陕西省农村三产融合发展研究 [D]. 西安：西安财经大学，2020.

[79] 王铖皓，黄谦. 乡村振兴战略下体旅融合的时代价值与实现路径研究 [C]. 北京：中国体育科学学会，2022：3.

[80] 李欢. 乡村振兴背景下重庆彭水体育旅游发展研究 [D]. 重庆：西南大学，2022.

[81] 郭锦辉. 体育产业如何赋能京津冀协同发展 [N]. 中国经济时报，2018-12-03（1）.

[82] 丹尼尔·亚伦·西尔，特里·尼科尔斯·克拉克. 场景：空间品质如何塑造社会生活 [M]. 北京：社会科学文献出版社，2019.

[83] 张秀玥，杨平，许磊，等. 乡村振兴视域下基层农业部门职能融合效应分析 [J]. 现代农业研究，2022，28（05）：71-73.

[84] 姜峥.产业融合在乡村振兴中的政策促进效应分析[J].河南农业，2019，No.523（35）：15-16.

[85] 周义诺.乡村振兴背景下农旅文体融合发展的理论与实践研究[D].南京：南京农业大学，2020.

[86] 杨锦，杨华国，邓涛.乡村振兴背景下农村产业的融合模式及其发展趋势[J].农村经济与科技，2023，34（07）：58-60+67.

[87] 郑芳，黄炜逸.乡村振兴战略下体育旅游目的地发展路径——基于可持续发展五要素视角[J].体育科学，2021，41（5）：44-52.

[88] 方汪凡，王家宏.体育旅游助力乡村振兴战略的价值及实现路径[J].体育文化导刊，2019（4）：12-17.

[89] 辛本禄，刘莉莉.乡村旅游赋能乡村振兴的作用机制研究[J].学习与探索，2022（1）：137-143.

[90] 谷佳奇，彭显明，梁强.体育旅游赋能乡村振兴经验与保障措施——以浙江省为例[J].体育文化导刊，2022（11）：15-21.

[91] 李金容，陈元欣，陈磊.乡村振兴背景下我国体育旅游综合体发展的理论审视与实践探索[J].体育学究，2022，36（1）：33-42，62.

[92] 韩炜，严家高，杭成强.基于AHP-SWOT的山东滨海体育旅游发展战略研究[J].山东体育学院学报，2019，35（2）：48-54.

[93] 周桂花.比较优势理论下民族地区山地旅游发展研究[J].旅游纵览（下半月），2020，No.315（06）：36-37.

[94] 叶小瑜，陈锡尧.体旅融合助力乡村振兴的实践模式与优化路径[J].体育文化导刊，2023（05）：79.

[95] 求是网.中共中央办公厅 国务院办公厅印发《关于加强和改进乡村治理的指导意见》[EB/OL].（2019-06-24）[2023-08-30].http://www.qstheory.cn/yaowen/2019-06/24/c_1124661207.htm.

[96] 李洋.体旅融合驱动乡村振兴：价值意蕴、现实困境与优化路径[J].文体用品与科技，2023，No.512（07）：56-58.

[97] 李柏林，张小林.我国体旅融合高质量发展研究[J].体育文化导刊,2023(07)：55-64.

[98] 闪电新闻网.虚拟现实、人工智能、5G、区块链……山东文旅元宇宙平台上线[EB/OL].（2023-04-07）[2023-08-30].https：//baijiahao.baidu.com/s?id=1762516472058935702&wfr=spider&for=pc.

[99] 山东可为文化科技有限公司数字孪生技术打造淄博文旅元宇宙 https：//baijiahao.baidu.com/s?id=1768192828752268858&wfr=spider&for=pc.

[100] 林江丽,范俐鑫.着力打造济青都市圈文化旅游发展极[N].济南日报,2023-04-01（003）.

[101] 苏锐.山东烟台"文旅云"打破壁垒 提升智慧旅游活力[N].中国文化报,2023-05-27（003）.

[102] 马晓婷.着力打造青岛都市圈文化旅游发展极[N].青岛日报,2023-04-01（001）.

[103] 张红娟,党养性.乡村振兴战略下陕西乡村文旅融合发展探究与实践——以陕西省长安区上王村为例[J].西部旅游,2023,No.180（04）：68-70.

[104] 李国英.乡村振兴战略视角下现代乡村产业体系构建路径[J].当代经济管理,2019,41（10）：34-40.

[105] 周义诺.乡村振兴背景下农旅文体融合发展的理论与实践研究[D].南京：南京农业大学,2020.

[106] 张晋.青岛县级及以上文明村镇覆盖率达99%[N].青岛日报,2023-06-22（003）.

[107] 乡村文化振兴,青岛有这些亮点 https://baijiahao.baidu.com/s?id=1769303131456349861&wfr=spider&for=pc.

[108] 郭燕.体育文化产业及其发展研究[J].文化产业,2021（24）：73-77.

[109] 郭修金,代向伟,杨向军,等.乡村体育文化振兴的价值追求、现实困境与路径选择[J].沈阳体育学院学报,2021,40（06）：1-7+33.

[110] 胡蝶.乡村振兴战略下城乡体育融合发展的路径研究[J].文体用品与科技,2023,No.514（09）：43-45.

[111] 刘克川,张廷晓.乡村振兴战略下的城乡体育援助路径选择[J].中国西部,2023,No.385（02）：112-119.

[112] 郭子瑜,陈刚.体育助力乡村振兴战略：逻辑前提、价值意蕴与推进路径[J].

体育文化导刊，2022，No.245（11）：1-7+21.

[113] 赵杰.着力提升公共文化服务水平[J].奋斗，2023（04）：27-28.

[114] 杨琪琪."15条"赋能"青岛手造"，把老手艺变成大产业[N].青岛日报，2022-12-16（005）.

[115] 张献辉，李琼，李伟光.农村体育活动的产业价值及其挖掘[J].农业经济，2020，No.400（08）：127-129.

[116] 汪星妤.中国式现代化推动乡村体育产业高质量发展研究[J].浙江体育科学，2023，45（04）：81-84.

[117] 张献辉，李琼，李伟光.农村体育活动的产业价值及其挖掘[J].农业经济，2020，No.400（08）：127-129.

[118] 周修岚，陈珈颖，严雪晴.乡村振兴背景下农产品冷链物流发展与政府角色定位[J].中国储运，2022（10）：40-41.

[119] 张昌爱，杨乙元.六盘水体育旅游融合发展研究[J].兰州文理学院学报（自然科学版），2021，35（02）：83-88.

[120] 丁峰.新时代背景下的乡村设计相关研究[J].居舍，2023（04）：100-103.

[121] 盘劲呈.乡村社区参与体育旅游减贫研究[D].上海：上海体育学院，2021.

[122] 丁振宾.全民健身视角下智能体育与传统体育融合发展研究[J].文体用品与科技，2023（13）：1-3.

[123] 李禹.云南省茶旅融合发展存在的问题及对策[J].广东蚕业，2023，57（02）：117-119.

[124] 张昌爱，杨乙元.六盘水体育旅游融合发展研究[J].兰州文理学院学报（自然科学版），2021，35（02）：83-88.

[125] 马维.苏州市结对合作帮扶阜阳市的实施路径[J].山西农经，2023（09）：41-43.

[126] 中商情报网.2022年中国体育产业市场现状预测分析[EB/OL].（2022-08-11）[2023-08-30].https：//m.askci.com/news/chanye/20220811/1136551951654.shtml.

[127] 国家体育总局网.2021年全国体育产业总规模突破3万亿元[EB/OL].（2023-01-01）[2023-08-30].https：//www.sport.gov.cn/n20001280/n20067608/

n20067635/c25065804/content.html.

[128] 张华. 新时代"体育+"助力乡村振兴的研究[J]. 国际公关, 2022（05）: 76-78.

[129] 张元通. 体育扶贫助力乡村振兴困境与对策研究[J]. 喀什大学学报, 2020, 41（06）: 89-92.

[130] 贺建飞, 翟瑞芳. 新时代体育产业助推乡村振兴的价值审视与实施路径[J]. 智慧农业导刊, 2022, 2（21）: 129-131+134.

[131] 郭艳华. 城乡一体化建设背景下体育产业发展研究[J]. 文体用品与科技, 2020（09）: 9-10.

[132] 张安琪. 非物质文化遗产与乡村旅游融合机制[J]. 旅游纵览, 2023（09）: 29-31.

[133] 吴杨. 未来乡村文化场景建设研究-以杭州市黄公望村为例[J]. 上海农村经济, 2023（06）: 43-46.

[134] 董加俊. 乡村旅游助力乡村振兴的价值与路径[J]. 旅游纵览, 2022（06）: 74-76.

[135] 任波. "双碳"目标下我国体育产业高质量发展：内在逻辑与实现路径[J]. 沈阳体育学院学报, 2023, 42（01）: 115-122.

[136] 郑慧颖. 乡村振兴战略与乡村生态旅游互动融合发展[J]. 旅游纵览, 2021（22）: 77-79.

[137] 张玮. 乡村振兴背景下乡村体育旅游发展路径研究[J]. 旅游与摄影, 2023（09）: 56-58.

[138] 李明洋. 乡村振兴战略下旅顺口区小南村乡村旅游发展研究[D]. 大连: 大连外国语大学, 2022.

[139] 吴江萍, 刘萍. 乡村振兴战略下"体旅农"融合发展研究[J]. 财经理论与实践, 2022, 43（06）: 148-154.

[140] 丁竹. 岳阳县农村电子商务发展模式研究[D]. 长沙: 中南林业科技大学, 2021.

[141] 薛逸斌. 农村产业融合发展研究[D]. 南京: 南京农业大学, 2021.

[142] 周强, 阮启卫. 日本体育促进乡村振兴的政策及启示[J]. 体育科技文献通报,

2023，31（03）：114-117.

[143] 张璇.新型城镇化背景下乡村体育产业走向与路径研究[J].中国果树，2022（05）：114.